Jb '23. Das Jahrbuch für Literatur
aus dem Main-Tauber-Kreis

Herausgegeben vom Lyriksündikat
(Marion Betz, Armin Hambrecht,
Martin Köhler und Brigitte Volz)

Jb '23

Das Jahrbuch für Literatur
aus dem Main-Tauber-Kreis

GÜNTHER EMIGs
LITERATUR–BETRIEB

Liebe Leserinnen und Leser,

Literatur und Kultur haben eine herausragende Bedeutung für die Gesellschaft.

Der Main-Tauber-Kreis ist eine Kulturregion, deren Städte und Gemeinden viel zu bieten haben. Mit seinen kulturellen Höhepunkten ist er bis weit über die Kreisgrenzen hinaus bekannt. Darauf sind wir im Landkreis auch zu Recht sehr stolz. Ich denke hierbei beispielsweise an das Kulturdenkmal von nationalem Rang, das Kloster Bronnbach, die Burg Wertheim, das Kurmainzische Schloss in Tauberbischofsheim, die Kurstadt Bad Mergentheim mit einem der schönsten Kurparks in Deutschland oder die Tauberphilharmonie in Weikersheim sowie das Schloss Weikersheim.

Es freut mich, dass die Literatur, als weitere Facette der Kultur des Landkreises, mit dem Literarischen Jahrbuch neu beleuchtet wird.

Ich schätze den Einsatz aller an diesem Werk beteiligten Personen sehr und danke ihnen herzlich dafür. Zudem trägt das Literarische Jahrbuch dazu bei, den Main-Tauber-Kreis und dessen Schönheit noch bekannter zu machen.

Schon Johann Wolfgang von Goethe wusste: »Man sollte alle Tage wenigstens ein kleines Lied hören, ein gutes Gedicht lesen, ein treffliches Gemälde sehen und, wenn es möglich zu machen wäre, einige vernünftige Worte sprechen.«

Genießen Sie die Eindrücke, die Sie beim Lesen gewinnen. Viel Spaß beim Eintauchen in den »literarischen Main-Tauber-Kreis«.

Ihr Christoph Schauder
Landrat des Main-Tauber-Kreises

Vorwort

Der Main-Tauber-Kreis: 1.302 Quadratkilometer in der Fläche, rund 132.000 Einwohner, damit vergleichsweise dünn besiedelt. Seine 18 Städte und Gemeinden, von Freudenberg im Norden bis Creglingen im Süden, »eine Kette mit 18 Perlen, jede individuell verschieden, jede besonders«. Namengebend die Tauber im 120 Kilometer langen Taubertal. Ein Idyll, wie Gott es in einer besonderen Stunde geschaffen hat. Radfahren, Wandern, Kulinarisches, den Wein dabei nicht zu vergessen, so präsentiert sich dieses reizvolle Fleckchen Erde.

Kultur? Klar doch. Und nicht nur die der Reben! Literatur? Nicht unbedingt der Hotspot der Avantgarde in Deutschland. Bis jetzt noch. Ob das bleiben muss? Was denkbar ist, ist möglich, so jedenfalls der Philosoph Ludwig Wittgenstein.

Vier befreundete Autorinnen und Autoren, Marion Betz, Armin Hambrecht, Martin Köhler und Brigitte Volz, legen den ersten Band des *Literarischen Jahrbuchs aus dem Main-Tauber-Kreis* vor. Gefragt waren literarische Texte jeglicher Gattung. Hier also ist die Dokumentation, ergänzt um einen regionalen literaturhistorischen Anhang.

Ob diesem Band weitere folgen werden? It depends!

Martin Bartholme

Provinzmonarchen

Da saßen wir nun. Auf den schmalen Treppenstufen am Hang des kleinen Weinberges. Jung und besoffen, gefühlsduselig und melancholisch. Eigentlich war doch alles gut. Das Abitur hatten wir seit zwei Wochen in den Taschen. Die Pläne für die Zukunft standen festgeschrieben unter Kapitel drei unseres Lebensbuches. Wir freuten uns auf neue Herausforderungen, neue Erfahrungen, neue Orte. Trotzdem tobte in dir und in mir auch die Angst. Wir sehnten uns nach etwas Unbekanntem, wollten aber auch das Vertraute nicht verlieren. Die Gefühle vermischten sich und machten uns stumm. Pampablues.

Unten im Tal zelebrierten die Menschen ihren Höhepunkt des Jahres. Das örtliche Weinfest – die Sause des Grauens. Eine Coverband spielte die größten Hits der letzten Jahrzehnte. Bunte Scheinwerfer bewegten sich zu den Klängen von *Smoke on the Water* und ließen die klare Frühsommernacht hell erleuchten. Nur noch ein paar Wochen, dann würden wir das alles hinter uns lassen. Keine beschissenen Dorffeste, langweilige Stufenfeten oder öde Jahrmärkte mehr. Weg mit der Intimität der ländlichen Gegend. Endlich coole Großstadt-Kids. Eine verlockende Aussicht.

Aber das Leben würde uns auch auseinanderreißen. Ein Freundschaftsband, das über neunzehn Jahre geknüpft worden war. Keine losen Fäden, sondern ein Netz aus festen Seilen. Vom Kindergarten über die Grundschule bis hin zum Hier und Jetzt. Alles gemeinsam durchlebt, durchlitten, durchrauscht. Endstation örtliches Weinfest. Bitte alles aussteigen.

Du warst immer anders als ich. Hattest andere Interessen, andere Ansichten. Du warst ein Bastler, ein Technikfreak. Der MacGyver des *Lieblichen Taubertals*. Wenige Jahre zuvor hattest du von einigen Freunden einen Lötkolben geschenkt bekommen und konntest dich darüber freuen, wie ich mich über die Limited Edition der neuen Kettcar-CD. Ein Problem war das nie. Auf dich war stets Verlass – du standest treu an meiner Seite.

Ich blickte dich an. Dein glattes, schulterlanges Haar sah aus wie die Frisur von Prinz Eisenherz aus den Comics meiner Kindheit. In wenigen Wochen würde die Bundeswehr deine schöne Haarpracht kappen. Du würdest dein gammeliges Nirvana-Shirt gegen eine straffe Uniform tauschen. Deinen alten Parka gegen die Einheitsmontur der Armee.

Und ich? Ich würde meinen Zivildienst ableisten in einem Internat weit oben im Norden der Republik. Uns blieb also nicht mehr viel Zeit. Anfang September musste jeder zum ersten Mal eigene Wege gehen. Raus aus dem heimatlichen Schoß, Aufbruch zu neuen Ufern. Leise durchbrach ich die Stille und stellte fest: »Eigentlich doch ganz schön hier.«

Um uns herum wuchsen die Reben dicht an dicht in engen Reihen, der Kalkstein, auf dem wir saßen, war noch warm von der Hitze des Tages und vom Dorfplatz herüber ertönte das Lachen und Grölen der Zecher.

Ohne eine Miene zu verziehen, entgegnetest du ernst: »Woanders is auch scheiße!«

Ich musste herzhaft lachen. Der Spruch war aus einem unserer Lieblingsfilme. Eine Ruhrpottkomödie. Wie unpassend. Nachdem ich mich beruhigt hatte, schaute ich dich an und fragte vorsichtig: »Meinst du, dass wir uns verlieren?«

Ohne jegliche Bedenken und mit fester Stimme antwortetest du: »Niemals!«

Die Entschlossenheit in deinem Blick, die Deutlichkeit des Wortes nahmen mir meine Zweifel. Das Leben konnte uns mal! Wir waren wie Pech und Schwefel, wie Siegfried und Roy – uns bekam man nicht auseinander. Stumm blickten wir hinab in das Tal und fühlten uns wie Könige. Zwei junge Provinzmonarchen kurz vor dem Aufbruch ins Ungewisse. Bald würden wir unser geliebtes und gleichzeitig verhasstes Königreich verlassen. Die Welt lag uns zu Füßen.

Schokolade zum Frühstück

Ein lautes Poltern an der Haustür. »Aufmachen! Sofort aufmachen!«, keifte eine Stimme.

Sannchen Heumann schreckte hoch. Eben noch im Land der Träume, knipste sie nun das Licht an und blickte verschlafen hinüber zu dem Wecker auf ihrem Nachttisch. Sechs Uhr früh. Die Sonne war noch nicht am Himmel zu sehen. Durch ihr Schlafzimmerfenster schaute sie in die Finsternis. Wer könnte das sein? Sannchen brachte sich noch einmal das Datum und den Wochentag ins Gedächtnis. Heute war ein ganz normaler Dienstag, der 22. Oktober 1940. Die frühe Uhrzeit und die Dringlichkeit der Worte konnten nichts Gutes bedeuten. Sie schlug die Decke beiseite und erhob sich mühsam. Sannchen ließ kurz ihre Schultern kreisen. Am Morgen waren ihre Knochen meist besonders eingerostet. Schnell zog sie sich ihren grünen Bademantel über und ging hinaus in den Flur. Zwei Türen weiter lugte Ruth aus ihrem Zimmer.

»Tantchen was los? Lärm!«, sagte sie in ihrer nuscheligen, abgehackten Art.

Sannchen beruhigte ihre Nichte.

»Nichts, mein Kind, geh' wieder in dein Bett, eine halbe Stunde kannst du noch schlafen!«

Sannchen stieg die Treppen hinab und öffnete ängstlich die Haustür. Durch den Spalt blickte sie in vier strenge Gesichter. Die Männer hatten Helme auf ihren Köpfen und braune Uniformen an. Mit seinem Schlagstock stieß der Vorderste ohne Vorwarnung die Tür nach innen. Ein kalter Windstoß kam Sannchen entgegen.

Der Mann blökte sie an. »Na, du Judensau, haste noch geschlafen? Ihr faulen Nichtsnutze denkt auch, das Leben besteht nur aus Müßiggang. Packt eure Sachen! In drei Stunden trefft ihr euch gegenüber von eurem Gemeindehaus. Dann dürft ihr in den Urlaub fahren.«

Seine drei Kumpanen lachten lauthals.

»Wenn ihr nicht pünktlich seid, kommen wir wieder und machen euch Beine!« Während er den Schlagstock leicht in seine linke Handfläche schlug, drohte er: »Also kommt besser nicht zu spät!«

Bereits im Umdrehen mahnte er über seine Schultern hinweg: »Und nehmt nicht zu viel Gepäck mit! 50 Kilogramm für jeden, nicht mehr als 100 Reichsmark. Solltet ihr mehr Geld dabeihaben, wird es konfisziert!«

Damit waren sie in der Dunkelheit verschwunden. Sannchen stand auf der Türschwelle, nicht in der Lage, einen klaren Gedanken zu fassen. Sie fühlte sich innerlich taub, die Beine zitterten, ihre Finger waren zu einer Faust geballt. Die Aussagen der SS-Männer konnten nur eines bedeuten: Der Tag war gekommen! Nach den Geschehnissen der letzten Jahre wusste sie, diese Verbrecher konnten alles mit ihnen machen. Sie waren für diese Menschen nichts weiter als Abschaum, der Dreck unter ihren dunkelbraunen Stiefeln. Immer wieder hatte sie Gerüchte vernommen über Arbeits- und Vernichtungslager, in die ihresgleichen gebracht wurden – Orte, von denen nie wieder jemand zurückkam. Todesfabriken mit Gaskammern und rauchenden Öfen.

Viele Freunde und Bekannte waren in den letzten Jahren

geflohen. Hatten die Schmach und die Repressionen nicht mehr ausgehalten. Die tagtägliche Angst und Ausweglosigkeit. Auch ihre Familie war gegangen. Alle außer Ruth. Für ihre Nichte musste sie jetzt stark sein! Vielleicht könnte sich doch alles noch zum Guten wenden! Der Herr würde sicher seine schützenden Hände über sie halten. Leise sprach Sannchen das Schacharit, ihr Morgengebet, drückte entschlossen die Tür hinter sich zu und blickte zum Treppenhaus empor. Dort stand Ruth mit verschränkten Armen und streckte ihre lange Zunge heraus.

»Böse Männer!«, giftete sie.

Nun galt es, einen kühlen Kopf zu bewahren und Zuversicht auszustrahlen. Sie hatten nicht viel Zeit. Was würde auf sie zukommen? Was sollten sie mitnehmen?

Freundlich, aber bestimmt dirigierte sie: »Ruth, zieh dich bitte an und packe einige Kleidungsstücke zusammen – wir machen eine Reise!«

»Reise? Wohin?«, fragte ihre Nichte.

Sannchen rang sich ein Lächeln ab und entgegnete wahrheitsgetreu: »Das wird eine Überraschung!«

In den nächsten Stunden richteten sie aufgeregt ihre Habseligkeiten. Da die beiden nur einen Koffer besaßen, verstauten sie das Nötigste zusätzlich in einer alten Waschpulverschachtel. Den Deckel band Sannchen an dem Karton mit einer Schnur fest, an die sie einen Holzgriff einhängte. Bevor sie sich zum Sammelplatz aufmachten, durchschritt Sannchen noch einmal ihre Wohnung. Sie musste so vieles zurücklassen. Ihr ganzes bisheriges Leben. Hunderte Erinnerungen kamen ihr in den Sinn. Bruchstücke der Vergangenheit. Fragmente kleinen Glücks und großer Verzweiflung.

Niedergeschlagen setzte sie sich auf einen der Küchenstühle. Auf dem Tisch standen eine Schüssel, eine Packung Mehl, einige Eier und ein Glas mit eingelegten Kirschen aus dem letzten Sommer. Eigentlich wollte sie heute für Ruth ihren Lieblingskuchen backen. Die junge Frau hatte morgen ihren 18. Geburtstag. Als Sannchen daran denken musste, liefen ihr die Tränen über die Wangen. Ruth hatte sich so auf diesen Tag gefreut, auch wenn in ihrer Religion eigentlich kein Geburtstag gefeiert wurde. Ihre Nichte kannte diesen Brauch von ihren alten christlichen Freunden und hatte ihn für sich übernommen. In den letzten Jahren wurde er ihr immer wichtiger. Jetzt würde es zu keiner Feier kommen. Mühsam erhob sich Sannchen, stieg auf den Stuhl und suchte im Küchenschrank nach der letzten Tafel Schokolade. Im hintersten Eck fand sie die Süßigkeit. Sie stammte aus einer Zeit, als man noch leichter solche Leckereien bekam. Sannchen steckte die Tafel in ihren Koffer.

Ihr Blick wanderte weiter. An der Küchenwand hing eine Postkarte aus New York. Die letzte, die sie von ihrer Schwester Rina, ihrem Schwager Louis und den Kindern Norbert und Margot, Ruths Eltern und Geschwister, erhalten hatten. Ihnen gelang vor wenigen Monaten noch die Auswanderung aus dem Deutschen Reich. Wie sehr vermissten Sannchen und Ruth ihre Verwandten! Nun waren sie nur noch zu zweit. Unvollständig und auseinandergerissen. Ein Familienpuzzle ohne seine wichtigsten Teile. Auf der Ansichtskarte sah man die hohen Wolkenkratzer der amerikanischen Metropole. Das Land der unbegrenzten Möglichkeiten. Die endlose Freiheit hinter dem großen Teich. Sehnsucht kroch in Sannchen empor. Hätte sie damals auch ihre Heimat verlassen sollen? Die Zweifel verflogen, als sie Ruth im Türrahmen stehen sah.

Auf dem Sammelplatz waren alle noch übrigen jüdischen Gemeindemitglieder eingetroffen. 22 Personen einschließlich ihr selbst, zählte Sannchen. Vor der Machtergreifung Hitlers lebten über hundert ihrer Brüder und Schwestern in der kleinen Stadt. Dies hier war der bedauerliche Rest. Die letzten verlorenen Seelen des auserwählten Volkes. Vornehmlich ältere Menschen ihrer Generation. Für diese paar verbliebenen Schafe würde vermutlich nicht einmal Moses das Meer teilen, um sie vor den vermaledeiten Braunhemden zu retten.

Das Wetter war neblig und kühl. Die Kälte kroch in ihren Mantel und ließ sie frösteln. Sannchen hatte Ruth überredet, die alte Strickmütze aufzuziehen. Ihre Nichte mochte diese nicht sonderlich.

»Kratzig!«, nörgelte sie.

Sannchen selbst trug ihren schwarzen, eleganten Hut. Um ihre Würde ein wenig zu bewahren, könnte etwas Eleganz sicherlich nicht schaden, dachte sie.

Drei große Lastwagen fuhren um die Ecke. Die Verladung von Mensch und Gepäck begann. Die 80-jährige Bertha Brückheimer konnte nicht mehr allein auf die Pritsche des Lastwagens steigen. Rücksichtslos schmissen die SS-Männer sie wie ein Gepäckstück auf den Wagen hinauf. Um den Platz herum hatten sich einige Schaulustige eingefunden. Vertraute Gesichter – Nachbarn, Anwohner und ehemalige Kunden des Fell- und Ledergeschäftes ihrer Familie. In den meisten Augen konnte Sannchen kein Mitgefühl erkennen. Kein Protest, nur stillschweigende Zustimmung oder verschämte Blicke.

Sie schaute hinüber zum jüdischen Gemeindehaus. Vor einem Jahr waren sie alle über Monate hinweg dort eingesperrt worden. Auf engstem Raum, bei geschlossenen Fenstern und Türen. Sannchen musste damals auf dem Boden schlafen, da es zu wenige Betten gab.

Die Aussage eines SA-Mannes an jenen Tagen würde sie nie vergessen: »Ihr seid am Krieg schuld, wegen euch müssen unsere Söhne kämpfen, wir sollten euch umbringen, aber ihr seid weder eine Kugel noch ein Seil wert und auch nicht, dass wir unsere Hände schmutzig machen. Ihr Schweine, wir werden euch im Gemeindehaus einsperren, dort könnt ihr verrecken und euch gegenseitig die Augen auskratzen.«

Bevor sie eingesperrt wurden, quälte und erniedrigte man sie. Unter Peitschenhieben wurden damals alle Juden wie Vieh durch die Stadt getrieben. Man hängte ihnen Plakate mit der Aufschrift ›Wir sind die Kriegshetzer‹ um. Sündenböcke für einen vom Führer angezettelten Krieg gegen Polen. Die Männer mussten die Treppenstufen der Synagoge ablecken und wurden gezwungen, in einem Bach Liegestütze zu machen. Sie hatten die Anweisung, sich für dieses Freibad zu bedanken. Wer seine Liegestütze nicht tief genug machte, wurde von den SA-Männern mit den Füßen noch tiefer unter Wasser gedrückt. Schlimme Tage, furchtbare Wochen, grausame Jahre.

Sannchen schob die Gedanken beiseite, so wie immer. Nur durch Verdrängung konnte sie die ständigen Demütigungen ertragen. Ruth schmiegte sich an sie. Ihre Nichte verstand die Situation nicht richtig. Sannchen spürte ihre Furcht und Nervosität. Um Ruth zu beruhigen, begann sie mit leiser Stimme zu erzählen. Geschichten aus den guten Tagen. Vom Festessen an Rosch Haschana, dem Tunken von Challa in den großen Honigtopf und den spannenden Spieleabenden mit Onkel Max vor dem prasselnden Kaminofen. Ruth lauschte mit geschlossenen Augen. Mit der Zeit entspannte sie sich. Die Motoren starteten, die Lastwagen fuhren los. Die Hauptstraße entlang, am Gymnasium vorbei, in Richtung Westen. Als sie das Ortsschild passierten, schaute Sannchen nicht mehr zurück.

Zur Mittagszeit erreichten die Lastwagen Heidelberg. Dort mussten sie in einen langen Zug umsteigen. Sie waren nicht allein. Tausende Juden aus Baden, der Pfalz und dem Saargebiet säumten die Gleise. Es dauerte eine halbe Ewigkeit, bis sich die Bahn in Bewegung setzte. Dicht gedrängt kauerten Ruth und Sannchen in einem der hinteren Waggons. Ohne Zwischenhalt fuhr der Zug in Richtung Südwesten. Immer weiter. Vorbei an Wiesen und Wäldern, an Dörfern und Seen. Irgendwann brach die Nacht an. Durch das monotone Hämmern der Räder auf den Schienen sank Ruth in einen unruhigen Schlaf.

Am nächsten Morgen erwachte die junge Frau durch die anschwellende Lautstärke im Abteil. Sie blickte aus dem Fenster. Die Gegend sah anders aus als zu Hause. Das Klima war wärmer und freundlicher.

Sannchen küsste ihre Nichte auf die Stirn und sagte: »Guten Morgen, mein liebes Kind. Herzlichen Glückwunsch zum Geburtstag!«

Aus ihrer Tasche holte sie die Schokoladentafel. Ruth biss genüsslich ein Rippchen ab.

»Schokolade zum Frühstück, wann hatte es sowas schon mal gegeben?«, grübelte sie.

Während das Stückchen langsam auf ihrer Zunge schmolz und der süße Geschmack sich ausbreitete, betrachtete sie die aufgehende Sonne. Was für ein wunderschöner Start in den Tag!

Sannchen Heumann und ihre Nichte Ruth Kraft wurden 1940 nach Gurs in Südfrankreich deportiert. Aufgrund ihrer Behinderung (Trisomie 21) wurde Ruth Kraft eine Einreise in die USA verwehrt. Obwohl Sannchen Heumann bereits die Einreiseerlaubnis hatte, blieb sie aus Solidarität zu ihrer Nichte in ihrer Heimatstadt. Beide wurden 1942 in Auschwitz ermordet. Von den letzten 22 jüdischen Bürgern aus Tauberbischofsheim, die am 22. Oktober 1940 nach Gurs verschleppt worden sind, überlebten nur vier den Holocaust.

Ein roter Fleck im weißen Schnee

Die Sonne kitzelte an seinem Schnabel. Verbissen versuchte Charlie die Augen noch ein paar Sekunden geschlossen zu halten, ehe er dem Drang nachgab und in die grelle runde Scheibe blinzelte. Ein Morgen wie ein Gemälde. Draußen tobte der Frühling und dopte die Flora mit heiteren und warmen Sonnenstrahlen. Durch die Zimmerscheibe blickte Charlie auf ein grünes Paradies, getüpfelt nur durch ein Meer aus bunten Blüten. Seine gefiederten Kameraden flogen um die Wette, labten sich am Nahrungsüberfluss oder gaben sich dem Liebesspiel hin. Unmengen von Kompagnons, die ganze Vogelschar. Amsel, Drossel, Fink und Star.

Eine Weile schaute er sich dieses fröhliche Spektakel an, ehe er mit seinem Morgenritual begann. Zum Frühstück ein paar Körner, so wie immer. Anschließend folgten Dehnübungen, langsames Kopfkreisen, die Fittiche auf und ab bewegen. Sein Zuhause hatte 60 Zentimeter Durchmesser und eine Höhe von einem Meter. Zwei Sitzstangen, eine Trinkschale und der Napf für die Körner. Das war's. Sein Platz auf Erden, für ihn ganz allein, seit nunmehr neun Jahren. Groß genug für zwei Flügelschläge, klein genug, um innerlich zu erfrieren.

Charlie putzte sein Federkleid und riss ein paar Daunen heraus. Bald sah er aus wie ein gerupftes Huhn, aber was sollte man sonst auch den ganzen Tag über machen? So spürte er wenigstens noch, dass er am Leben war. Während die letzte rote Daune langsam zum Käfigboden fiel, verschwanden die Gedanken einmal mehr zum Ort seiner Träume. Er sah sich fliegend mit einem Schwarm seiner Artgenossen, empor zu den höchsten Bäumen. Dort landeten sie schließlich und ließen ihre roten Federn leicht im Wind wehen. Ein majestätischer Anblick. Die schönsten Bewohner des Dschungels.

Plötzlich hörte Charlie nebenan ein Geräusch. Die idyllischen Bilder entschwanden nur langsam, aber unwiederbringlich.

Sein Besitzer betrat das Zimmer und ging zum Fenster. »Was ist das für eine schlechter Geruch? Hier muss dringend mal wieder ein wenig gelüftet werden.« Er öffnete das Fenster und trat an den Käfig. »Na, Charlie, mein alter Freund, hast du Hunger? Hier habe ich ein paar Apfelschnitze für dich.« Der Mann öffnete die Tür der kleinen Voliere und legte die Obststückchen in den Napf. In diesem Moment läutete das Telefon. »Wer ruft denn so früh am Tag schon an?«, fragte sich sein Besitzer. Abrupt und in Gedanken versunken verließ er wieder den Raum.

Charlie machte sich über den Apfel her. Seine Leibspeise. Mit solch einem Frühstück war sogar ein deprimierender Morgen wie dieser mehr als erträglich. Nach einigen Bissen wanderte sein Blick nach oben. Er erschrak. Die Käfigtür war nur angelehnt. In der Hektik hatte sein Halter wohl vergessen, den Riegel vorzuschieben. Im Hintergrund sah er das offene Fenster und zählte eins und eins zusammen. Dies war seine Chance! Die Möglichkeit, auf die Charlie seit Jahren hoffte und an die er eigentlich nicht mehr zu glauben gewagt hatte. Ohne weiter darüber nachzudenken, flog er mit zwei kräftigen Flügelschlägen und vollem Karacho gegen die kleine Pforte. Die Öffnung gab nach und schnellte nach außen. Jetzt war es nur noch ein Katzensprung, wenige Meter bis in die Freiheit. Charlie flatterte, so schnell er konnte, hinaus und hinauf, der Sonne entgegen. Er spürte den sanften Wind in seinen Federn und sah zum ersten Mal in seinem Leben die Weite der Welt direkt vor den Augen. Charlie wusste: Vögel in Käfigen sprechen nur vom Fliegen, freie Vögel fliegen einfach. Weiter und immer weiter.

In den nächsten Tagen und Wochen erkundete er die Gegend. Hunderte neuer Eindrücke prasselten auf Charlie ein und ließen ihn freudig erstaunen. Die Farben und Konturen, die Geräusche und Düfte. Der Nebel am Morgen, die ersten Regentropfen auf seinem roten Federkleid. Charlie kostete die neu gewonnene Freiheit aus, gleichzeitig machte sie ihm aber auch etwas Angst. Ein Leben lang war er bisher auf engstem Raum mit Gittern vor den Augen eingesperrt gewesen, nun gab es keine Grenzen mehr. Aber die Freiheit beginnt dort, wo die Angst endet. Und so drehte er neugierig immer größere Runden über der kleinen Stadt. Hier gab es allerhand zu sehen. Am Morgen winkten ihm die Kinder auf dem Weg zur Schule freudig zu. Von oben herab blickte er in eine Vielzahl von ausgelassenen Gesichtern. Am Mittag beobachtete er das Verkehrschaos auf der breiten Durchgangsstraße. Wild gestikulierend beschimpften sich zwei der Autofahrer. Und in der Nacht schaute er vom Kirchturm aus auf die tausend künstlichen Lichter der Menschen. Eine erhabene und friedliche Aussicht.

Am liebsten besuchte Charlie allerdings die Hühner auf

dem Bauernhof am Stadtrand. Ihnen fühlte er sich verbunden. Bei ihnen empfand er die Einsamkeit nicht so erdrückend. Sie waren eingesperrt – genau wie er vor nicht allzu langer Zeit, hatten aber trotzdem einen gewissen Stolz, der Charlie sehr beeindruckte. Hier war immer etwas los und frische Körner gab es im Überfluss. So gut wie zu jener Zeit ging es ihm noch nie. Selbst seine ausgerupften Daunen wuchsen langsam wieder nach.

Einige Male versuchten die Menschen ihn wieder einzufangen. Probierten ihn mit billigen Tricks zu ködern, aber er war ja nicht von gestern und durchschaute ihre plumpen Winkelzüge.

So zogen die Monate ins Land. Langsam wurde es merklich kühler. Die Blätter färbten sich allmählich gelb und rot, bevor sie lautlos zur Erde segelten. Ende November begann es zu schneien. Dicke Flocken fielen vom Firmament und färbten die Landschaft in ein endloses Weiß. Charlie fror am ganzen Körper. Er fand nichts mehr zu essen. Selbst seine Freunde, die Hühner, blieben nun im Stall. Einsam und kraftlos saß er auf einem Baum im Stadtpark und ergab sich seinem Schicksal. Er war für diesen Breitengrad einfach nicht gemacht. Bevor sein Herz aufhörte zu schlagen, durchströmte Charlie eine tiefe Überzeugung: Da gab es keinen Zweifel, kein Bereuen. Er würde sein Leben zu jeder Zeit wieder für einen einzigen Tag in Freiheit eintauschen. Ein Vogel im Käfig ist ein unvollständiges Geschöpf, nur hier unter freiem Himmel war er in seinem Element. Mit einem Lächeln auf dem Schnabel stürzte er hinab, tief und tiefer, dem Boden entgegen. Am Ende blieb von ihm nur ein roter Fleck im weißen Schnee.

Marion Betz

Wohn gemein schafft

I: Der Aktivist

Als Bernd als sechster und letzter Bewohner in unsere WG zog, dachten wir, er sei harmlos. Leicht untersetzt, besonnene Stimme, das Haar lag wie ein glatter, blonder Helm auf seinem runden Kopf. Er studierte Politikwissenschaft und noch irgendwas, wahrscheinlich Soziologie. Seine Freundin war einige Jahre älter und eine sehr mütterliche Erscheinung. Offenbar hatte sie ihn bisher bekocht, denn Bernd ging wie selbstverständlich davon aus, dass wir fünf anderen WG-Bewohner diese Rolle übernehmen würden.

Er kam zielsicher immer dann aus der Uni, wenn gerade das Essen auf dem Tisch stand. »Hmmm, das riecht aber gut«, sagte er, um nach kurzer Pause ein Is da was übrig??« anzuhängen, womit er uns die nächsten zwei Jahre nerven sollte.

Wir merkten bald, dass »Is da was übrig?« keine Frage, sondern eine Forderung war, die, wenn sie mit »Nein« beantwortet wurde, zu großer Verstimmung beim Fragenden führte. Da Bernd mit Nachnamen Ubrich hieß, nannten wir ihn bald heimlich den »Übrig-Bernd«.

Heute gab es Rouladen mit Kartoffelbrei und Gemüse. Ein aufwändiges Gericht, das wir zu dritt gekocht hatten und auch zu dritt essen wollten.

»Oh nein«, stöhnte Isabell, als sie Bernds träge Schritte auf der Treppe hörte. Angespannt saßen wir am Tisch und warteten.

»Boah, lecker. Is da was übrig?«

Keiner antwortete.

»Eigentlich nicht«, sagte Clemens standhaft, »jeder hat eine Roulade.«

»Hmmm, schaaade«, meinte Bernd schmollend und setzte sich mit Leidensmiene zu uns.

Unser Gespräch verstummte. Doch Bernd starrte unverhohlen auf unsere Teller. »Ich habe schon lange keine Rouladen mehr gegessen.«

»Hmmm«, machte Clemens, der als Mathematik- und Philosophiestudent um die entspannende Wirkung reduzierter Kommunikation wusste.

Übrig-Bernd stand auf und öffnete und schloss den Kühlschrank mehrmals, als ob er dadurch etwas hineinzaubern könnte.

»Mann, da ist ja nur noch Joghurt«, maulte er.

»Du hast diese Woche eigentlich Einkaufsdienst, Bernd!« erinnerte ich ihn.

»Oh Mann, ich hab wichtige Vorlesungen und geh auf zwei Demos zum Nato-Doppelbeschiss«, herrschte er mich an. »Einkaufen ist was für Spießer!«

»Klar, genau wie Essen!«, zischte Isabell. Und ich war ihr dankbar, weil sprachlos angesichts dieser Logik.

»Habt ihr euch schon zu den sozialistischen Fachschaftstreffen angemeldet?«, fragte Bernd mit forderndem Unterton und schaltete, ohne die Antwort abzuwarten, den Fernseher ein.

»Mensch Bernd, du nervst!«, entfuhr es Isabell.

Bernd rückte sich einen Stuhl vor den Bildschirm, drehte die Rückenlehne vor den Bauch. Klar, normales Sitzen war nur was für Langweiler.

»Sei mal ruhig! Jetzt kommen Nachrichten! – Mein Gott,

ihr seid so unpolitisch!«

Er drehte sich eine Zigarette und blies den Rauch wie zufällig über den Tisch. Irgendwie war mir der Hunger vergangen.

»Das Geschirr spült ihr aber selber, ne?!«

»Bernd, wir spülen unser Geschirr immer selber«, stellte Clemens geduldig klar.

Bernd wackelte nervös auf seinem Stuhl herum, während er Kommentare zum politischen Geschehen abgab.

»Mensch Bernd, du nervst!«, wiederholte Isabell.

Nun ließ sich Bernds Hunger nicht mehr länger unterdrücken. Polternd schmiss er einige Kartoffeln in einen Topf, kippte Wasser darüber. Als das Wasser endlich kochte, prüfte er minütlich mit einer Gabel, ob sie gar seien. Er schüttete das Wasser aus und wollte sie schälen.

»Aua, sind die Scheißdinger heiß!«, empörte er sich.

Er lief in sein Zimmer und kam mit einem Föhn wieder.

»Das glaub ich jetzt nicht«, sagte ich. »Du föhnst die Kartoffeln?«

»Das geht mir sonst zu langsam. Mensch, ich hab Hunger!!!«

Seine Freundin kam zur Tür herein.

»Hallo Schatz, hast du sonst nichts zu essen?«

»Nö. Die andern haben gerade richtig bourgeoise getafelt und ich muss hier Kartoffeln mit altem Joghurt fressen.«

»Ich mach dir gleich was, du armer Schatz,« tröstete sie den Unglücklichen.

»Wenn so die Revolution aussieht, wird sie ohne mich ablaufen«, flüsterte ich Clemens zu.

»Hmmm«, brummte er.

II: Eine absurde Geschichte

Sie hatte einen markanten Gang, an den ich mich noch heute erinnere. Straff und energisch wie ein junger Soldat. Dieser Gang ließ ihre roten Locken auf und ab wippen. Ihre schulterlange Haarmasse stand in reizvollem Kontrast zu den schwarzen, figurbetonten Kleidern, die sie trug, wenn sie ausging.

Ines hatte sich bei uns erst vor ein paar Wochen als neue WG-Bewohnerin vorgestellt, und ehe ich es schaffte, mein spontan ungutes Gefühl in Worte fassen zu können, war ich schon von den drei jungen Männern meiner WG überstimmt. »Die ist doch witzig«, schmunzelte Clemens. Birgit hatte mal wieder keine Meinung und Isabell war nicht da.

Mit Ines waren wir also wieder sieben Personen in der Wohngemeinschaft, verteilt auf drei Etagen. Die Neuen kamen zuerst immer in die sogenannten »Wohnklos«, drei winzige Zimmer im Dachgeschoss des Jugendstilhauses, aus denen die Vermieterin, eine betuliche Heilpraktikerin mit zwei ungeratenen Teenagern, jede Menge Geld scheffelte.

Ines war mir einfach zu frech. Vielleicht war ich auch nur neidisch auf ihre Haarpracht. Oder auf ihr Selbstbewusstsein, womit ich weniger gesegnet war.

Täglich telefonierte Ines mit ihrer Mutter, die ihren Spross offenbar vergötterte. Von einem Vater hörte man nie etwas. Kein Wunder, dass sie da Nachholbedarf hatte und ständig mit Jungs abhing.

Ines ging gerne aus. Man könnte sagen, es war ihr Hobby, sich, meist mit einem verliebten Typen am Arm, in der Heidelberger Fußgängerzone zu zeigen. Sie wusste, dass sie auffiel, und genoss es. Sie lachte laut und benahm sich exaltiert wie Madonna. Niemand hätte vermutet, dass sie ausgerechnet Theologie studierte. Wie eine zukünftige Pfarrerin sah sie jedenfalls nicht aus. Die Jungs in unserer WG nannte sie »Schatz« und kommandierte sie herum. Unfassbar – diese Trottel folgten ihr aufs Wort.

Der jüngste Student bei uns hieß Günter. Günter hatte den Wohnklo-Status bereits verlassen und residierte im zweitgrößten Zimmer. Dort stand auch sein Klavier, auf dem er für Ines Lieder komponierte. Er seufzte jedesmal, wenn sie den Raum verließ. Es wäre ihr ein Leichtes gewesen, ihn zu bekommen. Weiß der Teufel, warum sie es nicht tat. Er war hübsch und unschuldig. Hatte sie Skrupel?

Eines Tages brachte ich aus dem Urlaub in Mallorca einen kleinen Kater mit. Ich hatte ihn in einer Reisetasche geschmuggelt, wo er dank Schlaftablette vom Tierarzt friedlich bis zur Landung schlummerte. Abgemagert bis aufs Skelett hatte ich den armen Kerl in einer Tiefgarage gefunden. Er wehrte sich mit allen verbliebenen Kräften, als ich ihn einfing. Schnell nahm er an Gewicht und Frechheit zu und wegen seines spanischen Temperaments taufte ich ihn auf den Namen Zorro.

Der kleinwüchsige Zorro wurde unser WG-Kater. Man konnte herrlich mit ihm kämpfen. Er stürzte sich wie ein Irrer auf meine mit einem Arbeitshandschuh geschützte Hand und strampelte mit seinen kleinen Beinchen dagegen. Zorro wurde mein Ein und Alles.

Alle fanden ihn süß. Nur Ines sagte nichts.

Ich stand kurz vor Abschluss meiner Magisterarbeit. Täglich hatte ich sieben bis zehn Stunden daran gesessen und war nur noch im Forschermodus. Aufstehen, Bibliothek, schreiben, schlafen.

Ich fühlte mich wie ein Zombie, zitierte beim Essen irgendwelche Autoren oder vergaß das Essen ganz. Vom üblichen Uni-Trubel kriegte ich längst nichts mehr mit und traf keine Freunde mehr. Mein Zorro reichte mir. Er lag auf meinem Schreibtisch, wenn ich schrieb oder nachdachte. Bei Grippe wärmte er meine Füße.

Die Wochen gingen dahin, die Papierstapel wuchsen. Zorro war seit den letzten drei Tagen nicht mehr in meinem Zimmer.

»Wenn du deinen Kater suchst – er ist bei mir!«, zwitscherte Ines, als sie merkte, dass ich nach ihm suchte.

Ich bemühte mich, gleichgültig zu wirken. »Er ist mal hier, mal mal da, wie Kater eben sind.«

»Falsch!«, belehrte sie mich, »er ist besonders oft bei mir! Ich gehe gleich in die Bibliothek, dann kannst du ihn haben.«

Ihr gönnerhafter Ton verschlug mir die Sprache.

Als Ines weg war, ging ich in ihr Zimmer. Ich untersuchte ihr Kosmetikregal, schnupperte an ihrem Körperpuder. Ein übles Zeug aus Italien, aber auf ihrer blassen Haut roch auch das noch gut.

Da lag mein Zorro schnurrend auf ihrem neuen schwarzen Spitzenkleid! Ich zog den Fetzen unter ihm weg. Erschrocken fiel er vom Sessel. Ich hielt mir das Kleid vor den Leib und stellte mich vor Ines' Spiegel. Obwohl ich schlank war, würde ich niemals da hineinpassen!

Dennoch stieg ich wie unter Zwang in den Spitzenschlauch. Mit einem Knacken riss der Reißverschluss am Rücken auseinander. Ich steckte meine Arme in die engen Ärmel, bis der Stoff platzte. Dann zog ich ihre schwarzen Nylonstrümpfe in Größe 34 über meine 38er-Beine.

Ich inspizierte ihr Schuhregal. Sie hatte einen erlesenen Geschmack. Wie konnte sie sich solche Designerschuhe leisten? Neben den reizenden kleinen Stiefelchen fiel mir ein anderes, offenbar neues Paar ins Auge. Schwarze Wildlederpumps mit sanft zulaufender Spitze, einem Absatz in beinschmeichelnder Höhe und einer herrlichen, breiten Satinschleife, die an barocke Zeiten erinnerte. Da mein Fuß nicht rein passte, steckte ich meine Hände hinein. Kein Schweißgeruch, nur dezenter Lederduft.

Ich gab nicht auf und zwängte schließlich doch noch meinen Fuß hinein. Es klappte. Zumindest vorne. Mit der Ferse stand ich auf dem hinteren Rand, was diesen ordentlich platt machte.

»Ruckedigu, Blut ist im Schuh.« So geht doch der Märchenspruch. – Blut haben wir hier!

Mit Ines' Lippenstift malte ich zuerst meine Lippen dunkelrot, dann mit dem Rest eine Karikatur von Ines auf den Spiegel. Den leeren Stift schmiss ich nach Zorro, der gequält miaute. Dann nahm ich ihre Nagelschere und schnitt mir das Kleid so zurecht, bis es bequem war. Den Puder verteilte ich großzügig auf meine Arme, bevor ich mein Outfit mit Ines' Schmuck komplettierte. Jetzt konnte ich ausgehen. Nach Wochen der Isolation endlich wieder unter Leute!

Vor der Haustür begegnete ich Günter, der gerade sein

Fahrrad an den Zaun schloss.

»Hallo Schatzi, heute schon was komponiert? – Willst du mit mir ausgehen? – Günter? – Nein? – Macht nichts. Wenn ich heimkomme, will ich was zu essen auf dem Tisch sehen, hörst du? Bis bald, Schatzi!«

Mit den Schuhen kam ich nicht weit. Barfuß würde es auch gehen; wär doch gelacht!

Ich riss mir die Pumps vom Fuß und warf sie in Günters offenes Fenster. Sie landeten auf den Klaviertasten, die ein absurdes Geräusch von sich gaben. Der linke und dann noch der rechte.

III: Die Unbekannte

Am Ende des Flures stand in einer alten Badewanne, die als Relikt eines ehemaligen Badezimmers vom Vermieter einfach dort belassen worden war, unsere Wäschespinne. Immer wenn man auf die Toilette wollte, musste man an dieser Wanne samt Spinne vorbei. Diesmal hing Pamelas Wäsche dort. Im Vorbeigehen bemerkte ich, dass in mindestens zwei Unterhosen Löcher waren. Zudem waren die Slips viel zu groß für eine junge Frau von einundzwanzig Jahren. Richtige Zelte, aus verschlissener Baumwolle. Etwas wie Mitleid wallte in mir auf. Wer musste heute noch löchrige Wäsche tragen? Es konnte natürlich auch sein, dass sie keinen Wert auf solche Sachen legte und mein Mitleid hier völlig fehl am Platze war. Und doch sollten diese löchrigen Unterhosen mir später, wenn ich an sie dachte, wieder einfallen.

Pamela kam lautstark die Treppe heruntergestampft. Sie wohnte im Dachgeschoss, in einem der sogenannten

Wohnklos.

»Was soll ich noch einkaufen? Habt ihr 'ne Liste gemacht?«, fragte Pamela, den Kopf nur kurz zur Küchentür hereinsteckend. Clemens gab ihr die Liste und flüsterte ihr etwas zu, worauf sie »Haha« machte und die Augen verdrehte.

»Clemens, musst du sie immer verarschen?«, rügte Isabell in gespielter Strenge.

Clemens nickte begeistert. »Sie ist so naiv, echt süß.«

»Das bedeutet ihr Name: Die Honigsüße«, belehrte ihn Johannes.

»Ich studier' Mathe und kein Latein«, rechtfertigte sich Clemens.

Pamela bekam fast täglich Besuch von Daniel. War wohl ein guter Kumpel, einen halben Kopf kleiner als Pam. Oft kam auch die ebenso kleine Martina mit, typische Theologiestudentin, ungeschminkt, mit Topfschnitt und Ökotretern, aber sympathisch.

Auch wenn Pamela ähnliche Klamotten trug, war ihre Wirkung anders. Die Wangengrübchen und das goldbraune lange Haar, das war wie Frühling auf dem Lande. Man musste sie einfach gern haben. Leider verbrachte sie die meiste Zeit in ihrem Zimmer und an der Uni, kam eher selten in die Küche. Ich weiß gar nicht, ob wir gemeinsame Interessen gehabt hätten. Ich erinnere mich, dass sie ständig Musik von Joe Cocker hörte.

Pamelas große Schwäche war der Abwasch. Sie schrubbte lieblos mit der Spülbürste im lauwarmen Wasser herum, sodass die Teller beinahe so fettig wie zuvor und die Töpfe noch voller Essensreste waren.

»Pamela, man sollte die Töpfe auch außen putzen. Nimm doch mal einen Spülschwamm«, riet ich. »Ich mach das immer mit der Bürste!«, war ihre wenig erhellende Antwort. Das Geschirr blieb also schmutzig, wenn Pamela Spüldienst hatte.

Niemand wollte dieses freundliche Mädchen kränken. Beim Essen stopfte sie sich den Mund immer ziemlich voll, ihre Kaubewegung belustigte uns. Kaum war ihr Teller leer, verschwand sie auch wieder.

Einmal kam ihre Mutter zu Besuch, eine Holländerin. »Mama, de Tee is fertich«, rief sie die Mutter zum Frühstück. Das Wenige, was die beiden zusammen sprachen, tauschten sie auf Niederländisch aus. Eine bedrückte Stimmung lag in der Luft, solange die Mutter da war.

Als Pam eineinhalb Jahre bei uns wohnte, kam ihre Zwillingsschwester zu Besuch. Pamela hatte uns vorher Fotos von ihr gezeigt und ich Trottel rief spontan »Wow«, als ich die Schwester auf dem Bild sah; merkte zu spät, dass sich dabei Pamela eventuell zurückgesetzt fühlen würde. Doch meine Befürchtung war unbegründet.

»Wir sind zweieiig«, sagte sie fröhlich.

Um meinen Fauxpas dennoch wiedergutzumachen, sagte ich irgendwas Nettes über ihre Augen. Eine Laune der Natur hatte Pamela zwei verschiedene Augenfarben geschenkt. Das linke Auge war braun, das rechte grün. Oder war es umgekehrt? Ist nicht das Gesicht ein Spiegel der Seele?

Der Wow-Effekt bei der Schwester, die übrigens gleichmäßig blauäugig war, ergab sich einzig durch das naturplatinblonde Haar. Das hübschere Gesicht hatte eigentlich Pamela, die Honigsüße. Die schlechte Spülerin, von der wir eigentlich nichts wussten, außer dass sie freundlich war und fröhlich wirkte. Und verschlossen. Und Joe Cocker hörte und auf Treppen trampelte.

Und im Nachhinein muss ich sagen, dass ich gar nicht auf Platinblond stehe, aber es ist halt ein Hingucker wie bei Jean Harlow, die eigentlich ja recht ordinär aussah, oder wie bei Marilyn, die natürlich wunderschön aussah, aber unglücklich war und – ja, unglücklich, das war es, worum es eigentlich ging, aber es wurde mir nicht bewusst damals, Scheiße, ich hab's nicht gemerkt, hinter ihrer Naivität, ihrer Herzlichkeit und seltsamen Distanziertheit. Und eigentlich kannte ich sie gar nicht und wir alle kannten sie nicht. Sie kam ja auch nie zu uns ins Zimmer, wie sollte man da ...

Und als sie dann weg war, so ohne jede Nachricht, einfach gegangen von einem Tag auf den anderen, da kamen wir uns schon komisch vor, wussten nicht wann und wie.

Sie hinterließ keine Adresse. Nicht an uns, an die WG, das war ja klar, aber auch nicht an ihre zwei besten Freunde, Martina und Daniel, die eines Abends in unserer Küche standen und uns fragten, wo sie sei. Da erst merkten wir, dass sie weg war. Ihr Zimmer war leer.

Daniel schüttelte den Kopf, als er hineinschaute. Nur das Bett stand noch da und eine abgebrannte Kerze lag auf dem Boden. Er hob mit zitternden Fingern den Bettvorleger hoch, als hoffe er dort eine Nachricht zu finden. Pams Mutter hatte er schon angerufen. Auch die wusste nur, dass sie in ein Kibbuz nach Israel auswandern wollte. Wo das lag, hatte sie nur ihrer Schwester mit der Bitte um strengste Geheimhaltung mitgeteilt.

»Pam ist so schrecklich unglücklich hier gewesen«, hätte die Schwester gesagt. Alle grübelten, was »hier« heißen sollte. In Deutschland, in Heidelberg oder in der WG? Letzteres konnte man ausschließen.

Gab es einen Vorfall an der Uni oder war sie unglücklich verliebt? Wir alle hatten nicht den Hauch einer Vermutung. Wenn schon ihre besten Freunde nichts wussten, wie konnten wir ...?

Daniel saß starr und stumm auf dem Stuhl in der Küche und blickte ins Nichts. Allmählich kapierten wir, dass da einer saß, der jemanden verloren hatte ... Die Martina, die hatte es wohl geahnt, dass da mehr war als Kameradschaft. Sie legte ihren Arm auf seine Schulter und dann standen wir alle um die beiden herum und zwölf Hände lagen auf Schultern und Köpfen.

Keiner sagte was. Und vielleicht dachte ich: »Was für Freunde! Solche Freunde würde ich nicht verlassen.«

Aber vielleicht war ich nur nicht so unglücklich wie Pamela. Und ich habe nicht zwei verschiedene Augenfarben.

Zwielicht

Abend schickt seine Dämmerlichtboten
über Gezweig kriechend
kauernd in jeder Ecke

Silhouetten huschen
verweilen selig auf Treppenstufen
welken ins tonlose Laub

Dunkelheit heißt die Katze
die schlendert auf vergess'nen Pfaden
die blitzenden Augen zeigt sie nur nachts

Sommerabend

Schmale Zeichen am Himmel
Über dem Fluss hängt
ein Abend ohne Temperatur

Ein Radio durchdringt
die Stille nicht
nur das Kaugeräusch der Pferde

Dämmrige Lichter im Dorf
halten mühsam
die Augen offen

Schweigende Baumsilhouetten
Zwielichtiger Karnevalszug:
ein Schwein, ein Flötenspieler, ein Dachs

Einzig die Linde sendet
ein Versprechen
aus Honig

Man hört
das stille Reifen
der Kirschen

Das Fallen
eines einzelnen Blatts
beendet den Tag

maienmond

du erscheinst
gehst auf wie teig in schwarzer schüssel
wanderst du weiter
hältst du auch inne
für mich?

maienmond
lege dein licht
nicht nur über die felder – lege dich
her zu mir

Fragment

Auf der Autobahn
liegt ein Bündel aus Fell

Was du sagst
drückt mich beständig nieder

Besser wir sehen uns
nicht wieder

Im Osten wird es langsam
hell

Ohne Titel

Nägel mit Köpfen
Wolltest du machen
Und ich fragte mich
Wozu eigentlich
Wozu brauchen Nägel Köpfe
Wenn sie schon Menschen
Nichts nützen

Winterwölfe

Winde rollend brüllen
Frost niesig rieselt auf alte Pfade
Graue Pfoten
Knacken Eis

Schreiten gierigheiter ohne Eile
Wittern
Dort unten
Das letzte Futter

Infrarot-Warmwesen
Rennen
Flüchten in morsche Häuser
Schutz suchend im Feuerschein

Hungrig wie jene
Verzehren feige geduckt
Nahrungssommerreste
Suchen Gemeinschaft
Klammern frierend sich an

Wenn Winterwölfe heulen
Beten sie beten sie
Wenn Winterwölfe heulen
Gefriert nicht nur der Regen

Schöne Geräusche

Abends im Garten
kann man sie hören,
die kleinen Geräusche
der Heimkehr

Nachbarn parken ein
zentimergenau
Der Schlüssel, den du morgens
noch suchtest
springt nun von selbst ins Schloss,

Wie war dein Tag
Ach
Wirf die Antwort
in den klappernden Mülleimer

Streitende Kinder beim Abendbrot
dazu in seiner Hütte
vergeblich schnuppernd
der Hund

Bierflaschen genau meine Marke
entkorken die Tagesschau
Wer jetzt noch anruft
ist dein Feind

Klospülungen seufzen
zahnpflegeperfekt
Letzte Verrichtungen
in ewiger Wiederholung

Schließ die Tür heute nicht ab
Was für einen Trost
brauchst du noch außer
schöne Geräusche?

Ein Freund

Wenn ich nach Hause kam, von der Schule oder später von woanders, strecktest du deinen Halbglatzenkopf aus dem kleinen Giebelfenster des Nachbarhauses. Du nörgeltest ein bisschen herum, liebevoll. Zogst mich auf mit missglückten Provokationen, deren Komik im Scheitern lag. Meine Mutter und ich gaben es dir stets dreifach zurück, und mit einem ergebenen Seufzer sahst du schließlich ein, dass du uns nicht Paroli bieten konntest. Dachte nie, dass mir das fehlen würde.

Dachte nicht so oft an dich. Wusste nicht, dass ich dich mochte. Und dachte erst recht nicht darüber nach, wie es sein würde ohne dich, das Leben. Du stiller Beobachter sahst mehr, als du zugabst. Wenn ich traurig war, stand dein unaufdringlicher Trost schon neben mir. Ohne Worte.

Bei unserem letzten Spaziergang am Seeufer gingst du auf meinen Arm gestützt. Ein starker Mann mit Atemnot. Du erlaubtest mir, dich so zu sehen. Schenktest mir ein letztes Gespräch; deine Lungen schon zerfressen vom Asbeststaub mit 47 Jahren. A working class hero is something to be.

Du gingst mit mir, um mir eine Freude zu machen. Ich verdrängte den Gedanken, dass du nicht mehr gesund würdest. Meine Eltern besuchen, ohne dass mein Wächter aus dem Fenster guckt? Das war unmöglich! Und ich – Entfernung und fortgeschrittene Schwangerschaft waren keine Entschuldigung – besuchte dich nicht am Krankenbett.

Man nannte dich einen einfachen Menschen. Leise, leise war deine Freundschaft. So leise, dass ich sie erst bemerkte, als du tot warst.

Für Bernd Ubrich

Lebensmitte

Als man noch Kind ihn nannte
Schatten Tagesende markierten
Er nicht zum Abendbrot kam
Fand er ohne zu suchen:

Kaninchen im Stall
Blumen im Hof
Katzenkinder im Stroh
Von Fern ein Lied

Fand ohne zu suchen – damals
Vergaß es
Älter werdend
Ganz allmählich

Hütet sich heute aufs Land zu fahren
Scheut die Erinnerung

Später, im Herbst

Gärten der Stille
verblühen ins Abseits,
schillernde Hitze
nur noch Erinnerung.

Große Ansichten
tat man hier im Sommer kund –
jetzt schweigen
die Philosophen.

Dort in hohen Gefilden
findet man
Ikonen der Klassik –
Schiller zum Beispiel.

Hier unten im Garten aber
schweigt es.
Nur Blütengreise
werfen Schatten ihrer selbst.

Verregnet, nass, geknickt,
Tropfen, Perlen –
zum Pfützensaum
alles rinnt.

Der Vögel nasse Schwingen
tränken feuchte Trockenmauern,
fließen ins Meer
irgendwann.

Jetzt rede ich, tropft der Regen.

Räume verlassen

Wenn man aus dem Raum geht,
geschieht das von selbst.
Es beginnt mit einer Vorwärtsbewegung.

Wenn man rausgeht,
hat das seinen Grund.

Das Gesicht dreht sich zur Tür,
um die Klinke zu drücken.

Wenn man Räume verlässt,
hat man vielleicht
nie dazugehört.

Im Dorf

Abendnebel
Über Weinberge strömt
Die Straßen so leer
Pfützen gaslichtgelb bestrahlt

Getreideberge in alten Scheunen
Im Stall das Vieh
Wiedergekäuter Friede
Wiesenentbehrung in Sippenhaft

In den Häusern
Oben: Schlafende Kinder
Unten: Blaues Geflimmer
Hunde johlen zum Fußballtor

Frauen vor dem Spiegel
Zupfen Liebhaberlocken in Stirnen
Bevor sie
Zu einer Freundin gehen

Gestreift geschmeidige Katzen
Umschleichen Speicher
Kehren heim im Morgengrauen
Zerzaust wie die Frauen

Du weißt warum

Ich schreibe dir ein Gedicht,
weil du es lesen wirst.

Und für einen Moment bei mir bist
und ich bei dir.

Weil du nicht urteilst, während du liest,
obwohl auch du genügend Urteile hast.

Ich schicke dir ein Gedicht, weil du ein Mann bist
und vielleicht glaubst, Gefühl und Verstand seien Feinde.

Ich sende dir ein Gedicht, weil du eine Frau bist
und vielleicht glaubst, dich aufgeben zu müssen,
bis nichts mehr da ist von dir.

Ich mache dir ein Gedicht,
weil ich sonst nichts wirklich kann.

Ich schreibe dir ein Gedicht
und du weißt warum.

Bernd Marcel Gonner

Poujuw steigt aus

Im Spätjahr 1930. Kommissar Poujuw, abgeordnet vom Pariser Quai des Orfèvres zu einer Fortbildung der preußischen Kriminalpolizei nach Berlin, ermittelt mit dem Pathologen Dr. Gottfried Benn im Fall eines im Landwehrkanal ertränkten Bierfahrers. Nachdem er in der großen Stadt die Geschäfte einer Schwarzbrennerriege mit Berliner Krankenhäusern ausgehebelt hat, folgt allerdings nicht die Heimreise, sondern, wider Willen, eine Bahnfahrt in die tiefste badische Provinz. Doch die Sache hat noch einen Haken.

Man hatte ihn nach Stuttgart geschickt. Gut, er hatte sich schicken lassen. Wegen einer Kleinigkeit. Weil Gennat ihn bekniet hatte. Gut, der hatte im vom vielen Hocken schwerdampfenden Fauteuil gesessen, die Dampfheizung an der Wand unreguliert in der Höhe, und Anweisungen gegeben. Serienmord in Untertürkheim. Er in Berlin unabkömmlich. Ob Poujuw nicht ...? Konnte er. Der Serienmord hatte sich als Schwabenstreich herausgestellt, die Kollegen in Stuttgart als beflissen ohne Elan und Esprit. Er hatte eine Weißwäscherin festnehmen lassen und deren Muttersöhnchen damit aus der Reserve gelockt, einen Fotolaboranten in besagtem Untertürkheim, der Basen, Säuren und fließend Wasser durcheinandergebracht und so ein halbes Mietshaus in Krankenhaus oder Krematorium gebracht hatte. Der Fall war erledigt. Drei Tage waren um. Poujuw saß im D 11 Stuttgart (mit Vorlauf aus Tübingen – zwischen welchen süddeutschen Hügelketten das auch immer versackt war) – Berlin Friedrichstraße und dampfte seinerseits aus. Bietigheim Zustiege aus Karlsruhe und umgekehrt Abgänge dorthin. Der Zug war extra ausgerufen worden. Anschluss an die Landeshauptstadt des gewesenen Großherzogtums Baden, wie ein weiterer Beflissener im Coupé vermeldete. »Gewäsenen«, sagte er. Unaufgefordert. So waren sie hier. Auskunftsfreudig, ohne je dazu aufgefordert zu werden. »'s isch wäsentlich kleiner als Stuagat«, hatte er geflüstert, als legte er eine evangelische und deshalb verbotene Beichte ab. »Au sähenswert scho, aber doch net so.« Er hatte Poujuw begutachtet und dann nachgeschoben, als hätte er Stuttgarter Straßenstaub, Trester vom Traubenpressen oder Spätzlereste an ihm ausgemacht: »Sie ware in Stuagat. Des sieht ma Ihne fei o.« Er hatte eine Weile geschwiegen – und dann nachgesetzt, diesmal auf Hochdeutsch: Perle des Schwabenlandes, prächtig gelegen, herrliche Berglandschaft, klimatischer Frühjahrs- und Herbstkurort, Weinberge, Mineralbäder, beliebte Kongressstadt, vorzügliche Lehranstalten und Hochschulen, sehenswerte Schlösser und Museen, mehrere berühmte Theater und so fort. Und wie zum krönenden Abschluss und zugleich als Einladung an jedwede Zukunft: »Ausgangspunkt unzähliger Ausflüge.« Er hatte sich zufrieden im Polster zurückgelehnt und Poujuw erneut taxiert. Ob es Wirkung zeigte. Seine vielen Wort. Zeigten sie nicht. »350 000 Einwohner«, hatte er noch nachgesetzt, als letzten Trumpf – und hatte dabei die zwanzig Straßenbahnlinien, die mittlere Jahrestemperatur von 9,8 Grad Celsius, die Lichtspielhäuser mit bunter Bühne, die große, neue Stadthalle, 8000 bis 10 000 Personen fassend, und das dreimal tägliche Glo-

ckenspiel auf dem Rathausturm vergessen (oder unter-
schlagen?), von dem ihm seine Kollegen auf drei Tage dort
so vorgeschwärmt hatten. »Und was machen Sie dann in
Berlin, wenn es bei Ihnen so erstklassig ist?«, hatte Poujuw
nur gebrummt, »noch dazu in einem Schnellzug« (er hätte am liebsten gesagt: Schnellwegzug) »im Coupé zweiter
Klasse« (und nicht erster und besonders schwäbisch ge-
pflegter und herausgeputzter, hätte er am liebsten gesagt)
und sich das Faltblatt mit dem Reiseverlauf (*Was gibt's
zu sehen zwischen Stuttgart und Berlin? (über Würzburg und
Erfurt)* letzteres unten hingequetscht – alles in Schwungs-
chrift, bis auf die beiden Städtenamen, die in Blockbuch-
staben, braun und schwarz, Scholle und Bauhaus in einer
Ehe ohne Vorteile für keinen) vor die Nase gehalten. Oben
schaute der neue Stuttgarter Hauptbahnhof aus den re-
bengrünen und waldbekrönten Berghängen, unten zeigte
sich das Brandenburger Tor vor Tiergartenbaumkulisse
(oder märkischem Kiefernforst?), dazwischen der Schie-
nenstrang (zackig von oben nach unten), links davon und
aus diesem herausspitzend (die Spitzbuben!) ein Mann
mit sachlichem Hut, bravem braunem Straßenanzug und
Hand über den Augen, Ausschau haltend, darunter eine
Frau in modischem, enganliegendem rotem Strickpullo-
ver mit üppigem Busen (von selbigem betont und herausgeputzt) und Hand über den Augen, Ausschau haltend,
rechts davon die beiden noch einmal, nur umgekehrt: die
Frau oben, der Mann unten: Ladies first. Der Beflissene
hatte den Mund gehalten. Heilbronn wurde für 10.38
Uhr angekündigt. Käthchenstadt, wusste der *Was gibt's
zu sehen ...?* Nur was die Käthchenstadt sollte, wusste er

nicht. Osterburken 11.23 Uhr – noch zu früh, Lauda 12.04 Uhr – gerade recht für das Mittagessen, dann Würzburg, Schweinfurt, Ebenhausen, Bad Neustadt, Grimmenthal, Suhl, Zella-Mehlis, Oberhof (Thür), Arnstadt, Erfurt und so weiter (Weimar, Leipzig, Bitterfeld). Man könnte (müsste) sich einen Magenbitter zusammenbrauen aus dem Namensbodensatz der deutschen Sehenswürdigkeiten, um sie zu ertragen. Suhl, wie das schon klang. Oder Grimmenthal. Als gäbe es dort eine teufelsgefährliche Kurve, aus der der Zug jederzeit entgleisen könnte – und man müsste sich entsprechend wappnen. Und in Suhl mästete man Schweine. Und in Bitterfeld wäre der Schwefel daheim. Und in Zella-Mehlis die Papier- und Backwarenindustrie. In Ebenhausen wäre einem eh alles egal, Bad Neustadt wäre von der Hygiene vereinnahmt und in Oberhof würde man ganzjährig Ski fahren, was für ein Graus. Nur Weimar, das wollte er auslassen. Goethes wegen. Eben. Hausen. Alles unbehaust. Der Zug quietschte und zögerte. Ein langer Perron oben ohne. Ohne Dach. Die Käthchenstadt. Ohne Auskunft. Ob er den Beflissenen ...? Fragen sollte? Er brummte sich selbst zurecht und zur Ordnung. 10.38 Uhr. Erst eine knappe Stunde und schon so erschöpft. Ob sie im Speisewagen Spätzle servierten? Und württembergischen (und keinesfalls badischen) Wein? Einen Lemberger vielleicht? Er würde nicht Nein sagen.

Dann begann die Geschichte, die Poujuw aus seiner Erschöpfung riss, das Mittagessen und die Spätzle ausfallen ließ und ihn mit einem Ort bekannt machte (oder dessen Bahnhof immerhin), den er mit einer Minute Aufenthalt und Anschluss in ein weiteres Hygienebad mit Kurorchester hatte passieren wollen. Aus der einen Minute waren fünf Stunden geworden, ein toter Staatsmann war im Krankenwagen quasi inkognito abtransportiert worden, ob Richtung Karlsruhe oder Heimatfriedhof, wusste er nicht, und der D 11 mit seinen Wagen erster, zweiter und dritter Klasse samt Speisewagen war statt um 21.27 Uhr um halb drei in der Nacht in Berlin Friedrichstraße eingelaufen.

Poujuw ließ die Käthchenstadt links (oder rechts?) liegen; vergrub sich in seinen Mantel (die Heizung schwach auf der Brust); döste über Osterburken ein und war sofort wieder da: die Blase!; stemmte sich hoch; schwankte – mit dem schlingernden Zug (»der Neckar!«, wusste der Beflissene plötzlich wieder – oder war das früher gewesen?) – zur Toilette. Ein Mann im steifen Rock zwängte sich an ihm vorbei. Einer, der den Sekretär spielte, hinterher. Man riss die Toilettentür auf. Der Sekretär hinterher. Der im steifen Rock würgte. Über dem Waschbecken. Poujuw drängte nach. »Schaffner!« Wie aus einem Wasserspeier von Notre Dame nach einem Platzregen kam der Schwall. Braun, grün, gallig. Ohne Glaubersalz und Kurbad. »Ein Arzt!« Der steife Rock ging in die Knie. »Rasch!« Der Sekretär mühte sich, ihn zu halten. Poujuw schob sich in die Kabine. Die Augen kippten schon weg. Vor dem Mund stand der Speichel in Schaumbänken. Dann fand der steife Rock – noch einmal, müsste man beinah sagen – Poujuws Blick. Hart, nüchtern, wie ein Befehl. Poujuw verstand. Drückte sich an ihn. »Der Pfarrer«, hörte er. Dann (und es war das letzte): »Die Bank.«

Der Schaffner kam. Aufmüpfig. Wollte sie alle zurecht-
weisen, Poujuw und den, der den Sekretär spielte. Poujuw
zückte die Marke der Preußischen Kriminalpolizei, die
man ihm leihweise gegeben hatte. »Ein Toter. Mord vermutlich. Wann kommt der nächste Bahnhof mit größerem
Personal?« »Lauda.« Es klang wie »Laon«, dem Ort mit der
herrlichen Kathedrale, nur verdreht und ohne jede Schönheit. »Lassen Sie den Zug dort auf einem Abstellgleis einfahren.« »Den Schnellzug nach Berlin Friedrichstraße?«
»Fahren wir auf den Mond? Telegrafieren Sie!« »Der badische Staatspräsident. Dr. Josef Schmitt«, stammelte der
Sekretär. »Wo?«, quakte der Schaffner. »Da.« Der Sekretär
deutete dahin, wo es am schmutzigsten war. Man blickte
auf den Boden der Toilette und die Sauerei dort. »Keiner
verlässt in diesem kurzangebundenen Kaff ...« »Lauda«,
wiederholte der Schaffner stoisch. »... den Zug. Sorgen Sie
dafür, dass die Türen geschlossen bleiben, vorerst.« Der
Schaffner salutierte. »Sperren Sie den Wagen. Und kein
Wort.«

Schneefall in dünnen Flocken hatte eingesetzt. Fast nicht
der Rede wert. Lauda, nun gut. Man hatte die Stablampen auf den Bahnsteigen eingeschaltet. Neue Sachlich-
keit. Deutschland kam gut damit zurecht. Poujuw nicht.
Er mochte seinen Eisenofen mit den gusseisern gedrech-
selten Beinen und hätte diese Ornamente auch an den
Lampen begrüßt, als Ausleger, Wasser-, nein: Lichtkränen
gleich. Lauda, nun gut. Man hatte antreten lassen. An jeder Tür stand ein Aufpasser, die Hände auf dem Rücken

verschränkt, die Trillerpfeife an der Binde um den Hals. Man war im Plan. Ankunft 12.04 Uhr. Nur die Abfahrt verzögerte sich. Erheblich. (Erhäblich, hätte der Beflissene gesagt.) Poujuw wollte nichts (und niemandem) erklären. »Auf unbestimmte Zeit«, knurrte er gegen das Fenster (Ausblick auf Lauda: Bahnhof, Bahnhof, Bahnhof – und ein Stück Bahnmeisterei: schwarz, grau, Dampf und Nebel), »Stunden«, und holte seine Pfeife aus der Manteltasche. Der Bahnhofsvorsteher scheuchte sich selbst (wie geölt) den Gang auf und ab. Goldschnurbetresst die Schulterstücke der Uniformjacke. Bahnhof erster Klasse. 900 Beschäftigte allein in Bahn-, Strecken- und Signalmeisterei, Bahnbetriebswerk und Betriebsamt (5 Dienststellen!) und dem ganzen Durcheinander. Gleis 2 eine Bahnsteiglänge von 451 Metern, die anderen immerhin von rund 330 Metern. 52 Loks stationiert. Und das auf 3000 Einwohner. Wo war die Contenance? Auf Gleis 4 war der Zug aus Bad Mergentheim eingelaufen.

»Bad Mergentheim«, nölte er. »Die Kurgäste.«

»Sie haben auch frische Luft hier.«

»Ruß und nochmal Ruß. Wenn meine Frau die frische Wäsche aufhängt zur Unzeit, ist sie gleich wieder grau.«

»Lauda«, sagte Poujuw nur und dachte an einen ewigen Grauschleier, der über dem Städtchen hing seit dem Bau der Hauptbahn dahin und dorthin, Stuttgart, Heidelberg oder Würzburg, was wusste er schon, vor sechzig Jahren.

»1870/71 Bau des jetzigen Bahnhofsgebäudes«, meldete dessen Vorsteher.

Diese Beflissenheit. Zum Davonfahren. Und er stand hier mit seiner Leiche herum.

»Großer Vaterländischer Krieg«, meine Poujuw nur. »Haben Sie das aus Frankreichs Niederlage-Reparationen hochgezogen oder aus heimischem Material?«

»Muschelkalk«, druckste der Goldschnurbetresste.

Poujuw war es himmlisch egal.

Auf Gleis 1 stand eine weitere Nahverkehrskutsche nach Mergentheim abfahrtbereit. Mehr Lokomotive als Wagen.

Keiner stieg um. Wie auch.

»Sie können nicht ...«

»Lassen Sie die Frischgekurten nach Berlin in der Bahnhofsrestauration warten. Sie haben eine?«

»Sicher.«

Na also, hätte Poujuw beinah gesagt. Oder: Sehen Sie. Welch Wunder.

Stattdessen sagte er: »Sie werden sich wohl gedulden können. Oder müssen. Wann geht der nächste Reguläre nach Berlin?«

»19.48 Uhr D 115, aber über Hof. Nur mit Aufschlag.«

»Und dann?«

»23.41 Uhr D 13, mit Schlaf- und Liegewagen 1. und 2. Klasse.«

»Eine Schnapszahl«, sagte Poujuw – und: »Sie sind ja prächtig ausgestattet hier.«

»Beide Anhalter Bahnhof, Ankunft 8.02 Uhr der erste, 8.07 Uhr der zweite.«

»Berlin liegt ja um die Ecke.« Draußen Dampf wie Nebel – oder umgekehrt. Ein Bäumchenwechseldich wie auf dem *Was gibt's zu sehen zwischen ...?* Poujuw zündete seine Pfeife an. »Und nun machen Sie: Leiten Sie das Ihre in die Wege, dass ich meine Untersuchung beginnen kann.

Geben Sie den Reisenden Bescheid, dass es dauert, warum auch immer – und vor allem: beruhigen Sie sie.«

»Sehr wohl.«

Bückling, Hering, Untertan. Poujuw lachte. Wie aufgezogen. Von Kind an.

»Und lassen Sie um Gotteswillen die Mergentheimer Kutschen abfahren.«

»Auch 14.32 Uhr E 510 nach Ludwigshafen?«

»Steht der Ihnen im Weg? Oder können Sie ihn sonstwie hier gebrauchen?« Die Pfeife zog nicht recht. »Machen Sie, was Sie wollen damit. Ihre Anschlüsse nach Mergentheim werden Sie schon noch hinbekommen. Aber zünden Sie meine Pfeife bloß nicht mit einem Ihrer grandiosen Kohleanzünder für die Lokkessel an.«

Der Goldbetresste wackelte davon, sich kümmern.

Poujuw schaute sich noch eine Weile Bahnhof und Bahnmeisterei (das Stück, das er sehen konnte) an, dann gab er sich einen Ruck.

Der Sekretär hatte sich beruhigt. Irgendwer hatte die Vorhänge im Coupé des Staatspräsidenten zugezogen (der Sekretär nicht). Der Bahnhof erster Klasse war verschwunden, das rostrote Elend des Rupfenstoffs eingezogen.

»Dr. Schmitt wollte in Lauda ...«, begann der Sekretär.

»... seiner Heimatstadt ...«

»... ein paar Tage ausspannen über die Feiertage.«

»Bei seinen Geschwistern.«

»Bei seinen Geschwistern.«

Jetzt plapperten sie ihm schon die Worte nach wie Küken der Henne hinterher auf Futtersuche. Und heraus kam für alle zu wenig. Oder zuviel. Wie man es nimmt.

»Was stand an, für Sie?«

»Arbeiten am Konkordat mit dem Vatikan – und ...«

»Der Reihe nach. Worum geht es in diesem, wie nennen Sie es: *Konkordat?*« Poujuw spreizte seine Lippen, um das Wort aussprechen zu können.

»Um so etwas wie die Bezahlung von Kriegsschäden.«

Der Große Vaterländische Krieg. Bekamen denn diese Deutschen nie genug davon?

»Und wann soll dieser Krieg gewesen sein? Uns hat man davon nicht unterrichtet, in der Grundschule nicht und nicht in der Höheren Schule. Frankreich lebt wahrscheinlich hinter dem Mond. Die Grande Nation!« Er lachte einen Stoß gallischen Galgenhumor und mühte sich dabei um seine Pfeife, die – Lauda, nun gut! – am allgemeinen Dampfen – draußen, über Wäsche wie Wiese, – nicht so recht teilhaben wollte.

»1806 ...«

»Wann leben Sie?«

Der Sekretär ließ sich nicht beirren. Immerhin. Kein solcher – knick-knack – Bückling. Kein Hering in der Dose, der sich willig faltet und streckt.

»Vor hundertfünfundzwanzig Jahren hat man bei uns die Kirchen und Klöster, Bischöfe und Prälaten enteignet; und das zahlen wir nun ab.«

»Bis zum heutigen Tag?«

»Bis in hundert Jahren.«

»Bis ins Jahr 2030?«

»Und darüber hinaus.«

Der Sekretär lachte ein klein wenig.

»Und das bereiten Sie vor?«

»Mit Abstrichen.«

»Nicht zur vollen Zufriedenheit der ...«

»Kirche. So ist es. Sie verstehen richtig. Ich bin Staatssekretär. Getauft zwar, aber ich habe meinen Amtseid auf den badischen Staat abgelegt.«

Poujuw schob den Vorhang beiseite. Lauda (der Bahnhof) versank in Schnee und Grauschleiern. Der Eilzug aus Saarbrücken (E 109 mit Wagen zweiter und dritter Klasse), Ankunft 16.11 Uhr, Abfahrt 16.12 Uhr Richtung Würzburg mit Anschluss nach – ja wohin wohl? – Erfurt, wurde bereits jetzt als verspätet angekündigt. Drei Stunden im Voraus. Wann war der abgefahren, so nah der französischen Grenze? Gingen die Uhren dort auch so schief und willkürlich wie ganz drüben?

»Das war Ihr erster Streich«, sagte Poujuw in den Nachhall der Ansage hinein. Als müsste er etwas von der französischen Luft mitnehmen, die mit dem Namen »Saarbrücken« über die Bahnsteige (die Perrons!) geweht war. Geweht zu sein schien.

»Und der zweite?«

»Es wird delikater«, muckte der Sekretär.

»Sie verraten Staatsgeheimnisse?«

Er nickte.

»Mich geht es ja nichts an. Ich bin nur ein Leih-Kommissar in preußischen Diensten. Und weil dieser Zug zufälligerweise nach Berlin unterwegs ist, befinden wir uns, sozusagen exterritorial, auf preußischem Staatsgebiet. Die Wagen sind ...«, er zog den Vorhang ein Stück zurück und deutete auf ein Blechschild, so dass ein Kind mitkam: *Hei-*

matbahnhof Berlin-Lichtenberg stand da ...

»... preußisches Eigentum«, beendete der Sekretär den Satz.

»Sehen Sie. Sie sind ein gescheiter Mensch.«

Er zog an seiner Pfeife, als hätte er alle Mitteleuropäische Bahnhofszeit der Welt, oder wenigstens des Kontinents.

»Und weil Sie nicht wollen, dass der Leichnam Ihres Staatspräsidenten zuerst per Schnellzug nach Berlin befördert wird und dann wieder zurück, im Gepäckwagen, nachdem man ihn in der – unter uns gesagt hochmodernen – Pathologie am Spandauer Damm aufgeschnitten hat ...«

Die Pfeife dampfte weiter, inzwischen in ruhigen Bahnen.

Alles wird eisenbahntechnisch, dachte Poujuw.

Draußen plätscherte es aufgeregt, als würden sämtliche Toilettenspülungen eines Grandhotels miteinander durchgehen.

»Heizwasser«, sagte der Sekretär. »Ablassen«, setzte er hinterher. (In Osterburken hatten sie ein bisschen nachgepumpt, erinnerte sich Poujuw jetzt lau.) »Austausch normalerweise in ...«

»Würzburg«, schloss Poujuw diesmal den Satz. »Oder irre ich? Der«, er zog den *Was gibt's zu sehen ...?* aus seinem Jackett, er hatte merklich gelitten, »vermeldet zehn Minuten Aufenthalt dort.«

»Regulär«, fiel der Sekretär ein.

»Regulär«, patschte Poujuw wie die Entchen der Mutter, Großmutter oder sonstwem Familiärem hintendrein. Jetzt war er auch schon darauf hereingefallen. Lauda, nun gut ...!

Das neue Heizwasser gurgelte mit Vollschuss in den Rohren. Das konnten sie, in Lauda. Druck machen. Während Poujuw halb verhungerte, untersuchungstechnisch. Sein Magen konnte warten. Er nahm den Faden wieder auf – also.

»Der Leichnam«, sagte er und pafte. »Weil Sie nicht wollen, dass der ...«

»Am Spandauer Damm, hochmodern, zerlegt wird ..., sondern gleich hier, in Lauda, ohne Messer und Gabel ...«

»Nur mit dem Geist. Sie verstehen. Also? ›Die Bank‹, waren seine letzten Worte.«

»Nachdem er nach dem Pfarrer gerufen hat.«

»Hat er nicht.« Es war ihm egal, ob er ihn für einen Heiden oder für verrückt hielt. »Jedenfalls nicht nach Letzter Ölung und Weihwasser.«

»*Versehgang* nennt man das bei uns.«

Was gibt's zu sehen ...?, dachte Poujuw.

»Die Bank«, schob Poujuw an. Auf die Sprünge helfen, dachte er.

Der Sekretär erzählte. Knapp und sachlich. Poujuw dachte an einen Braten mit Spätzle. Und Lemberger. Ob das Zugrestaurant ... offen hätte? Offen gehalten wurde? Auf Gleis drei wurde die Durchfahrt des Fernschnellzugs 7 (sicher nur mit Wagen erster und zweiter Klasse, dachte Poujuw, die dritte kann sich in einem solchen Express eh keiner leisten) von Schaffhausen nach Berlin Anhalter Bahnhof durchgesagt. Zurücktreten. Kein Halt in diesem Bahnhof erster (und doch nicht richtig erster) Klasse. Poujuw sah auf die Uhr. 13.40 Uhr. Ich werde schon zu meinem eigenen Bahnhofsvorstand, dachte er. Mit oder ohne Spätzle oder Lemberger. Kein Anschluss nach Mergentheim, dachte er noch. Weil keiner umsteigen kann. Weil alle in dem pfeilschnellen Zug festsitzen und darauf warten müssen, bis man sie in Würzburg, Schweinfurt, Erfurt, Leipzig oder Halle wieder herauslässt. Die Namen der Städte dachte er sich so, beiläufig, wie wenn er in Dr. Schmitts Auftrag (aus dem Jenseits heraus) einen *Was gibt's zu sehen …?* für den FD 7 für die (ab)gehobene Klasse verfassen müsste.

»Die Bank«, schloss Poujuw also.

Der Sekretär schnalzte.

Der Fernschnellzug heulte.

Man (Poujuw und der Sekretär) war perplex, wie man das hinbekam.

Poujuw seufzte. Schwer, oder nur ein kleines bisschen? Er wusste es nicht so genau.

Wo würde er jetzt den Schaffner herbekommen – oder seinetwegen den Bahnhofsvorsteher erster Klasse?

Er bekam ihn her. Der Goldbetresste stand einen Wagen weiter im Durchgang zum Zugrestaurant – und überwachte. Was genau, konnte Poujuw beim besten Willen nicht erkennen und wollte es auch gar nicht wissen.

»Können Sie alle Reisenden mit Fahrkarte nach Lauda ausfindig machen? Meinetwegen noch Würzburg, aber ohne Umstieg nach Mergentheim oder Erfurt oder sonstwohin.«

»Nur direkt?«

»Nur direkt.« Da war es wieder, das Entchenspiel. Hereingetappt. In die Falle (in die frische Entengrütze?)

»Sie kennen bestimmt Ihre Pappenheimer.«

»Und ob!«

Er brüstete sich.

»Dann wird es ja ein leichtes ...«

»Fahrkartenkontrolle muss sein. Es will ja alles seine Ordnung haben.«

Poujuw wollte seine Ruhe haben.

»Wohin mit den Herrschaften?«

Ach ja. Wohin? – Wieder die Echos ...

Dahin, hätte Poujuw gerne anbefohlen.

»Schicken Sie sie in Ihre gepflegte Bahnhofsrestauration«, sagte er stattdessen. »So viele werden es schon nicht sein.« Der Vorsteher stand und sagte nichts. Lauda, dachte Poujuw. 900 Beschäftigte allein in Bahn-, Strecken- und Signalmeisterei, Bahnbetriebswerk und Betriebsamt und dem ganzen Hexenkessel. »Danach ins Nebenzimmer. Es wird nicht ewig dauern.« Er klopfte die Pfeife (die Sekretärs-Pfeife, würde er sie später nennen – und damit die Pfeifenlänge meinen, die er bis zur eigentlichen Lösung des Falles gebraucht hatte (bis zur Durchfahrt des FD 7) ...) im Ascher aus. Der: schwere preußische Qualität. Die hielt was. (... Der Rest hinterher (ja: hinterher!) waren Formalitäten gewesen. Quasi, sozusagen, romanisch wie deutsch: nicht der Rede wert.) »Aber lassen Sie sich Zeit. Ich will etwas essen.« Er begutachtete, was der Schwelbrand vom Tabak übriggelassen hatte. Auch nur ein Dampflokkessel mit Stiel zum Daran-Ziehen und Inhalieren. Er war zufrieden. »Können Sie etwas empfehlen?« Den Braten mit Spätzle, hätte er gerne gesagt, dazu einen Lemberger. Er wartete aber lieber ab, ... Lauda, nun gut. »Hausgemachtes? Was isst man denn hier im ...?«

»Fränkischen«, fiel der Betresste ein. Dann: »Grünkernküchle mit Spätzle.«

Spätzle, immerhin.

»Und diese ›Küchle‹ sind ... formidabel?«

»Formidabel«, echote es.

Großartig oder furchtbar – Poujuw wollte sie nicht. Nur die Spätzle.

»Schlachtplatte ist um die Zeit en vogue« – der Vorsteher versuchte sich im Französischen, leidlich unleidlich – »oder auch bloß Blut- oder Leberwürste, frisch aus dem Kessel.«

»Im Schwange«, übersetzte Poujuw.

»Was? Die Würste?«

»En vogue.«

»Wenn Sie es sagen.«

»Ich sage es. Und dazu?«

»Wo dazu?«

Schwerfällig von Begriff.

»Zu den Blut- und Leberwürsten.« Poujuw half ihm auf. Immer hinterhersein in diesem Lauda.

»Weckle oder Pellkartoffeln oder Kartoffelbrei oder ...«

Poujuw hätte beinah die Notbremse gezogen, die über der Durchgangstür klotzte.

»*Eine* Beilage genügt. Ich nehme die – wie sagen Sie: Weckle?«

»Weckle, genau.«

Echo, genau.

»Und dazu trinkt man ein ...?« Poujuw machte es langsam richtig Spaß.

»Distelhäuser.«

»Distelhäuser. Was Sie nicht sagen.« Das Echo. »Ein Hiesiges?«

»Quasi ...« – zu Deutsch: sozusagen, dachte Poujuw, *der* aber Quasi-Franzose oder -Italiener oder gleich Quasi- oder Sozusagen-Gesamt-Romane – »... ums Eck.«

Ein paar Kilometer weiter, hörte er noch. Die Brauerei. In eben diesem Distelhausen. Poujuws Ohren waren auf Durchzug. Fernschnellzug. Hui! Wie das pfeift!

»Wie komme ich aus dem Zug?«

»Die Fahrdienstleiter-Leiter steht an der Spitze des Zuges an der ersten Türe. Also ...« – quasi, dachte Poujuw, und: wie umständlich – »... hinter der Schnellzuglokomotive.«

Hui, wie das pfeift!, dachte Poujuw.

Dann dachte er erst einmal gar nichts mehr.

Poujuw quälte sich durch die Gänge. An den Fahrgästen vorbei, die an den Fenstern standen und Ausschau hielten nach ... nichts. Nach Lauda. Das hier nur aus einem Bahnhof bestand und wieder einem Bahnhof und noch einen Bahnhof und im Anschluss daran einer Bahnmeisterei und Lokschuppen und Waschkauen und einer Drehscheibe mit Wasserkran. So dachte sich das Poujuw jedenfalls. So genau wollte er das ... lieber nicht wissen.

Er kletterte die Fahrdienstleiter-Leiter hinunter in den Schotter, überwacht von den Bewachern, und wurde von dem Betressten (der ihm hinterher – Echo auch hier) über einen Bohlenweg, zwischen die Gleise gelegt (wie im Moor, dachte Poujuw), Richtung Bahnhofsgebäude erster Klasse geführt. Gelotst. Getrieben. »Obacht. Um 15.10 Uhr Durchfahrt von D 9 Singen (Hohentwiel) – Berlin Anhalter Bahnhof.« »Wagen erster, zweiter und dritter Klasse bestimmt«, murrte Poujuw. »Wie Sie das wissen.« Kriminalpolizei, hätte Poujuw am liebsten gesagt. Stattdessen sagte er nichts. Der Vorsteher aber sagte weiter seine Allerheiligenlitanei. »Ankunft 23.04 Uhr.« »Über Halle, Leipzig, Weimar und Erfurt«, sagte Poujuw. »Umgekehrt.« »Man sagt ja nur.« »Da haben Sie auch wieder recht.« Hatte er nicht. Es *war* ja umgekehrt. »Aber ohne Halt in Lauda.« »Wir hätten es gern, aber ...« »Man tut, was man kann. Aber man kann nicht immer.« »Sie sagen es.« Poujuw hatte es satt. Er wollte essen. Blut- und Leberwürste mit Weckle – dazu ein, zwei Gläser Distelhäuser. Das Ein-paar-Kilometer-entfernte-Heimische. Das man bestimmt nicht mit dem Zug ankarrte. Sondern mit dem Pferdefuhrwerk. Schwere Brauereigäule. Ein mittelalterlich anmutender Wagen hintendran, eisenbeschlagene Holzreifen, die über die Vinzinalsträßchen kurvten und dort ihre Jahrhundertspuren hinterließen, in den Lehm oder Sand, was man hier eben hatte, drückten. Alles Echos hier von 1806 und noch einmal zwei-, dreihundert Jahre zurück. Da konnte man bis 2030 warten, bis sich das änderte.

»Sie haben im Zug zu tun?«

Der Vorsteher guckte.

»Oder *am* Zug?«

»Meine Mitarbeiter.«

»Ich brauche Ruhe«, sagte Poujuw mürrisch.

Der Vorsteher guckte immer noch. Wie man in Lauda guckt. Oder zu gucken pflegt. Wie eine Kinderkrankheit, die man von Haus zu Haus weitergibt. Ob das ansteckend war?

»Ich brauche Ruhe«, wiederholte Poujuw. Noch einmal. Diesmal zum Kapieren.

Der Vorsteher gab auf. »Ich habe zu tun.« Er knickte (oder knickste) – und war weg.

Poujuw stand am Ende seines Bohlenweges (seines Laudaer Leidensweges) und schaute sich um. D 11 (sein Heimatzug!) mit dreizehn Wagen hinter ihm. Er zählte genau – und ließ auch den Speisewagen nicht aus. Bahnhof vor ihm, Muschelkalk, dreiflügelig, wie ein missratenes, in die Länge gezogenes Schloss von knauserndem oder spartanischem Adel ohne Höhenentwicklung, Bahnmeisterei rechterhand, mehrstöckig und im Stil der Zeit: helle Gegenwart, dafür schon schwarz wie das um Jahrzehnte ältere Schloss nebenan, Remisen, Hallen, Schuppen linkerhand, einstöckig, flach, lauter Geländegewinn. Schwarz, schwarz und schwarz. Keine Riesendrahtbürste der Welt würde je wieder diesen Ruß abkratzen können. Und strengte man sich auch noch so an. Eine ganze Mannschaft, 900 Mann nicht! Poujuw war zufrieden. Lauda ... »Lauda«, brummte er. Wie ein kleines Heimatlied.

14.31 Uhr. Auf Gleis zwei lief E 510 nach Ludwigshafen ein. Anschluss von und nach Mergentheim und – neu – Wertheim. Ankunft dort 15.27 Uhr. In welche Welt verfuhr man hier die Leute?

Die Blut- und Leberwürste kamen. Die Weckle standen in einem Flechtkorb schon bereit. Gefällig auch der und das. Poujuw schnitt und griff zu. Das Distelhäuser spülte.

Blond und quellfrisch. Herrlich. Das konnten sie. In Lauda. Oder in dem Ein-paar-Kilometer-Entfernten. Wo die Luft und das Wasser noch sauber waren und nicht vom Ruß der Dampflokomotiven beleckt. Elektro, dahin ging die Zeit. Man musste nur ein wenig warten ... bis 2030 vielleicht, dann wäre es auch hier, an diesem Bahnhof erster Klasse angekommen. Pfeilschnell. Alles Durchzug. Poujuw bestellte nach – oder hinterher, wie er später sagen, oder mehr noch: erzählen (oder erzählen lassen) würde. Wer (und was man) auch immer erzählen wollte. Das legendäre Lauda. Mit seinen Durchgangszügen, die einmal hielten, einmal nicht. Launig. Launisch. Poujuw machte es richtig Laune. Leiche hin oder her. Die zweite Portion Blutwürste (der Nachschlag) kam; die Weckle gingen erst gar nicht aus, so gefüllt war das »Körble«, wie man hier sagte. Wie Poujuw das Serviermädchen zuflüsterte in weißer Schürze und – ja doch! man hielt etwas auf sich; auf seinen Bahnhof erster Klasse! – weißer Haube. Dem Inspektor aus dem fernen Frankreich. Keine Direktzüge von Lauda dorthin. Nach Ventimiglia aber und immerhin. Oder ihretwegen Rom Termini. Das ja. (Sie sagte »Rom Termin«, als hätte sie dort, wo sie sicher noch nie gewesen war, ein Rendezvous.) D 14 Lauda ab 5.05 Uhr zum Beispiel, Ankunft in Rom 6.50 Uhr tags darauf. Über Zürich, Chur, Luzern, Bern, Lausanne, Genf, Lugano, Mailand, Venedig Santa Lucia, Genua – Poujuw wollte nicht dorthin, wovon das Serviermädchen schwärmte. Er wollte seine Blutwürste, danach (oder seinetwegen dazu) sein drittes Distelhäuser – und danach den Fall abschließen, endlich, und die Leiche einsargen lassen – und ab auf den Heimatfriedhof.

Die Leiche. Dr. Josef Schmitt. Nicht Poujuw.

Aber erst einmal Durchfahrten.

15.10 Uhr D 9 (Wagen erster, zweiter, dritter Klasse samt Speisewagen, Poujuw schaute genau hin) Singen (Hohentwiel) (sing mir ein Lied davon, dachte Poujuw) – Berlin Anhalter Bahnhof auf Gleis 3, wovor gewarnt wurde. Nicht vor dem Gleis, sondern vor der Durchfahrt, wie Poujuw die Durchsage im Geist korrigierte.

15.15 Uhr D 10 Berlin Anhalter Bahnhof – Singen (Hohentwiel) (immer noch kein Lied davon oder darüber) (Wagen erster, zweiter, dritter Klasse samt Speisewagen, in schöner Regelmäßigkeit, wie es sich für Paare gehörte – lauter Bäumchenwechseldich-Déjà-vus heute) auf Gleis 2, wovor ebenfalls gewarnt wurde. Was Poujuw nicht korrigierte.

Die Wartezeit war um. Die Mahlzeit war zu Ende.

Der Vorsteher brachte die Laudaer Lumpen.

Ein Häufchen Elend, Vorwitz, Bauernschläue und doppelt vornehmer Distinguiertheit. Dreißig Leute im ganzen, grob über den Kamm geschert, die von einem Fuß auf den anderen tappten, blasiert taten oder sich in ihrer Bahnhofsrestauration erster Klasse umsahen, als würde sie ihnen nicht genügen oder wäre ihnen umgekehrt über den Kopf gewachsen. Da also würde Poujuw sein Glück versuchen, bei den Elenden und Distinguierten – und finden.

»Da«, sagte der Vorsteher und deutet auf Poujuw, der immer noch am weiß eingedeckten Tisch saß. Wohl war ihm nicht in seiner Haut. Seine Stirn glänzte, ein Taschentuch war nicht zur Hand oder sollte es nicht sein – und Poujuw konnte ihn ja auch verstehen: ein Schäfer, der seine Schäfchen ausliefert. Man kannte sich von Kindesbeinen an, wahrscheinlich. So sah es aus unter der dampfenden Vorstehermütze, die schon etwas weniger glänzte. So kam es Poujuw wenigstens vor.

»Nebenraum«, knurrte Poujuw und wies nirgendwohin – sondern wartete.

»Da«, sagte der Vorsteher wieder und befahl seine Getreuen (und den einen oder die zwei, drei – wer wusste es? – Ungetreuen – den Mörder, die Mörder, lag es Poujuw auf der Zunge, auch wenn er das Wort verabscheute in diesem speziellen Laudaer Fall, weil sie ihn dauerten – warum, würde er, würde man später erzählen ...) mit einem Wink der Hand, der dem Heben der Abfahrtskelle für den Nahverkehrszug nach Gottweißwohin glich, den ganzen langen Speisesaal hindurch bis an die Schmalseite, dem Eingang zur Schalterhalle vis-à-vis, wo er eine Tür öffnete.

Es war genug.

Poujuw erhob sich.

Er musste, wollte, konnte dem ein Ende machen. Berlin war noch weit, Frankreich viel weiter – und er wollte heim in sein Hotel an der Friedrichstaße, was man an temporären (zu Deutsch: zeitweiligen, man war multilingual hier in diesem Bahnhof allererster Klasse) Heimen sich eben so zusammenschustert.

»Wer ist der Pfarrer?«, herrschte er, als das Häufchen stand und er ihm gegenüber und keine Lust auf das Stehen hatte, schon gar nicht auf langes Herumstehen. »Wer der Bankier?« Nichts rührte sich. »Die anderen können gehen.« Jetzt rührten sich plötzlich alle.

»Wollen wir warten, bis D 12 Berlin Anhalter Bahnhof – Stuttgart Hauptbahnhof einläuft ...«

»Auf Gleis 2«, rapportierte der Vorsteher. »20.16 Uhr, Abfahrt 20.20 Uhr.«

Poujuw schielte nach der Notbremse, fand aber keine. Weckle, dachte er, man muss ihm das Maul mit Weckle stopfen.

»Und wollen Sie in aller Seelenruhe zusehen, wie an diesem weltbewegenden Schnellzug die Kurswagen nach Bad Mergentheim abgezogen und andere aus selbigem Bad Mergentheim beigestellt werden.«

»Richtig«, lobte der Vorsteher.

Weckle, dachte Poujuw. Aber er wollte – konnte, durfte? – den Hausherrn nicht nach draußen schicken.

»Haben Sie nicht zu tun?«, herrschte er stattdessen – und es kam ihm selbst schon wie ein Echo einer Frage vor, die er vor nicht zwei Stunden schon einmal gestellt hatte. Dementsprechend wusste er auch schon die Antwort.

»Ich habe meine Mitarbeiter.«

900, dachte Poujuw.

»E 109 aus Saarbrücken läuft ein«, versuchte es Poujuw – und das Häufchen guckte.

»Mit Verspätung.«

Richtig, dachte Poujuw.

»Aber der Nahverkehrszug nach Ludwigshafen mit Anschluss dort nach Saarbrücken, Abfahrt 16.12 Uhr ...« – was für ein Unsinn, Ankunft dort 23.16 Uhr, dachte Poujuw – »... ist auch sehenswert.«

Na also, dachte Poujuw.

»Ich drehe mal eine Runde.«

Was gibt's zu sehen ...?, dachte Poujuw – und hätte beinah sein Faltblatt aus der Jacketttasche gezogen. Ließ es aber bleiben.

Die Schafherde hatte sich festgestanden.

Poujuw wechselte die Bandagen.

Ich kann auch den Sekretär holen lassen, hätte er jetzt gern gesagt – sagte aber: »Ich kann Sie auch alle nach Berlin auf die Burg bringen lassen. Im Nahverkehrszug vierter Klasse. Auf Holzbänken – und ohne Heizung. Das dauert. Ein, zwei Tage und Nächte. Wir ermitteln hier exterritorial.« Extraterritorial, hätte Poujuw beinah gesagt. Als lebte man hier auf dem Mars – und die Vinzinalsträßchen führten von dort zum Jupiter, zum Saturn oder seinetwegen zur Venus. »Außerhalb des Zuständigkeitsbereiches der Badischen Kriminalpolizei.« (Was nicht stimmte. Aber versuchen konnte man – Poujuw – es immerhin.)

»Also: Wer ist der Pfarrer? Wer der Bankier?«

Man zeigte auf zwei.

»Sie können gehen«, sagte Poujuw zum Rest.

Man ging.

Die Tür schlug dreißigmal, so langsam ging (oder trottete, trottelte) man – und guckte zurück.

»Heute ohne Soutane?«, sagte Poujuw zu dem, den er für den Pfarrer hielt. »Man reist inkognito?«

Einer zwischen Fußballspieler und Frömmler um die Dreißig.

Der Pfarrer blieb aufrecht.

»Erlaubt das der Vatikan? Rom ist nicht weit. Im Zug

über Nacht, in knapp 26 Stunden. Und schon erhalten Sie Generalabsolution vom Heiligen Vater. Samt Apostolischem Segen.«

Poujuw erfand sich seinen Vatikan zusammen, wie es ihm zupass kam.

»Wie lautet das fünfte Gebot?«

»Du sollst nicht töten«, sagte der Pfarrer plötzlich und fest, als hätten sie die ganze Zeit miteinander geredet.

Der Bankier hockte sich auf einen Stuhl im Eck, schüttelte den Kopf; gab jetzt bereits klein bei.

Der Pfarrer also ... der Drahtzieher, der Pfarrer ...

Poujuw nahm ihn ins – durchaus weltliche – Gebet. Das auch sein Heilsames hatte.

Man saß sich an einem Tisch gegenüber, den man aus welcher Rumpelkammer auch immer hergeschafft hatte. Nicht erster Klasse, nicht zweiter, nicht dritter. Pure Holzklasse, Tisch wie Stühle. Poujuw war es solide, handfest, zweckmäßig und dem Aufenthalt auf Zeit angemessen.

Der Pfarrer also ...

Da, an diesem Tisch, begann dessen Leidensweg. Eine Beichte ohne Lossprechung von den Sünden. Ein selbstauferlegtes Fegefeuer. Ein alle Makel fressender Lokkessel, der seine Last am Ende als Dampf und Ruß in die Luft entlässt. Waren sie so sündig hier in Lauda? Poujuw dachte an die Weißwäsche mit dem beinah ewigen Grauschleier ...

Im Zugrestaurant – gleich im Anschluss an Poujuws Wagen, quasi vor meinen Augen, dachte Poujuw – hatte Dr. Schmitt mit dem Pfarrer aus der Heimat (ohne Soutane) einen Kaffee getrunken. Das Digitalis aus der Pillendose als vermeintliches Süßungsmittel, das sagenhafte Saccharin; er solle das einmal probieren (sein letztes Mal), das sei gut für Blutdruck, Blutzuckerspiegel und überhaupt; dann der Sturz zur Toilette.

»Und warum?«

Weil Dr. Schmitt aus dem Konkordatsvertrag alle Verpflichtungen des Staates der Kirche gegenüber herausstreichen lassen wollte, die über die Bedürfnisse hinausgingen, die bei der Säkularisation 1806 bestanden hatten – also alles, was neuer Art entstanden sei und künftighin und in alle Zukunft entstehen könnte – wie Sakristeiheizungen (Kinkerlitzchen, dachte Poujuw) oder Anschaffung und Unterhalt von Kraftfahrzeugen (das wog schon etwas ...) oder Fragen der Elektrizität oder oder. Diese ganzen Modernismen. Es fehlte nur, dass er Versuchungen, Plagen, Heimsuchungen – was wusste Poujuw schon – der Neuzeit gesagt hätte.

Und der Bankier auf dem Stuhl?

Man hatte seinem (Laudaer) Bankhaus Hypothekenlasten auf Kriegsreparationen – aus reiner Heimatnostalgie oder -treue einst dorthin vergeben – abgezogen. Das war alles. Das war genug. Er hatte sein Digitalispräparat für das schwache Herz dreingegeben, in vielfacher Dosis – und der Pfarrer hatte ausgeführt. Handlanger ... welches zornigen, strafenden, was wusste Poujuw schon ... Gottes? Werkzeug. Das man im Reinigungsfeuer läutert. Das sich selbst dort läutert und verzehren lässt. Ach, diese seltsamen Himmelfahrten. Warum konnten die Leute bloß nicht mit ihrem kleinen Leben zufrieden sein.

»Das war kein Mord erster Klasse. Das war ein Mord dritter oder vierter Klasse«, schloss Poujuw. Schämen Sie sich, hätte er beinah gesagt. »Und das in einem Bahnhof erster Klasse.«

Apropos kleines Leben.

Poujuw drehte sich noch einmal um.

»Wie heißen Sie?«, fragte er ohne Umschweif den Pfarrer.

»Richard Mohr.« (Standfest noch immer.)

Schwarze weiße Schafe – oder war es umgedreht?

»Man wird von Ihnen gewiss noch hören.«

»Ich wollte bloß meine Kirche restaurieren ...«

»Ihre Laudaer Pfarrkirche, meinen Sie. Vielleicht gibt es für Kirchenmänner, so jung und aufrecht, wie Sie sind, mildernde Umstände. Oder gleich nur das Kirchengericht.«

Dann zum zurückgekehrten Vorsteher: »Benachrichtigen Sie die Kriminalpolizei in Karlsruhe.«

Es war Zeit. Zeit für die Durchfahrt des Fernschnellzugs 8 Berlin Anhalter Bahnhof – Stuttgart 16.50 Uhr auf Gleis 2. Wie Poujuw das inzwischen wusste. Wie er es – fast – liebte.

Er stand neben dem Vorsteher auf dem Perron (dem Hausbahnsteig an Gleis 1) und schaute zu – und dem Zug nach – nach – nach. Der durchflitzte. Pfeilschnell. Mit Krawall, dass die Ohren hallten noch Minuten danach, und man dachte, das geht nie mehr weg und raus.

Züge – Züge – Züge, den ganzen lieben langen Tag Züge.

»Kann ich bei Ihnen eine Lehre machen?«, fragte Poujuw in das Immer-noch-Ohrensausen hinein.

»Sie müssten als Schlosser anfangen.«

Der Bahnhofsvorsteher klang fast ein wenig stolz.

»Hier, in den Betriebswerkstätten?«

Er kannte die Antwort.

»900 Mann. Einer mehr. Ja.«

»Dann nicht.«

Sie standen trotzdem weiter herum.

Man schippte Schnee.

Die Stablampen gaben ihr Bestes. Die Schneeflocken purzelten in diesem Licht durcheinander.

»Aber eine Geschichte hätte ich noch«, sagte der Bahnhofsvorsteher in das Herumstehen und Kratzen der Schaufeln hinein. Er sagte nicht: Anekdote, obwohl es eine war. Oder sein sollte.

»Schießen Sie los.«

Poujuw wollte plötzlich los.

»Wir hatten schon einmal einen Mord mit Zug – oder beinah einen«, sagte der Vorsteher verschmitzt. (Verschmittet, dachte Poujuw.)

»Was Sie nicht sagen.« Lauter Echos. Was gibt's zu sehen ...? Was gibt's zu hören ...?

»D 11 – derselbe Zug, mit dem Sie heute unterwegs sind – ist vor nicht einem Jahr zwischen Unterschüpf und Sachsenflur entgleist. Entgleist worden. Ohne Personenschaden. Eine Leiche aber hat man zwei Tage später aus der Jagst bei Möckmühl gezogen, sämtliche Mitglieder – eins!«, er lachte, »der zentrumsnahen Gruppierung Boxberger Pickler wurden verhaftet, in Osterburken wurden Pfandbriefe der Staatskanzlei Gähringer sichergestellt ... eine erneute Badische Revolution sollte im Keim erstickt werden ...«

Es war krude.

Auf solch einen Chef konnte er – konnte er das? – verzichten.

Er (man) erzählte ja selbst allerhand.

Egal. Einerlei. Weltläufig war man hier ja, sprachlich – aber sonst so gar nicht.

So war Poujuw noch einmal von Lauda losgekommen – und diesem unmöglichen Chef. Auch das würde er (man) später erzählen.

Der Leichnam wurde abtransportiert. Man guckte aus allen Fenstern aller dreizehn Wagen des D 11 Stuttgart (mit Vorlauf aus Tübingen) – Berlin Friedrichstraße (einschließlich des Speisewagens). Trotz des Schneetreibens. Von der Laudaer Kinderkrankheit angesteckt. Der Sekretär ging mit gezogenem Hut nebenher.

Poujuw stand weiter auf dem Hausbahnsteig.

Poujuw wollte (konnte) immer noch nicht auf sein preußisches Territorium zurück. Krud hin oder her. Ein Opfer musste (wollte) er noch bringen. Er war es Dr. Schmitt schuldig.

Das Serviermädchen schaute ihn an, als er in die Restauration zurückkehrte.

»Doch nach Rom?«, fragte sie keck.

Poujuw brummte. Was alles und nichts hieß.

»Einen Kaffee«, sagte er anstelle einer Antwort.

Er kam. Sein erster – und letzter Laudaer Kaffee. Der nicht schlecht war. Mit Zucker. Und einem Schuss Cognac.

Dann stand Poujuw endgültig auf. Ohne stehenzubleiben. Was leidig war. Gewesen wäre.

In der Halle war allerlei los.

Man wartete auf D 12 Berlin Friedrichstraße – Stuttgart Abfahrt 18.03 Uhr von Gleis 2. Der Gegenzug zu Poujuws Heimatzug. Fast ein Laudaer Rendezvous. Diesmal ein echtes. Ohne Saaltochter.

»Der nächste öffentliche Fernsprecher?«, fragte Poujuw irgendwen.

»Im Bahnhofshotel vis-à-vis.«

Gegenüber. War man hier weltläufig.

Er hatte den Passenden erwischt.

Ein Platz, ein Laufbrunnen.

Poujuw ließ bei Gennat anläuten.

»Hier Poujuw ...« (Lauda, hätte er beinah gesagt.) »Ich komme fünf Stunden später Friedrichstraße an ... Ja ... Es hat einen Mord gegeben ... Nein. Der Fall ist geklärt ... Ein Pfarrer und ein Bankier. Ohne Absolution.«

Er hängte ein.

D 11 war auf sein Gleis und an den Bahnsteig rangiert worden.

Der Beflissene war umgestiegen, nach Mergentheim, oder in Lauda verlorengegangen.

Poujuw schob sich in seinen Mantel. Die Heizung – immer noch (nicht).

»Und wie sind Sie darauf gekommen«, fragte ihn nun keiner mehr im Coupé. Auch ein Echo. Nur ein selbsterzeugtes.

»Kennen Sie den Laudaer Stadtpfarrer?«, hatte er den Sekretär gefragt.

»Woher? Ich war noch nie dort.«

»Mit dem hat Dr. Schmitt im Zugrestaurant Kaffee, Tee oder was weiß ich was getrunken.«

»Nur Kaffee.«

»Egal.«

»Mit einem Herrn, das ja. Ich saß drei Tische weiter für mich.«

»Auch gut.«

»Dr. Schmitt hat: ›*der* Pfarrer‹ gesagt – und nicht: ›*ein* Pfarrer‹. Die deutsche Sprache mit ihrem bestimmten und unbestimmten Artikel macht es einem einfach. Auf Französisch hätte das ... Jahre gedauert.«

Die 9 ½ Stunden bis Berlin schlief Poujuw.

Gab es Lauda überhaupt?

Carlheinz Gräter

Im Taubergrund

Im Hiffenstrauch
erscheinen die Blutmale
vieler Sommer. Er ist
gefeit gegen das
schuldige Vergessen.

Die Reben huldigen
der Schmerzensmutter;
aber in gotischen Wäldern,
im Garten Grünewalds
lächelt Unsere Liebe Frau.

Melusine
hat sich unter die
Wasserzeichen geflüchtet.
Die Bürger des Städtchens
lesen nicht
zwischen den Zeilen.

Weinbergweg

Beharrliche Kehre,
überschüttet vom Licht.
Staub pudert die Schuhe.
Ein Fetzen Vogelschrei gellt.

Fern gleiten die Berge
ins Sagenblau. Noch immer
reift hier die Zeit
als geduldiges Wachstum.

Eidechsenwechsel.
Im Bläulingsfalter
atmet der Himmel.

Weinbergmäuerle

Hier hat sich
der gemeine Mann seine
Denkmäler aufgerichtet,
namenlos.
Steine, gequadert,
roh vom Leibe der Landschaft,
Bollwerke des Friedens,
der Mühe, ungefüg,
Trittstein und Stäffele;
selten ein Initial,
gehauen am Aufgang,
oder ein Bildstein,
Karst, Heppe und Glas.
Kein Blut tränkte die Mauern,
nur Regen und Schweiß.
So blieb keine Tafel des Ruhms.
Wer liest schon die
Texte der Flechten?

Wertheim

Main und Tauber,
trüber als
Glasfluss der Hütte.

In schwarzschattigen
Gassen, lapidar,
Anker, Ruder,
Fischerhaken
und die Mär
üppiger Fänge.

Rot die Ruine
der Grafenburg, rot
im Museum
des Narren Stein.

Wer ahnt
im Brückenbeton
die Fähre Tucholskys?

Im Steinekranz lohte das Weinfass

Eine autobiographische Skizze

Für meine Doktorarbeit über Linksliberalismus im Kaiserreich 1963 bekam ich das Jahr darauf einen Dollarpreis. Als Würzburger Jungredakteur war das Geld knapp; trotzdem – diese Dollars waren Sterntaler, und die trug man nicht auf die Sparkasse.

So entschloss ich mich, ein Jahr unbezahlten Urlaubs zu nehmen. Geplant war eine Fahrt rund ums westliche Mittelmeer, frei nach der Devise: Rucksack, Schlafsack, Daumen raus! Angespornt dazu hatte mich Gerhard Nebels Essayband »An den Säulen des Herakles«. Zusätzlich plante ich einen Vorstoß durch die algerische Sahara in Richtung Hoggargebirge. Merke: In der saharischen Pisteneinöde, die damals mit der Oase El Golea begann, hält grundsätzlich solidarisch zunächst mal jeder Camion und Geländewagen, egal, ob er einen dann mitnimmt oder nicht. Was ich allein fürchtete, waren nächtliche Skorpion-Attacken draußen im Schlafsack.

Freundin Mette erinnerte sich, schon als Schüler hätte ich, hoffnungslos natürlich, von so einer Tour geschwärmt. Wir trafen uns dann während ihrer Ferien erst in Spanien, zu guter Letzt auf Sizilien, wo ich mich von Sand, Staub und Strapazen erholte.

Vor dem Abschied von der Heimat hatte Archaios zu einem Lagerfeuer an seiner Jagdhütte geladen; die stand auf einer Waldblöße bei Strüth, nordwestlich von Röttingen auf der Höhe. Ein paar Schritte abwärts entsprang eine Quelle dem Wiesengrund. Hier präsidierte ein dicker, grünlackierter, schwärzlich gezeichneter Froschkönig, der sich längst daran gewöhnt hatte, dass wir sommers unsere Weinflaschen in dem Wasserstrang kühlten.

In einem Kranz dickbrockiger Muschelkälker hatten wir ein hinfälliges Weinfass aufgerichtet und mit zerknüllten Zeitungen, Schinkenschwarten von unserem Abendmahl, violettnasigen Flaschenkorken sowie Reisig gepolstert. Die Flammen leckten rasch drachenzüngig, mit cognacfarbenen Spitzen, empor. Glutfäden wirbelten auf und fielen augenblicksrasch an den Gobelin der Dämmerung zurück. Mit der Finsternis wuchs das Ansehen der Lohe. Gluthauch bekroch und spannte unsere Gesichter. Die Waldwände warfen das Echo des flammenden Geknatters zurück. Unser Lied stieg gleich einem Feuervogel auf. Unvermutet huhute schaurig schön ein Waldkauz drein.

Im Steinekranz schwelte nur noch ein Glutnest; der aufrecht eingerammte, düsterrot geschuppte Fassboden schien weißlich zu vergreisen, wir warfen zwei Arm voll Dauben, dazu Reisig nach. Die Knallsalven des blasigschwitzenden Fassholzes rollten wieder dichter. Mit dem Veteranenfass versprühte der Weingeist vieler Herbste. Ihm zu Ehren erhoben wir nochmals unsere Gläser und salutierten.

1966. Das Strüther Lagerfeuer samt erstem Fahrtenjahr war verraucht und verweht, das Fernweh geblieben. Afghanistan, damals noch Königreich, lockte. Ehefrau Mette, selbst fahrtenbewegt, verstand. Wir haben uns dann, wie immer ohne Telegramm oder Telefon, am kolchischen Ufer des Schwarzen Meeres getroffen. Diesmal wollte ich mich auf Zypern von Sand, Staub und Strapazen erholen. Dort begegnete ich einem Freund des Inselbiographen und Romanciers Lawrence Durrell – »a little man, but strong like an eagle«.

Zur gründlichen länderkundlichen Lektüre kam diesmal noch das Kauen der ersten orientalischen Sprachbrocken. Im Maghreb hatte sich der altsprachliche Bildungsrekrut mit improvisiertem Fahrten-Französisch durchgeschlagen.

Ein zweites Urlaubsjahr war fällig. Verleger Meisner, ein Grandseigneur, der sich auch gerne so gab, meinte: »Nun ja, junger Freund, an Ihrem Stuhle wird zwar nicht gerüttelt werden, aber«, und da nahm er die Brille zum Putzen ab, wohl um mich eindringlicher fixieren zu können, »aber es sollte doch nicht die Regel werden!«

Zwei Jahre nach der Rückkehr aus Afghanistan kündigte ich für 1972. Jetzt lockte die Schriftstellerei, frei nach der Devise meines altfränkischen Wanderlehrers Wilhelm Heinrich Riehl: »Das Wort Litterat barg für mich den Inbegriff der freiesten Geistesarbeit, des persönlichsten Berufs, bei welchem der Mann das Amt macht und nicht das Amt den Mann.«

Walter Häberle

Rache ist sauer

»Riechen Sie das auch, Wieland?«

Erster Hauptkommissar Lutz, Chef der Mergentheimer Kriminalpolizei, verzieht angewidert das Gesicht.

»Verwesung riecht anders.«

»Verwesung kann es ja auch gar nicht sein, Chef«, stellt sein junger Kommissar Wieland fest. »Der liegt längstens anderthalb Tage hier. Und wir haben Februar.«

Er beugt sich zu dem Toten hinunter und schnüffelt.

* * *

Der Dackel eines Spaziergängers hatte heftig angeschlagen und war nicht zu halten gewesen. Unter einem Reisighaufen neben der Grillstelle, den der Hund aufgeregt kläffend umkreist hatte, lugte ein Schuh hervor. Und ein Hosenbein. Sein Herrchen hatte augenblicklich das Smartphone gezückt und 110 gewählt.

»Auf dem ›Spessartblick‹.«

»Wo?«

»Auf dem ›Spessartblick‹ Bad Mergentheim. Das ist ein Park- und Spielplatz zwischen der Stadt und dem Wildpark, direkt an der B 290.«

»Fassen Sie nichts an!«

Kaum hatte der Spaziergänger Reisighaufen mit Dackel, Dackel mit Schuh, Schuh mit Hosenbein und Selfie mit Reisighaufen, Hund und Schuh samt Hosenbein geknipst, hatte er schon die Türen des Streifenwagens zuschlagen hören. Er war den Beamten entgegengegangen und hatte ihnen seinen Fund präsentiert. Also, den seines Dackels.

Während die Polizisten auf ihren Chef und die Kollegen von der Spurensicherung gewartet hatten, war das Protokoll mit dem Spaziergänger aufgenommen worden. »Danke, Sie können nun gehen. Und fahren Sie vorsichtig. Sie sind jetzt aufgeregt!« Nein, der Wagen dort sei nicht seiner, er sei zu Fuß hier. Das Auto habe schon da gestanden, als er gekommen sei. Die Beamten hatten ein Handy-Foto von dem Auto gemacht und festgestellt, dass der Schlüssel steckte.

* * *

»Alkohol«, konstatiert Wieland, richtet sich wieder auf und wischt sich mechanisch die nasse Hand ab, mit der er sich auf die Leiche gestützt hatte. Stutzt, riecht an seiner Hand: »Alkohol – an seiner Jacke?«

Lutz beugt sich über die Leiche: »Wieso ist die Jacke nass? Es hat seit Tagen nicht geregnet.«

»Nein, kein Regen, Chef. Fühlen Sie mal: Haare nass, Jacke nass, Hemd nass. Hose trocken, Schuhe trocken, Socken trocken.«

Lutz legt den Zeigefinger an die Lippen. Wieland stemmt die Fäuste in die Seiten. Ratlose Gesten. Ratlose Gesichter.

* * *

Die Kollegen vom Erkennungsdienst hatten leichtes Spiel gehabt: Die Brieftasche in der Jacke des Toten enthielt Geld und sämtliche Papiere.

»Alles war total versifft und hat gottsallmächtig gstunke!«

So wissen Lutz und Wieland schon, dass es sich bei dem Toten um den 67-jährigen Erich Klaiber aus Dörzbach handelt. Die Dörzbacher Kollegen hatten mitgeteilt, er werde seit vorgestern vermisst.

* * *

Wielands nachdenkliche Miene hellt sich auf, als sei ihm eine Erleuchtung gekommen. Er kniet sich noch einmal neben der Leiche hin und schnuppert an den Haaren, der Jacke, dem Hemd. Wieland war als Kind oft auf dem Bauernhof seiner Großeltern im Taubertal gewesen, hatte auf dem Feld und im Stall geholfen und wurde abends in den Keller geschickt, einen Krug Most zum Vesper zu holen. Er hat nie von dem Most getrunken, aber der Geruch! Genau, das war's!

»Most!« ruft er. Blickt triumphierend hoch zu Lutz. »Das ist Most.«

»Ist ja auch Alkohol, gell. Aber wer übergießt einen Toten mit Most? Hier draußen im Gebüsch?«

Die Ermittlungen ergeben, das unverschlossen auf dem ›Spessartblick‹ abgestellte Auto gehörte Erich Klaiber aus Dörzbach. Was war passiert, nachdem er es dort verlassen hatte? Die Spezialisten können im Wagen nur Spuren – wie sich später herausstellt – von Familienangehörigen finden. Im Kofferraum allerdings riecht es ebenfalls stark nach Most.

* * *

Die Frau des Toten sagt aus, ihr Mann sei vorgestern am frühen Nachmittag weggefahren. Er müsse kurz nach Herbsthausen. In ein, zwei Stunden wolle er wieder zurück sein. Es sei noch nie vorgekommen, dass er über Nacht weggeblieben sei. Deshalb sei sie gestern Vormittag zur Polizei gegangen. Habe Vermisstenanzeige erstattet.

— 103 —

Und jetzt das.

Ihr Mann sei gesund gewesen. Aus dem Auto und aus der Brieftasche sei nichts entwendet worden.

»Bloß sei Handy fehlt. Des hat immer auße in der Brusttasch von seim Kittel g'steckt.«

»Da war kein Handy, Frau Klaiber.« Wieland ist sich ganz sicher.

»Sie, des war e teuers Handy. Des war nämlich absolut wasserdicht. Sei letztes war in eme Wolkebruch beim Baumschneide ruiniert worde.«

»Die Beamten haben alles penibel abgesucht. Das sind Profis. Kein Handy, Frau Klaiber. – Fällt Ihnen zum Stichwort ›Most‹ etwas ein?«, will Lutz wissen.

»Most? Wieso frage Sie des jetzt? Was hat des mit dem Tod von meim Mou z'doane?«

»Nur so. Denken Sie nach!«

Frau Klaiber und ihr Sohn blicken sich ratlos an.

»Vater trinkt zum Vesper gerne Most. Er macht jeden Herbst seinen eigenen Most. Er ist ehrenamtlicher Berater für Streuobstwiesen beim Landwirtschaftsamt. Dabei propagiert er auch die Mosterzeugung. Jeden Herbst organisiert er die Verwertung von Äpfeln und Birnen. Da können die Leute aus dem mittleren Jagsttal ihr Obst anliefern. Den Saft wieder mitnehmen. Da wird auch viel Most gemacht. Aber mit dem Tod meines Vaters hat das doch nichts zu tun!«

»Hat er in den letzten Tagen Most im Kofferraum transportiert?«

»Jetzt, im Februar? Kann i mir net vorstelle.«

»Vielleicht am Samstag, Mama. Da war doch Mostprämierung.«

Lutz hakt sofort nach: »Mostprämierung?«

»Ja, am Wochenende war Dörzbacher Pferdemarkt. Ein Programmpunkt ist dabei immer die Mostprämierung am Samstag. Jedermann kann einen Liter seines eigenen Mostes ins ›Universum‹ bringen. So heißt unsere Stadthalle. Die Flaschen werden anonym nummeriert und der Inhalt von einer Jury bewertet. Anschließend werden die Sieger öffentlich verkündet und die Ranglisten am Schwarzen Brett angeschlagen. Neuerdings auch im Internet bekannt gegeben. Unser Vater war immer der Vorsitzende der Bewertungskommission.«

»Aber Bue, dr Vadder hat doch die Flasche mit dem Most net in sein Kofferraum g'lode! Der Most wird wegg'schüttet und des Leergut entsorgt. Des macht aber doch net er!«

* * *

Der Gerichtsmediziner meldet sich mit dem Ergebnis der Obduktion.

»Todeszeitpunkt?«, will Lutz wissen.

»Vorgestern Nachmittag oder Abend.«

»Todesursache?«

»Der Mann war kerngesund. Kein Organversagen, keine Sturzverletzung, keine äußere Gewalteinwirkung, keine Vergiftung.«

»Aber tot ist er schon?«

»Mausetot, Herr Lutz. Vielen Dank für den Hinweis auf Most. Most war nämlich die alleinige Todesursache. Definitiv.«

»Wie bitte? Der hat sich totgesoffen?«

»Nein. Kein Blutalkohol. Im Magen kein Most. Dafür jede Menge in der Lunge.«

»In der Lunge?«

»Der Mann ist eindeutig ertrunken. An oder in Most.«

»Sie meinen, der hat sich verschluckt und ist dann erstickt?«

»Nein, ich sagte ertrunken. Große Mengen Most in beiden Lungenflügeln. Letales Quantum. Proben davon haben wir gesichert.«

»Aha. Na, danke erst mal!«

Kriminalpolizeiliche Ratlosigkeit macht sich breit.

»Ich hab's, Chef!«, ruft Wieland plötzlich. »Mostboarding, ganz eindeutig!«

Lutz schaut ihn verständnislos an. Wieland ereifert sich: »Ganz klar, Chef. Nur der Oberkörper mostgetränkt, jede Menge Most in der Lunge: Mostboarding auf dem ›Spessartblick‹! Wie Waterboarding in Guantanamo. Nur halt auf Hohenlohisch.”

* * *

Lutz und Wieland rekapitulieren: Vorgestern Nachmittag, Mittwoch, da wollte Eugen Klaiber in Herbsthausen sein. Der ›Spessartblick‹, der Fundort seiner Leiche, ist nur wenige Kilometer von Herbsthausen entfernt. Er liegt aber nicht auf dem Weg von Dörzbach nach Herbsthausen. Auf dem Parkplatz steht auch Klaibers Wagen. Er könnte selbst dort hingefahren und ausgestiegen sein. Der Wagenschlüssel steckt. Das sieht nach Pinkelpause aus.

Dann wäre auch die Todesart unerklärlich. Man kann auf dem ›Spessartblick‹ nicht an oder in Most ertrinken. Mostboarding hin, Guantanamo her. Also muss der Tod anderswo eingetreten sein. Ein Unfall? Folglich wurde dann die Leiche auf den ›Spessartblick‹ verbracht. In Klaibers Wagen? Daher der Mostgeruch im Kofferraum?

Verbracht von wem? Von einem Beteiligten? Von dem möglichen Unfallverursacher? Scheute der Konsequenzen? Oder war es gar kein Unfall? Ein Verbrechen? Wie ersäuft man einen kräftigen Mann in Most? Das Motiv? Raubmord scheidet aus: Auto, darin Kamera, Motorsäge, diverse Habseligkeiten, die volle Brieftasche, alles da. Bis auf das Handy. Also Beziehungstat? Falls es einen Täter gab, muss er mit der baldigen Entdeckung von Wagen und Leiche gerechnet haben. Panikhandlung: Nichts wie weg hier! Oder nervenstarkes Kalkül: Mir kann keiner!? Deshalb keinerlei Spuren im Wagen?

* * *

Lutz und Wieland kommen zu dem Schluss, dass der nächste Schritt sein muss herauszufinden, was Erich Klaiber in Herbsthausen wollte. Auf dem Landwirtschaftsamt erreichen sie gerade noch den Sachbearbeiter, der auch den Bereich ›Streuobstwiesen‹ unter sich hat, bevor sich der am heutigen Freitagnachmittag ins Wochenende verabschiedet.

»Ja, Herr Klaiber aus Dörzbach arbeitet ehrenamtlich mit uns zusammen. Seine letzte Aufgabe war die Abwicklung der Mostprämierung beim Pferdemarkt in Dörzbach letzten Samstag. Seither hat er von unserer Seite keine Termine mehr wahrzunehmen gehabt.«

»Hat er auch ohne Auftrag vom Amt Besuche, Besprechungen oder Beratungen durchgeführt?«

»Das kann schon sein. Er war ein anerkannter Fachmann auf seinem Gebiet, aber er war nicht bei uns angestellt. Er ist seit drei Jahren im Ruhestand, privat aber noch sehr aktiv. – Herbsthausen, sagen Sie? Klaibers Bereich war aber das mittlere Jagsttal. Außerdem gibt es in Herbsthausen keinen Obstbaubetrieb, so viel ich weiß.«

»Aber Streuobstwiesen schon. Auch Mosterzeuger?«

»Kann schon sein.«

* * *

Most. Immer wieder fällt das Stichwort Most. Diese Spur müssen sie verfolgen. Ihr einziger Anhaltspunkt. Tod durch Ertrinken in Most: Rätselhaft? Logisch. Jede Ermittlung soll Rätsel lösen. Kurios? Kann man so sehen. Ungewöhnlich passt besser. Abwegig? Jedes Tötungsdelikt – wenn es eines war – ist schon an sich abwegig. Exotisch? Nicht im ländlichen Hohenlohe. Lächerlich? Wenn ein Mensch zu Tode kommt, egal wie, ist das nie zum Lachen. Zumindest für keinen der Beteiligten.

Der Schlüssel muss in Herbsthausen liegen. Lutz und Wieland befragen als Ersten den Ortsvorsteher. Der kratzt sich am Bart, streicht über sein schütteres Haupthaar, legt die Stirn in kummervolle Falten, blickt suchend in die Wolken über dem Kochertal, zieht die Schultern bis zu den Ohren hoch. Druckst herum:

»Hm. – Bauer Weng hat immer Most gemacht. Aber der ist voriges Jahr gestorben. – Der alte Erler hat auch Most gemacht. Aber der ist jetzt im Bembé-Stift. – Der Striffler Karle da unten in der Apfeltalstraße. Ich glaube, der macht noch Most. Aber sonst? Hm.«

So wenig ergiebig können Auskünfte Alteingesessener manchmal sein.

Herr Striffler lacht die beiden Kriminaler an:

»Klar mach ich Most! Jedes Jahr mein Fässle voll. 125 Liter. Ich hab ein paar Baumstückle am Sträßle nach Rot. Die Äpfel – ungespritzt, gell – lass ich in Markelsheim pressen, lade die Kanister auf meinen Hänger und schütte den Saft in mein Fass. Zwei Kilo Zucker dazu, Gärhefe – und nach zwei Monaten fertig. Reine Natur, gesund und fast umsonst. Wollen Sie ihn probieren? Ist gut geworden dieses Jahr.«

Lutz schüttelt sich. Wieland grinst.

»Aber sehen würden wir es gerne.«

»Sehen? Warum nicht? Aber, Moment mal – Kriminalpolizei, sagten Sie gerade. Ich hab die Äpfel nicht gestohlen. Oder hätte ich meinen Most etwa versteuern müssen? Oder anmelden? Kann man da neuerdings auch wieder was falsch machen?«

»Weder noch. Wir sind gerade einer Sache auf der Spur, die mit Most zu tun hat. Das ist alles.«

»Amtsgeheimnis, was? Noch nie ein Mostfass gesehen, die Herren? Na gut, kommen Sie.«

Im Keller steht aufgebockt ein hölzernes Fässchen. Herr Striffler bückt sich tief hinunter und lässt aus dem Hahnen vorne eine Probe in ein bereitstehendes Glas laufen. Hält es ans Deckenlicht, schnuppert daran.

»Wunderbar goldgelb, klar, feiner Duft. Wollen Sie nicht doch ...?«

Wieland beugt sich vor und schnüffelt:

»Hm. Mein Opa hat auch immer Most gemacht. Der roch genauso. Trinken möchte ich ihn jetzt nicht, aber dürften wir eine kleine Probe davon mitnehmen? Ein ganz kleines Fläschchen würde schon reichen.«

Bevor die beiden Beamten sich verabschieden, fragt Lutz: »Kennen Sie übrigens einen Herrn Klaiber, Erich Klaiber?«

»Wer soll das sein?«

»Auch ein Mostkenner wie Sie.«

»Tut mir leid.«

»Und wissen Sie, wer sonst noch Most macht, hier in Herbsthausen?«

»Hm, der Hilbert macht schon seit Jahren keinen Most mehr, gesundheitshalber, der Weng hat gemostet, der letztes Jahr gestorben ist, der alte Erler drüben ist jetzt im Seniorenstift, und, ja, der Lehrer Häberle da über uns in der Parallelstraße. Der und ich sind wohl die Einzigen in Herbsthausen, die noch ein Mostfass im Keller haben. Aber Vorsicht, der ist kein Guter!«

»Wie meinen Sie das?«

»Arrogant, ehrenkäsig, aufbrausend. Ein Oberschlaule. Weiß alles und weiß alles besser, erträgt keinen Widerspruch, da wird er fuchsig. Ein Lehrer halt: Vormittags hat er recht und nachmittags hat er frei.«

»So, so! Na, das war's auch schon, Herr Striffler. Machen Sie's gut, und vielen Dank für die Probe!«

* * *

Lehrer Häberle ist nicht zu Hause. Die leere Garage steht offen. Weit scheint er nicht zu sein. Vielleicht kommt er ja in der nächsten halben Stunde zurück. Da ist Warten kürzer als zweimal Fahren.

Wieland schaltet sein Smartphone ein und surft auf die Homepage der Gemeinde Dörzbach. Unter »Aktuelles« fällt ihm das Stichwort »Ergebnis der 15. Mostprämierung« ins Auge. Die fünf besten Proben wurden mit je einem Hochstamm-Apfelbäumchen belohnt, zehn weitere Sieger erhielten ein Weinpräsent. Ein Link »Hier finden Sie die gesamte Ergebnisliste« führt zu einer PDF. Wieland öffnet sie.

»Wow, Chef, da haben 116 Teilnehmer ihren Most zur Prämierung gebracht!«

»Donnerwetter! Die armen Juroren! Haben 116 mal einen Schluck von dem Zeug trinken müssen.«

»Nicht trinken, Chef. Nur probieren – schlotzen – und dann wieder ausspucken.«

»Steht in der Liste auch, wo die Teilnehmer her sind?«

»Ja, da ist ganz Hohenlohe vertreten. Der stolze Sieger kommt aus Hohebach, der bedauernswerte 116. und Letzte aus – hallo! – aus Herbsthausen! Der einzige Herbsthäuser. Hier: Walter Häberle, Herbsthausen.«

»Treffer, Wieland! Vielleicht sogar Volltreffer oder in unserem Fall: Treffer, versenkt! Buchstäblich.«

* * *

Lutz und Wieland lassen den Lehrer ins Haus gehen. Dann steigen sie aus und klingeln.

»Kripo Bad Mergentheim. Sind Sie Herr Walter Häberle? Wir hätten kurz ein paar Fragen an Sie.«

»Kripo? Zeigen Sie erst mal Ihre Ausweise! – Was wollen Sie von mir?«

»Könnten wir das drinnen besprechen?«

»Nein. Ihre paar Fragen kann ich Ihnen auch hier beantworten. So kalt ist es nicht. Also?«

»Also: Sie waren letzten Samstag in Dörzbach.«

»Das war keine Frage.«

»Sie haben dort Ihren Most zur Prämierung angestellt.«

»Und dafür interessiert sich unsere Kriminalpolizei?«

»Ihr Most ist letzter geworden.«

»Das fand ich auch kriminell! Aber ich dachte, Sie wollten mich etwas fragen!«

»Haben Sie schon öfter an solchen Mostprämierungen teilgenommen?«

»Nein.«

»Waren Sie bei der Mostprämierung anwesend?«

»Nein.«

»Haben Sie den Aushang der Ergebnislisten gesehen?«

»Nein. Ich hab sie im Internet gesehen.«

»Wie empfanden Sie Ihre Platzierung als 116. und Letzter?«

»Was geht Sie das an?«

»Waren Sie enttäuscht, ärgerlich oder gar wütend über die Platzierung?«

»Sie dürfen sich etwas davon aussuchen.«

* * *

In Wirklichkeit war der Lehrer außer sich gewesen über das Ergebnis der Mostprämierung. Ausgerechnet sein Most war mit Pauken und Trompeten durchgefallen! Das blamable Ergebnis schonungslos veröffentlicht, mit vollem Namen und Wohnort! Er war dem Gespött aller preisgegeben. Gleich am Montag im Lehrerzimmer musste er hören: »Na, keinen Erfolg gehabt mit deinem Simsenkrebsler?« – »Dürfen wir auch mal von deinem Sauerampfer kosten?« – »Hast dich wohl vergriffen und die Essigflasche deiner Frau abgeliefert?« – »Ach wo, es war doch das Frostschutzmittel!« ... Nichts als Spott und Häme.

Im Klassenzimmer stand groß an der Tafel »Herzlichen Glückwunsch!«, »Note 6, setzen!« und »Nobody is perfeckt!«, das CK rot unterstrichen. Daneben die Zeichnung einer Flasche. Auf dem Etikett »Häberles Spätlese« und ein Totenkopf im Knochenkreuz. Häberle kochte, schäumte, brüllte vor Wut und ließ eine unangekündigte Klassenarbeit schreiben. Jawohl, am Montagmorgen. Nicht mit ihm!

Als seine Frau am Abend fröhlich aus der Küche rief: »Das Abendessen ist fertig! Würdest du uns bitte ein Krügle von deinem prämierten Most kredenzen?«, da hätte er sie erwürgen können. Er hatte getobt und rumgebrüllt, er habe seine Perlen vor die Säue geworfen. Die hinterwäldlerischen Dumpfbacken aus dem Jagsttal seien krummbeinige kadollische Bauerntölpel. Kretins, die zu viel Weihwasser geschlürft hätten. Das habe wohl ihre Geschmacksnerven ruiniert. Der ewige Weihrauch müsse denen die Sinne vernebelt haben. Seine Tiraden wollten kein Ende nehmen. Fremdenfeindlich schalt ihn seine Frau und einen schlechten Verlierer.

Stumm und mit düsterem Gesichtsausdruck hatte er sein Essen hinuntergeschlungen. Sein Mostglas hatte er nicht angerührt. Er sann auf Rache.

* * *

»Kennen Sie Herrn Erich Klaiber aus Dörzbach?«, fragt Lutz.

»Warum sollte ich?«

»Er war der Vorsitzende der Prämierungskommission.«

»Aha.«

»Haben Sie in den letzten Tagen Kontakt zu ihm aufgenommen?«

»Wozu das denn?«

»Herr Häberle, wir könnten Ihren und Herrn Klaibers Telefonanschluss darauf überprüfen lassen, ob es telefonische Kontakte gab. Verbindungsdatenspeicherung, sagt Ihnen das etwas? Dauert ein paar Tage und verlängert alles unnötig. Sollen wir?«

»Also gut, meine Herrn. Ja, ich habe mich in Dörzbach erkundigt, wer für die Prämierung verantwortlich war. Ja, ich habe Herrn Klaiber angerufen und ihm meine Meinung gegeigt. Aber nein, kennen tu ich ihn nicht. Basta!«

»Warum streiten Sie das dann erst mal ab? Haben Sie etwas zu verbergen?«

»Nein, aber Sie beide gehen mir langsam auf den Sack!«

»Haben Sie mit Herrn Klaiber verabredet, sich hier bei Ihnen zu treffen?«

»Ja, habe ich.«

»Wann?«

»Mittwoch Nachmittag. Aber er ist nicht gekommen.«

»Was sollte der Besuch bezwecken?«

»Wir wollten uns nach der desaströsen Bewertung an Ort und Stelle darüber unterhalten, wie man einen besseren Most erzeugt. Er meinte, er sei Fachmann. Berater des Landwirtschaftsamtes.«

* * *

Am Dienstag nach der Schule hatte Häberle zum Telefon gegriffen. Die Schmach ließ ihm keine Ruhe. Er musste den, der für diese Kränkung verantwortlich war, zur Rechenschaft ziehen. Er hatte sich regelrecht verrannt und war inzwischen überzeugt, er, also sein Most, sei nur so schlecht bewertet worden, weil er, Walter Häberle, offensichtlich Schwabe sei und von auswärts. Womöglich hatte auch einer der Juroren gewusst, dass er Lehrer ist. Sie hatten ja auch Schüler aus der Umgebung an der Schule. Er malte sich aus, wie sie im Komitee gefeixt hatten:

»Ja was? Ein Häberle, ein Schwob, und auch noch von auswärts, und obendrein noch ein Lehrer! Und der hat so viel Kraddel, dass er bei uns sein' Most abgibt? Auf den hemmer grad noch gwartet. Ha, dem zeige mer's, der kummt ganz hintenum!«

Anonymisierung! Ha! Das war doch nur eine Farce!

Erich Klaiber war ihm als der Verantwortliche genannt worden. Doch, doch, der sei sehr wohl kompetent. Fungiere sogar als Berater in Sachen Most beim Landwirtschaftsamt.

Zorn war in Häberle hochgestiegen, Hass, Vergeltungsphantasien hatten von seinem Sinnen und Trachten Besitz ergriffen. Nein, das war nicht mehr einer seiner gefürchteten Jähzorn-Anfälle. Das wuchs sich allmählich zu einer Obsession aus, zu einem diabolischen Racheplan. Er würde dem Herrn Berater schon zeigen, wo der Barthel den Most holt! Er lachte gehässig über dieses gelungene Wortspiel.

Herrn Klaiber gegenüber hatte er sich am Telefon demütig zerknirscht und ratsuchend gegeben. Ob er nicht vielleicht ...? Herbsthausen, meinte der, gehöre eigentlich nicht zu seinem Bereich. Aber wenn es dem Anrufer so

wichtig sei und um der Sache willen, würde er mal vorbei-
schauen. Morgen Nachmittag?

Die Falle war gestellt.

* * *

»An Ort und Stelle, sagen Sie, wollten Sie sich unterhalten.
Dürfen wir Ort und Stelle einmal sehen?«

»Wie bitte? Sie wollen in meinen Keller?«

»Wenn Sie doch nichts zu verbergen haben ...«

»Durchsuchungsbeschluss?«

»Können wir uns besorgen.«

»In Gottes Namen ist nicht geflucht. Also bitte, wenn Sie
sich danach verziehen und sich wieder wichtigeren Aufgaben zuwenden würden ... Sie haben mir noch immer nicht
gesagt, worum es eigentlich geht.«

»Um einen ungeklärten Todesfall, Herr Häberle. Und
das ist tatsächlich eine wichtige Aufgabe für die Kriminalpolizei.«

Im Keller des Lehrers steht aufrecht auf einem Ziegel-
stein-Sockel ein großes, weißes Kunststofffass. »250 l«
ist auf der Vorderseite eingeprägt. Es ist oben mit einem
orangen Deckel und einem Spanngurt verschlossen. Die
durchscheinende Wandung lässt erkennen, dass das Fass
zu etwa zwei Drittel gefüllt ist.

»So viel Most haben Sie schon getrunken?«, wundert sich
Wieland.

»Nein, wir haben etwa 50 Liter als Süßmost in Flaschen
abgefüllt und einen Teil verarbeite ich jedes Jahr zu Apfel-
essig.«

»Würden Sie uns bitte eine Probe Ihres Mostes mitge-
ben? Ein kleines Fläschchen genügt uns schon für eine

Vergleichs-Analyse.«

»Weiß der Teufel, was das soll! Langsam machen Sie sich lächerlich. Aber bitte, meine Herrn, ich hole ein leeres Fläschchen und fülle es Ihnen ab.«

Lutz und Wieland sehen sich um, können sich beim besten Willen nicht vorstellen, wie hier ein Unfall oder ein Verbrechen geschehen sein soll. Der Lehrer Häberle kommt zurück und füllt ihnen eine Probe ab.

»Ich denke, das war's dann mit Ihrem seltsamen Schnüffelauftritt. Bitte sehr, Sie können das Haus gleich hier durch den Kellereingang verlassen.«

Ein Handy klingelt. Wielands Klingelton ist das nicht. Er schaut seinen Chef an. Der hat sein Handy im Auto gelassen. Es klingelt weiter. Die beiden sehen Häberle an:

»Gehen Sie ruhig ran!«

»Das ist nicht meins. Ich hab es oben in der Wohnung liegen.«

Das Handy klingelt ununterbrochen.

»Sicher?«

»Aber ja doch!«

Alle drei schauen sich suchend um. Woher kommt das Klingeln? Aus der Richtung des Mostfasses. Jetzt hat es aufgehört. Die Herren schütteln die Köpfe und wenden sich zum Gehen. Da setzt erneut das Klingeln ein. Auf oder neben dem Fass ist kein Handy zu entdecken. Darunter ist kein Platz. Wieland legt sein Ohr an das Fass.

»Das ist da drin!«

»Was? In dem Fass?«

»Horchen Sie selbst!«

»Tatsächlich! Das kann doch nicht sein!«

Wieland öffnet den Spannverschluss. Nimmt den Deckel ab. Steckt den Kopf in das Fass. Es klingelt immer noch.

»Das kommt eindeutig aus dem Fass!«

Wieland zieht seine Jacke aus, krempelt einen Ärmel hoch. Er beugt sich tief über den Rand des Fasses und fischt vom Grund das klingelnde Ding herauf. Lutz bemerkt, wie der Lehrer beim Anblick des mit dem Oberkörper im Fass verschwundenen Kommissars leichenblass wird und zittert.

Wieland schnappt sich einen Lappen und reibt das Handy trocken. Es klingelt jetzt nicht mehr.

»Das ist so ein wasserdichtes Ding, Chef, von dem Frau Klaiber gesprochen hat. Das können Sie in die Badehose stecken und sind selbst beim Schwimmen immer erreichbar. Mal sehn, wer da eben angerufen hat.«

Wieland betätigt die Rückruf-Funktion und stellt auf »Mithören«.

Gleich wird abgenommen:

»Ach, Herr Klaiber, erreiche ich Sie endlich! Ich hab's schon ein paar Mal versucht, aber Sie sind nie rangegangen. Hier wird rumerzählt, Ihnen sei etwas passiert. Da ist doch hoffentlich nichts dran, oder? Herr Klaiber? Herr Klaiber?«

Lutz wendet sich an den völlig fassungslosen Lehrer, der aschfahl im Gesicht auf einer Obstkiste zusammengesunken ist:

»Herr Klaiber war also doch hier. Was ist passiert, Herr Häberle? Was haben Sie gemacht? Raus jetzt mit der Sprache!«

* * *

Am Mittwoch, nach einer kurzen Fachsimpelei zwischen Walter Häberle und Erich Klaiber hatte der Lehrer den Deckel seines Mostfasses abgenommen, sich tief in das nur dreiviertels gefüllte Fass hineingebeugt und mit dem Finger etwas von der schaumigen, grauen Schicht auf der Mostoberfläche herausgefischt. Er hatte seinen Finger in den Mund gesteckt und das Gesicht verzogen:

»Pfui Deibel! Das schmeckt ekelhaft, scharf und bitter. Das habe ich bisher noch nie gehabt. Könnte das der Grund sein, warum mein Most heuer missraten ist? Probieren Sie doch auch einmal!«

Klaiber hatte es dem Lehrer nachgemacht, sich in das Fass hineingebeugt und seinen Zeigefinger in den Most getaucht. In diesem Augenblick hatte Häberle kräftig zugepackt und Klaibers Beine ruckartig in die Höhe gerissen. Der schwere Mann war kopfüber in das Fass geplumpst. An der glatten Innenwand hatten seine Hände hektisch nach einem Halt gesucht. Die Fäuste hatten wild an die Fasswand getrommelt. Ein paar Mal war lautes Blubbern zu hören gewesen. Die Beine zappelten in der Luft. Der Lehrer war indes wie von Sinnen um das Mostfass herumgetanzt und hatte geschrien: »Schmeckt dir mein Most jetzt, ha? Welche Note gibst du ihm heute? Immer noch zu sauer, wie? Gell, zum jämmerlich Ersaufen ist er noch gut genug! Soll ich dich beraten, wie du da wieder heraus kommst? Was nützt dir nun dein Sachverstand, du Klugscheißer? Da bist du diesmal an den Falschen geraten, mein Lieber! Jetzt sollst du büßen! Du blamierst keinen mehr! Du nicht!!«

Ganz außer Atem hatte er die abebbenden Planscher genossen, sich an den letzten panischen Stramplern der Beine ergötzt, die allmählich ermatteten. Wie in Trance hatte er schließlich die einkehrende Stille wahrgenommen. Auf einer Obstkiste sitzend, mit dem Rücken an der Wand, durchrieselte ihn endlich das heiße Gefühl der Genugtuung von den Haar- bis in die Zehenspitzen. Sein Seelenfrieden, auf den er tief durchatmend gewartet hatte, wollte sich dann aber nicht einstellen.

* * *

»Und Ihre Frau?«

»Die war vorgestern und gestern bei ihrer Mutter zu Besuch.«

»Und die Leiche?«

»Habe ich in der Nacht in seinem Auto auf den ›Spessartblick‹ geschafft. Er hatte ja den Schlüssel in der Tasche. Meine Handschuhe, Overall und Gummistiefel steckte ich gestern auf dem Weg zur Schule in einen Industrie-Container.«

»An alles gedacht. Nur sein Handy, das ihm beim Ertrinken aus der Brusttasche gerutscht war ...«

»Das konnte ich ja nicht wissen.«

Wie ein Lauffeuer verbreitet sich die Kunde in Herbsthausen: »Den Lehrer Häberle, den haben sie abgeführt, in Handschellen!«

* * *

Nicht immer ist Rache süß.

Armin Hambrecht

Wirrungen

Ein Anfang

Es war vor meiner Zeit. Bernd fuhr eine Zündapp und rauchte Eckstein. Auf dem Müllwagen stand er oben zum Abladen, aber im Hauptberuf war er Bauer. Alle mochten ihn. Zu Fastnacht trug er Frauenkleider. Mit Kopftuch und einer weißen Schürze tanzte er auf den Tischen. Robert war da anders. Mehr distanziert, mit Vergangenheit, man war halt wer. Beide liebten meine Mutter.

Ich wuchs bei Hilda auf, nachdem meine Mutter gestorben war. Mein Tod war eine seltene Blutkrankheit. Heimtückisch, viele sagten Schicksal, aber ich glaube nicht an Schicksal. Der Geist weht, wo er will.

»Bernd, beeil dich, der Tanz beginnt um acht«, rief meine Mutter. Er hatte sich herausgeputzt. Schwarz stand ihm gut. Im Mundwinkel eine Eckstein. Sie musste beim Küssen etwas den Kopf neigen, er war etwas kleiner als sie. Kickstart durchtreten und gleichzeitig Gas geben, schon knatterte die Zündapp los. Ein bisschen Freiheit, laue Sommerluft im Gesicht, sie schmiegte sich an ihn. »Haben wir eine Zukunft?«, fragte er. »Viele«, lachte sie ihm ins Ohr. Im Rigersaal spielte schon die Musik, die Tanzfläche war voll mit Pärchen. Unter der Decke sammelte sich blauer Dunst, zu dem auch Bernds Eckstein beitrug. In der ersten Tanzpause gingen sie nach draußen.

Er roch das Parfüm an ihrem Hals, die Vanille ihrer erhitzten Haut, den Lindenblütenduft vom Baum, unter dem sie standen. Düfte fallen übereinander her, dachte er. An den Baum gelehnt, sagte sie auf Augenhöhe: »Deine Lippen ...«, »Was ist?«, »Deine Lippen sagen mir, ich bin.« Sie küsste ihm sein Grinsen aus dem Gesicht. »Was willst du vom Leben?«, fragte er atemholend. »Ich will glücklich gemacht werden«, flüsterte sie.

Durch die Blätter bahnen sich die ersten Tropfen ihren Weg. »Es gibt zwölf Arten von Regen«, dabei hob er das Gesicht ins warme Nass. »Aber alle machen nass«, lachte sie und zog ihn hinein in den Saal. »Ich habe Durst.« Über dem Tresen verkündete ein Schild: Trinken Sie bei mir, sonst verdursten wir beide. Bier gab es in Flaschen, aus Holzkisten. Beide schnippten den Bügelverschluss vom Hals und prosteten sich zu. Ein erster kühler Schluck. Es duftet herb. Er hält ihr das kühle Glas an die erhitzte Haut und erntet ein Kichern. Er liebt die kleinen Kuhlen zwischen Wange und Mund. Später hält die Zündapp am Waldrand. Im Tal spiegelt der Mond sich im schwarzen Wasser der Tauber. Über dem Gras hängt die schwüle feuchte Luft. Auf dem Rücken liegend sehen sie die Konturen der Kiefern sich dunkel gegen den Himmel recken. Der Sommer singt der Seele ein Wiegenlied.

Zwölf Uhr mittags

Werner spielte Mittelfeld. Bezirksliga, da musste man hin, wenn man Mann war. Beide waren da. »Lass sie in Ruhe, sie gehört mir«, blaffte Robert. »Gehören? Niemand gehört jemand«, reagierte Bernd. Er hatte ihn schon am Jackenärmel gepackt. In alle Ritzen kroch die Stille. Blicke hefteten sich auf sie. Voller Erwartung. Das Spiel war Nebensache. Aus der Uhr tropfte die Zeit. Roberts Faust flog gegen den rechten Wangenknochen. Die Eckstein wirbelte nach links. Der rechte Fuß hob sich, senkte sich, knickte ein und zog den Körper mit sich zu Boden. Roter Sand kroch in das Gewebe des Sonntagsanzugs. An der Schulter spannte sich der Stoff, bis die Naht platzte. Nach links rollend landete der Körper auf dem Rücken. Einen kurzen Moment fehlte das Bewusstsein. Dann spannten sich die Bauchmuskeln und rissen den Oberkörper nach vorn. In den roten Sand drücken sich die Fersen, Knie ziehen an, der Kopf fliegt nach vorn und trifft Roberts Magengrube. Ein wehleidiges Stöhnen presst sich aus dem offenen Mund. Ein brauner Lederschuh hebt sich vom roten Sand und bohrt sich in die Hüfte des Gegenübers. Der Unparteiische ruft zur Ordnung und verweist den Verursacher des Streits vom Platz. Er fällt ein Urteil. Bernd hatte verloren.

Reise nach Norden und zurück

»Ich habe dir etwas zu bieten«, sagte er triumphierend. »Ich bin wer und ich habe etwas.« Er zeigte ihr eine Zugkarte nach Norden. »Übermorgen, du kannst mitkommen, nur wir beide.« Sie hatte einen kleinen schwarzen Koffer und stand aufgeregt am Bahnsteig. Ihre erste große Fahrt. Franka musste nicht viel erklären. Er war eine gute Partie und gern gesehen, auch bei ihren Eltern. Sie war fünfundzwanzig und wollte sich nicht jetzt schon entscheiden müssen.

Unter den Ledersohlen knirschte der Sand. Später am Meersaum umspülte das Wasser die weiße Haut. Und mit jeder Welle sanken die Füße tiefer in den Sand. Und mit jedem Windstoß schmiegte sie sich enger an ihn. Am Abend sagte er: »Schau, wie es sich wölbt, als wäre das

Meer schwanger mit dem blauen Horizont.« Und sie rannten ins laue Wasser und spülten sich die Köpfe frei. An Land warteten umgestülpte Boote. Dazwischen lagen sie. Ich bin ein Kind, das zwischen umgestülpten Booten gezeugt wurde. Ich glaube nicht an die Vorsehung. Der Geist weht, wo er will. Von Ferne hörte man Schall, gespeichert in Rillen.

Vier Wochen danach erinnerte sie sich nicht an die Boote, aber an das gewölbte Meer und den blauen Horizont. Sie waren eins. Zu meinem fünften Geburtstag schenkte mir Hilda ein bebildertes Buch. Ich liebte besonders die umgestülpten roten Boote am Strand, zwischen denen niemand lag.

Mutter hatte nicht mit mir gerechnet. »Wer ist der Vater?«, fragte meine zukünftige Oma.

»Ich weiß es nicht«, flüsterte meine Mutter.

»So geht das nicht.«

»Wieso geht das so nicht?«

»Das Kind muss wissen, wer der Vater ist.«

Zwei Wochen später stehen sie beim Amtsarzt. Fest stand der Vater zu ihr, der Nicht-Vater ebenso. Zahlen musste der Vater.

Dazwischen

Wie einen Mann finden? Zwischen zweien wählen? Achte die Männer und einer wird dich finden. Und es war ein dritter.

Er war auch Bauer. Er hatte was zu bieten. Und er hatte ein Motorrad. Aus einem nahen Dorf im Gau. Sie sah nicht den Schatten in seinen Augen. Sie dachte, beide hätten ihre Zukunft noch vor sich.

Es gibt kein Werden ohne Vergangenheit, und beide hatten eine Vergangenheit.

Ein Kind ist mir geboren; leider war ich dem jungen Glück nicht zuträglich. Sie wollten Leben, ein Leben *after the Second World War*. Da war eine verlorene Jugend nachzuholen. Da waren die Traumata, die es zu unterdrücken galt. Da waren neue Möglichkeiten. Und doch wurden daraus vier Geschwister.

Bevor du gehst, gehe ich. Ein Kind geht, wenn es stört. Hallo Werner, ich bin Tante Hilda. Bleib ein Weilchen bei uns.

Was Sonntage anrichten können

Komm, es ist Frühling. Er hatte seine BMW herausgeputzt. Schon am Dorfende spürte sie nur noch seine Wärme und das leichte Vibrieren des Motors. Pulsierend fällt die Morgensonne auf die Allee. Schatten und Licht, Schatten und Licht. Der Frühling kommt immer dann, wenn man ihn braucht, denkt sie. Der ideale Himmel ist grau, denkt er. Lange, gerade Straßen, gesäumt von Weizenfeldern und noch braunen Rübenäckern. Keiner kommt entgegen. Gedanken entfalten sich in der Monotonie der Umgebung. Braun und grün und braun und grün und das Dröhnen des Motors bei zunehmender Geschwindigkeit. Sie fühlt sich zum Abheben leicht. Krallt ihre Finger in das Leder seiner Jacke. In seinem Kopf zucken Blitze, zuckt das Mündungsfeuer einer MG, zuckt das Gesicht seines Kameraden, bevor es aus dem Blickfeld verschwindet. Er will nach ihm greifen, ihn auffangen. Es riecht nach Gras und Erde. Das Vorderrad der BMW bohrt sich in die Straßenböschung. Sein Körper löst sich vom Sitz. Die Hände am Lenkrad bilden den Mittelpunkt eines Kreises, den sein Körper anfangs beschreibt. Am Scheitelpunkt mündet der Flug in eine unendliche Gerade. Sein letzter Gedanke war: Endlich sehe ich dich wieder.

Ihre Hände rissen sich vom Leder los. Ihr Flug glich dem eines Schwans mit gebrochenen Flügeln. Zeit für einen letzten Gedanken. Ich bin ein Engel, auch wenn man mir die Flügel bricht, fliege ich weiter.

Für mich war es ein Anfang. Eine neue Mama, ein neuer Papa. Sie hatten selbst keine Kinder, jetzt hatten sie mich.

Requiem

Den Sarg sehe ich nicht vor Blumen und Tränen. Ich stehe gegenüber mit dem Blick auf den Geistlichen. Mit speckigen Backen und schwarzer Kappe preist er die Heiligkeit der Erde. Staub soll zu Staub zurückkehren. Mit fünf Jahren würde man das Paradies gegen eine Lakritzstange tauschen. Er aber sagt, wir würden alle eingehen in das Paradies. Die Tulpen auf dem Nachbargrab sind auch eingegangen. Haben die eine Seele und wo findet diese die Ruh, die der Chor so heftig besingt? Ach, singt der schrille Sopran und der Alt hallt eine Quart später das Wo und der Bass nudelt tief unten die Ruh. Tränen rollen rastlos. Weiß gestärkte Taschentücher schlüpfen aus Handtaschen und Hosentaschen und Jackentaschen und saugen die Trauer auf.

Schafsdumme Gesichter beugen sich über den Rand der Grube. »Wer seid Ihr, die Ihr mein kurzes Leben für Euren Schmerz missbraucht?«, höre ich Mutter vom Jenseits klagen. In meinem Alter steht der Tunnel zum Unbewussten noch offen. Und ich spüre, wie sie mich anzieht. Mein Blut will ihr folgen. Die Anziehung deformiert meine Zellen. Ich schaue in das leere Gesicht meines Stiefvaters, der mich nicht wollte. Seine Liebe braucht jetzt einen Stock. »Kann Gott einen Stein so schwer machen, dass er ihn nicht halten kann? Er hätte Franka nicht fallen lassen müssen«, denkt er.

Viele aus Neugier, andere, weil das Blut es verlangte. Auch ihr Bruder war gekommen. Ihr Bruder war Lehrer. Seine Seele litt unter Buchstaben. Gebeugt stand er abseits. Ohren, Augen und Mund hingen wie die Rockschöße. Mit Muschelkalkstaub gepuderte Lederschuhe standen zwischen Weg und Wiese. Eine gelbe Rose mit Begleitgrün schwankte in seiner Hand, bevor sie von leisen Anschuldigungen begleitet in die Grube glitt, an die er sich herangeschlurft hatte. Ich, mein Ansehen, unsere Familie muss das aushalten. Ich werfe dir dein Leben nicht vor, sondern deinen Tod. Was hilft das Reden. Buchstaben tröpfeln über seine Lippen. Vom Gaumen geformte Luft. Jetzt ohne Bedeutung.

Der Friedhof gleicht einem Garten. Hier wäre das Rosenbeet. Doch das Leben ist ein tödlicher Irrtum.

Sie geht auf eine lange Reise, über weites Meer, über die Gipfel der Berge, vorbei an der Sonne, winkt sie uns zu, wir haben noch ein Weilchen, dann treffen wir uns wieder. Mir kleben die Worte im Mund. »Der Tod ist groß. Wir aber leben noch ein Weilchen«, sagt Hilda und schiebt mich zum Ausgang.

Die Tücken des Blutes

Etwas zeitweiliger Schutz vor den kalten Winden einer

kranken Zivilisation, einige geteilte Tränen und Lachen, das ist alles, was man einander geben kann. Auch Heilige werfen Schatten, dachte ich und sah dabei in das tränende Gesicht von Hilda. Doch es waren Freudentränen. Langsam lernte ich Leben.

Mir gefielen die rotwangig brennenden Obstbäume entlang des Dorfes, das träumende Wiesenschaumkraut am Bach und das alte morsche Boot am Wehr. Im Spiegel des schwarzen Wassers sah ich das Gesicht meiner Mutter. An einem lauen Sommerabend roch es nach Lindenblüten. Warmer Regen tropfte auf die ersten blauen Flecken am Arm. Es war das weiße Blut.

Was mir blieb, war ein Körper voller Tränen. Viele wollen nicht sterben aus Furcht vor etwas nach dem Tod. Ich freute mich auf Mutter. Ich tänzelte über die kleine Brücke am Bach. Ich verlor das Bewusstsein. Als ich erwachte, war ich tot. In meinem dünnen Tagebuch stand der Satz: Leg den Samen einer Linde auf mein Grab, dass sie durch mich hindurch wächst und die Vögel mich in ihrem Samen in das unendliche Blau des Himmels tragen.

Generationen später

»Erinnerst du dich«, sagt Hilda an den Satz in seinem Tagebuch. Entscheide so, dass die Zahl der Möglichkeiten zunimmt.

In diesen Zeiten, in denen es so leicht ist, in Zynismus zu verfallen, an nichts mehr zu glauben, die Träume zu verwerfen, bevor ihnen Flügel wachsen können, schreibe ich diese Erinnerungen zur Verteidigung des Glücks, für das es sich zu leben und sogar zu sterben lohnt.

Lass uns für eine Welt streiten, die das Leben bejaht. Lass uns an jeder Stelle das Gute sagen, das wächst. Warum bist du in dich gekehrt? Warum lässt du die Jungen nicht machen, hast du nichts gelernt?

Heiliger Martin

Martin setzte seinen Schuh
von Daniel Hechter Trendschuh 264,–
auf die staubige Straße nach Amiens.

Er nahm sein Schwert
von Burgvogel Solingen Hochwertiger Chrom-Molybdänstahl 844,–

und teilte seinen purpurnen Chlamys
von Burberry Wolle/Kaschmir Übermantel 1.642,–

und gab die eine Hälfte dem Armen
von Herborn Sozialamt Hartz IV 432,–

Dann schwang er sich wieder auf sein Pferd
vom Gestüt Neckermann Araber 45.800,–
der Sattel knirschte
von Championrider Pleasure Invictus 3.450,–
im Galopp ritt er gen Amiens.

In der folgenden Nacht erschien ihm im Traum Christus
von Katholische Kirche Messias 36,– Silberlinge
bekleidet mit einem halben Mantel, den Martin dem Armen gegeben hatte

Ich bin nackt gewesen und ihr habt mich bekleidet.

Herbstblut

Dem Sturzbach gleich
gießt sich mein Blut in Gleichmut,
die Wunde suche ich vergebens.

Den salzigen Geschmack von Sehnsucht
legt der Nebel auf die Lippen,
und Eisperlen speit der Herbst mir vor die Füße.

Hier ist nichts,
hier wird nichts sein,
und alle Worte sind gesprochen.

Mondsicheln mähen Nächte
zu Garben aus gestockter Dunkelheit,
und Morgen wandert nackt am Horizont.

Heißer schrei'n vom Haag die Raben.
ein Ozean aus Leid geleert mit einem Löffel,
und eine letzte Regung in der Glut verlischt.

Komm Tod,
lass uns die Anker lichten.
Da kommt der Engel, der die Pforten hebt.

Gerlachsheim Sommer

An hebt der vielstimmige Gesang der Gefiederten. Im Tal liegt der Stimmenteppich über dem Galeriewald der Grünbach. Im Gegenlicht des Morgenrots das Dorf, ihr klares Haupt heben zwei Türme, noch im Nebel schwebt die kleine Kuppel. Im kühlen Tal zieht der Geruch feuchter Luft. Auf dem Grad des Seilingsberges rollt die Sonnenkugel nach Süden, färbt das milchige Wasser des Mehlbrünnles karminrot. Im Einklang der Gesang der Vögel, nichts stört die heilige Stille.

Mit den ersten Sonnenstrahlen streifen die Falter die Steife der Nacht aus den Flügeln. Über dem Bach erhebt sich das Murmeln kleiner Sinterschwellen. Aus dem Grasweg zum Ilend brummen Erdbienen. Nur in den Steinriegeln der Weinberge warten die Lurche auf hitzigere Stunden. Ihre Zeit wird kommen. Herb duften Salbei und Dost und Rainfarn aus den Wiesen. Im kühlen Lämmertsgraben rudert ein Eichenblatt im Wasser die Kalksteinstiegen bis zum Dohl am Weg. Über den Aspen verlischt die Sichel des kalten Monds.

Und war einmal Stadt, was da liegt im Morgendunst. Dürr ist das Gras auf den Resten der Stadtmauer aus besseren Zeiten. Im Rundling stehen noch lehmgestampfte schräge Buckelwände. An der Mauer zum Landwehrkommando, beinah verschüttet, ein Brunnenschacht, die Asseln wieseln unter den Kalkstein. Unter einem Brückenbogen nächtigen sieben Gänse, bewacht von drei Brückenheiligen und einem Erzengel in einem Käfig aus Sonnenstrahlen.

Scherben auf der Bank einer Bushaltestelle. Wieder ein Tag ohne Abfahrt und Ankunft.

Ein Psycholog

Am Schlafzimmerfenster stehend sehe ich zwei Monsignore die Straße entlanglaufen. Schwarze Kutten, breitkrempige runde Hüte, schwatzend. Von der Straße fragt mich Herr B., ob ich ihm mit Wein aushelfen könnte. Klar, sage ich, ich will ja nicht missionieren. Einer der Monsignore schmunzelt. Einmal anfassen kostet ein Twix, sagt der Ministrant, und der Monsignore, der nicht lacht, verzieht das Gesicht. Herr B. ist inzwischen weinselig. Niemand ist eine Insel, aber ich könnte das Meer leersaufen, dann gibt es keine Inseln mehr. Es regiert die Sinnlosigkeit – der Gefühle, der Versprechen, der Existenz. Alles ist leer, alles ist gleich, alle Wahrheit ist wahr. Unser Gehirn konstruiert Geschichten. Aber die Geschichte muss nicht den tatsächlichen Ereignissen entsprechen.

Dann schwebt eine Schwalbe über die Köpfe und füttert ihre Jungen. Nichtsnutziges Pack, schimpft sie, wieder auf Beutefang fliegend. Ein Kreuz schlägt der lächelnde Monsignore und stürzt einen zweiten Krug Wein in sich hinein. Sein roter Gaumen spiegelt sich im Glas, als würde eine Qualle nach Luft schnappen. Die Existenz menschlichen Seins kann aus theologischer Sicht nicht angezweifelt werden, da gottgemacht, hechelt der zweite ohne Lächeln. Das Große und das Kleine endet im Nichts, lallt Herr B., darauf einen doppelten Dujardin. Von links kommt die schwarze Katze des Nachbarn, der Monsignore schlägt abermals ein Kreuz. Herr B. kichert leise, der glaubt an nix.

Das Leben ist ein Gericht, lallt der Monsignore, ein Linsengericht. Es macht satt und der Hintern grinst. Mehr ist nicht. Und kommt das Ende, sollte man gelebt haben, ungeachtet der Farben der Wirklichkeit. Denn es gibt keine Wirklichkeit.

Angenehmes Lüftchen hier, bringt einen auf andere Gedanken, sage ich. Der Geist weht, wo er will, ergänzt Herr B. Ja, ja, ja, lallt es aus der Ecke, mit Drohungen und Verdammungen kann man Menschen nicht gewinnen. Diese Zeiten sind vorbei. Herr B. lallt ein »Zuviel zerreißt den Sack« und lacht. Noch ein Gläschen vom guten Kerner. Ist der eigentlich vegan?

Ja, keine Gelatine und auch noch gentechnikfrei. Lächel-Monsignore zischt: Ich hatte gestern ein veganes Gericht mit zwölf Eiern. Das gibt es nicht. Wieso gibt es das nicht. Vegan ist immer ohne Ei, mit Ei ist es ovovegetabil. Mir ist ein Steak auf dem Salat lieber. Aber dann tötest du doch Tiere. Nein, tue ich nicht, ich hole mein Steak beim Metzger, antwortet der Lächel-Monsignore.

Unter der Bank regt sich der Ministrant. Er rezitiert: Ein guter Mensch ist der, der den glimmenden Docht nicht auslöscht und das geknickte Rohr nicht bricht. Herr B. ergänzt: Was machst du mit einem hohen Baum, der seine entlaubte Krone unverzagt in das blaue Licht eines klaren Wintertages reckt? Noch ein Twix, ruft der lächelnde Monsignore.

Es kann uns nichts geschehen. Der Stellvertreter Gottes hat die Vorhölle abgeschafft. Wir sind im offenen Vollzug, der Monsignore ohne Lächeln, er muss es wissen. Herr B. schaut prüfend ins Glas, als würde er etwas suchen, das hält, und sagt: Wir haben einen so großen Heuhaufen aufgeschüttet, dass wir die Nadel nur noch finden, wenn wir ihn abbrennen. Das war's dann mit der Kirche.

Was bleibt, ist die Sehnsucht nach dem Paradies. Sucht und Sehnsucht gründen auf Bedürfnissen, die nie zum Ausgleich kommen.

Irgendjemand ruft von der Straße: Kein vernünftiger Mensch würde eine Erde erschaffen, die eine so furchtbare Kosten-Nutzen-Bilanz hat. Er ist Betriebswirt, Gott sei Dank.

Elegie über die Zitrone
(Zitronenelegie)

Und schneide in zwei Stücke dich, Zitrone,
aus einem Stern das saure Leben niederrinnt.
Die Sonne weint mir Strahlen auf die Haut,
ich ganz im Wohlgeruch versunken.
Blutwund die Knospen im immergrünen Laub,
dann Schnee und Duft und Süden und Erinnerung.
Ich taumle so und hab an nichts mehr Lust.
Smaragde schwellen an den Kelchen,
goldgelbe Sonnen schweben an den Ästen.
Schweig du doch nur, du Hälfte meiner Brust.
Nah dem Stern erkennen Lippen wohlig Frische,
die Bitterkeit der Mutter,
die Biederkeit des Vaters,
doch du,
das Feuer des Planeten,
ein Universum voller Duft.

Poetae laureati

Sie empfangen die Dichter mit Fahnen,
Blumenteppiche zieren den Weg.

Löwen fressen abseits Gras,
rotwangig brennende Obstbäume säumen das Dorf,
träumendes Wiesenschaumkraut am Ufer.

Sehnsuchtsbrot auf der Fensterbank,
es ist Stille eingekehrt,
die Dohlen stehen in der Luft,
ein paar herrenlose Schuhe an einer Tür,
die Zeit rollt sich ein wie eine Katze im Korb,
alle warten,
Wolken ticken im Uhrzeigersinn.

In welche Richtung dreht sich die Erde?

Am Ende der Worte wartet niemand,
die Straße kichert über ihre nackten Füße.

Mariä Himmelfahrt

Maria im Z3
fährt gen Himmel.
Blau-weiß lackiert,
die Spiegel ausgeklappt.

Doch ein Blick zurück: unerwünscht.

Den Kofferraum voll
ungelebtes Leben,
Tankanzeige halb
wird nicht reichen bis zu Ihm,
leerer roter Nebensitz.
Kinderlose Rückbank
erleichtert das Durchbrechen
der Brückenbrüstung.

Noch einhundertzweiundachtzig Meter
bis zum Himmelstor.

Schweben,
mit unvergleichlicher Leichtigkeit,
von kleinen gelben Engeln getragen.

Geknickte rote Windrosenhecken
warten unschuldig
auf ihre Seligsprechung.

Gerlachsheim Herbst

Und der Mond küsste den grünen Fluss, da wo er sich mit dem schwarzen Wasser verbindet. Unten, bei den dürren Wiesen, in der bleichen Nebelmilch.

Zwei Türme wehen Glockengeläut in den Auwald. Gestern noch barsten die Steinriegel in der Mittagsglut im Rebenmeer. Fahl liegt der Muschelkalk am Hang und sendet ein dumpfes Echo des Novembers. In der feuchten Luft schwebt ein süßherber Duft von Dost und Rainfarn.

Unter Schwarzdorn und Schlehen welken die Orchideen dem nächsten Sommer zu. Im Hohlweg sammeln sich Rinnsale und spülen Ammoniten frei.

Über den Stoppelfeldern am Ballenberg, Lärchen warten auf den Morgenkuss der Sonne. Bläulinge hängen noch träge in den Trockenmauern und warten auf die Eingebungen des Westwindes. Nur die Weinbergschnecken schleppen ihr braunes Zuhause bis zu den letzten Goldparmänen, ein üppiges Mahl. Noch einmal klingt vom Dorf durch den Dunst das Klicken der Keltern. Apfeltage gehen zu Ende, aus der Quelle des Mutzbrunn steigen die Geister. Morgen ist Allerheiligen.

Gerlachsheim Winter

Und über dem schwarzen Wasser schwebt der Tod. Dünnes Eis splittert und schiebt sich in das Schilf der Seewiesenquelle. Straßen auf Wasseradern zum Westtor. Vom Sailingsberg fegen schwarze Wolken zum Dorfrand. Von Osten kommt der Erlöser, die Alten sagen der Hagel, Gewitter und ausgangs Winter das Wasser des Gaus.

Zwei Türme akupunktieren die Wolken. Erst dicke Flocken, dann Eiskristalle, vom Ostwind getragen schleifen sie Furchenflanken. Unaufhaltsam sinkt mit der Temperatur das Leben in den Steinriegeln der Weinberge. Erinnerter Lindenblütenduft erstickt im Puderschnee. Schwarzdornhecken auf weißem Grund sind Winterfahnen. Rabengekrächze weht das letzte Herbstlaub über die Gräber. Margarete hätte es geahnt. In der Tiefe des Bodens gleiten die Seelen zum Frühling. Erstarrende Quellen, mit ihnen verstummt der dumpfe Schritt auf Muschelkalkboden.

Vollmondsteine in den Pfützenäckern leuchten in der Luziennacht. Warten, bis Orchideensamen den Frühling rufen, der in schneebedeckten, garen Böden hockt und die weiße Decke nicht zurückschlägt, bevor nicht die Lämmermilch fließt. Noch ersticken die Glockenrufe im Schneegestöber. Vorerst weckt der Schlehenbrand nur die abgestorbenen Glieder.

Ulrich Hefner

Die überaus honorigen Mahlsteine
und der alte Esel

Es begab sich zu einer Zeit, als die Augustsonne heiß auf die Erde herniederbrannte und allenthalben die Wasser der Flüsse, Bäche und Weiher vertrockneten und vom heißen Wind dahingefegt wurden. In einem schmalen Seitental der Tauber, abseits des wilden Lebens, stand eine Steinmühle, die von einem alten, in Ehren ergrauten Esel angetrieben wurde und auf der das wenige Korn der kargen Felder gemahlen wurde.

Eines Tages, es war um die Mittagszeit, gerieten die beiden Mahlsteine in Streit über die Frage, wer wohl der Wichtigere und deshalb auch der Wertvollere von ihnen sei.

»Ohne mich, da wärst du nur ein Stein unter vielen«, sagte der Obere, auch Läufer genannt, ein Granit aus den Felsen jenseits des Flusses. »Nur wenn ich mich mit aller Macht und all meinem Gewicht gegen dich stemme, dann wird das Korn gemahlen und zu Mehl, das dem Menschen zur Nahrung dient und ihn am Leben hält. Die Menschen lieben mich und pflegen mich, deshalb bin ich der Wichtigere von uns beiden, und so soll diese Steinmühle nach mir, dem grauen Granit, benannt werden, so dass die Welt ihre richtige Ordnung habe und oben oben und unten unten ist. Ein für alle Mal, so soll es sein.«

Der Lagerstein, ein roter Granit aus einem Tal jenseits des Meeres, lachte kalt und schüttelte sich.

»So magst du vielleicht diesem Irrglauben verfallen sein«, antwortete der rote Granit. »Sieh doch, wie fest ich hier in

der Erde stehe und mich mit aller Macht gegen dich stemme, damit du nicht von oben herabfallen mögest. Nur wenn
ich nicht weiche, dann wird das Korn zu Mehl gemahlen,
dann wird das Leben sprießen und gedeihen und diese
Mühle ihren Sinn erfüllen. Also bin ich es, der diese Mühle
trägt, bin ich das Fundament des Lebens und du nur ein
kleiner Wicht. Wer ist nun wichtiger, du oder ich? Die Antwort steht zweifelsfrei fest, du einfältiger, grauer Stein.«

Der graue Riese, ein paar Kilo schwerer als sein Widersacher, doch dafür nicht ganz so groß im Rund, lachte kehlig.

»So irrst du dich, denn ich bin das Gewicht und du nur
das Widerlager. Man könnte dich auch durch jeden anderen Stein ersetzten, also spiel dich nicht so auf.«

Der rote Granit blickte seinen Widersacher mit steiner-
ner Miene an. »Siehst du es nicht, mein Maß ist größer als
ein Klafter, was willst du also, du Wicht, der du dort oben
dein armseliges Dasein auf deiner Achse fristest. Ich bin
es, der das Mehl in die Bahnen lenkt und in die groben
Leinen befördert. Also schweig und sieh es ein, ich bin es,
der diese Mühle prägt.«

So stritten sich die beiden Mühlsteine den ganzen Tag,
bis endlich die Sonne hinter den Hügeln verschwand. Und
erst als ein einsamer Wandersmann des Weges kam und
im Schatten des einzigen Baumes in der Nähe der Mühle
einen Platz zur Rast suchte, hielten die beiden mit ihren
gegenseitigen Beschimpfungen inne. Der Mann wischte
sich den Schweiß von der Stirn und trank einen Schluck
Wasser aus seiner Korbflasche.

Der graue Granit beobachtete den Wanderer, und als
sich dieser erhob, um seinen Weg fortzusetzen, rief er ihn

zu sich.

»Heda, alter, weiser Mann. Hörst du mich, so bleibe und antworte mir!«

Der alte Mann erschrak, ließ sein Bündel fallen und blieb stehen. Ängstlich schaute er sich um. »Ist da wer?«

Der graue Granit antwortete, doch der Mann traute seinen Ohren kaum.

»Du kannst sprechen?«

So meldete sich auch der rote Lagerstein zu Wort und der alte, weise Mann wähnte sich in einem schlechten Tagtraum. Es war ihm, als spiele ihm die Natur einen Streich. Sprechende Steine, so etwas gab es nicht. Der Stein stand für das Schweigen, für die Stille und das Erstarren jeglicher Bewegung. War dies Teufelswerk? Er schaute sich argwöhnisch um und brachte all seinen Mut auf, um den beiden verhexten Mühlsteinen zu antworten. Doch die Verwunderung und die Angst wich bald aus dem Gesicht des Alten und sie unterhielten sich und erst als sich die Dämmerung über das Tal legte und der alte Mann den Steinen erklärte, dass er weiterwandern müsse, damit er das nahe Dorf noch vor Anbruch der Nacht erreiche, hielt ihn der graue Granit zurück.

»Heda, alter Mann, du bist in Eile, aber dennoch, verlass uns nicht, bevor du unser Anliegen angehört hast. Es ist beinahe der ganze Tag vergangen, ohne dass wir uns einigen konnten, der Rote und ich, wer denn nun von uns beiden der wichtigere und der wertvollere Mahlstein sei. Sag an, alter Mann, wem von uns gebührt diese Ehre, dem roten Lagerstein, faul und träge, oder mir, dem Läufer, der ich wild auf meiner Achse rotierte und das Korn mit all meiner Kraft zermalme?«

Der alte Mann blickte die Steine nachdenklich an. Einen nach dem anderen und eine ganze Weile verstrich. Der rote Granit reckte sich mit aller Macht in die Höhe, um zu zeigen, wie sehr er sich doch in seiner Arbeit verdinge. Der graue Granit aber tänzelte und schüttelte sich auf seiner Achse und das Korn wurde zu Mehl, dass in einer wahren Sturzflut in den Leinensack strömte.

»Nun, Alter, wie ist deine Antwort auf unsere Frage, nun sprich, aber sei weise!«

Der alte Mann ging hinüber zum Esel, der unermüdlich seine Kreise zog, trat an seine Seite und streichelte dem Grautier sanft den Rücken.

»Ich verstehe euch wohl, und ich sehe, was ihr vermögt, der kecke Graue, wie auch der standfeste Rote. Das Mehl, so rein, so fein, doch wenn ihr wirklich eine Antwort auf eure Frage haben wollt, dann rate ich euch ...«

Gespannt lauschten der Rote und der Graue den Worten des Alten. Und als er sich offenbar einer Antwort zierte, wurden beide ungeduldig.

»So sag schon, sprich!«, forderte der graue Stein voller Neugierde.

Der Alte lächelte sanft.

»... so rate ich euch ... fragt den Esel!«

Tobias Herold

Hier gab es *Schlecker* schon nicht mehr, bevor es *Schlecker* überhaupt nicht mehr gab, das heißt, die Zeit ist hier sich selbst voraus um das, was an ihr Ortszeit ist. In den Sommerferien fehlt sie uns am meisten, denn nächstgrößere und nächste Dörfer und Gemeinden, zwischen denen wir kreuz und quer den Kreis durchsuchen nach sturmfreien und sturmreifen Buden, Musik und Liebe, Effekten und Hascherei, sind überall. Und wenn es kein Zurück mehr gibt mit Bus und Bahn, stehen wir nachts als Anhalter da, für verwahrlost befunden von den Insassen der Fahrgastzellen, die vorüberziehn – dabei sind wir doch bloß wahr! Ihr Kraftfahrer wollt uns nicht gut sein? Na schön, dann latschen wir halt einfach durch den Taubergrund, der uns jetzt gefälligst hinzureichen hat, nach Haus, anbindungs- und umgehungslos, noch beschränkter geschäftsfähig als sonst: Die *Milchstraße* schwebt, die *Romantische Straße*, unter uns, ist unwirksam. Wir können uns unsren Willen nicht erklären. Und müssen wir nicht staunen, dass der Herr keinen Appell an uns richtet, sondern sagt: *Wir sind das Licht der Welt, wir leuchten, wir strahlen im Dunkel?*

Tauber, immer tauber werd ich, wenn ich wieder an Dir sitz, Du Fluss, in der Außenuferzone nah am Festplatz bei dem Städtchen, denn da ist nichts an Dir, das risse oder rauschte. So läppisch schleppt Dein Gefälle Dich hinter sich her, dass man es mit bloßem Auge übersieht. Und also muss ich nicht ganz Ohr sein, sondern lausche voll, wie ich bin, und ganz, wie ich mal war, dem Musikantenstadl, das sich zwischen beiden Knorpelmuscheln, läppchenbewehrten, aufspielt, als sei das vielleicht ernst gemeint und jeder Rede eigentlicher Wert, was da geschmettert wird: »Die Gefühle haben Neigepflicht, wenn sie zur Neige gehen, sträub dich nicht.«

Zwitschernd geht die Welt zugrunde, und die Vögel bleiben von ihr übrig als Beweis dafür, dass es sie gab. Einen hab ich Dir gezeigt, weißt Du noch? Der im Gesträuch im alten Steinbruch unten saß, wo wir uns Zelte aufgeschlagen hatten wie ein neues Kapitel, eins mit Außenhaut und Fliegengitter. Hätt uns seine Melodei nicht wachgerüttelt – wer weiß, am Ende hätten wir die maximale Verfinsterung doch glatt verpennt. Aber nun stehn wir schon oben in dem Kornfeld ohne Krähen, trinken Bourbon aus der Flasche: Die schicken Schutzbrillen lassen tief in Diamantring und Korona blicken, bloß der Roggen beispielsweise sieht echt krass aus durch die Dinger – wie Brombeerspinner irgendwie, aufgespießte kleine Raupen. Nachtfalter in spe, die so bleiben wollten, wie sie sind. Von den Brillen selbst und Dir und mir natürlich ganz zu schweigen – was Du auch tust, bevor du deklamierst: »Das ist kein Jim Beam!« Wolltest Du wahrscheinlich gar nicht sagen, und dann hat es doch gepasst. Wie ich das gemeint hab oben – was die Vögel jetzt genau beweisen, sich oder die Welt? *Die Vögel kommen zu Dir und lassen Dich ihre Tröstungen genießen, wenn Du ihnen in dem Inneren eine würdige Wohnstätte wirst zubereitet haben. Im Inneren haben sie ihre Lust.*

Ja, ich bin den Weg gegangen,
der sich von der Ortschaft aus
auch jetzt im neuen Jahr

hangaufwärts, durch rückstandslos
bereinigte Flur, vorbei
an beschädigten Trockenmauern

und ausgerenkt erstarrten Reben
zum Waldrand hin verjüngt.
Dahinter ändert, im Halbdunkel

des Baumbestands, das Dickicht
seine Form und seine
Ausdehnung in einem fort,

dass ich nur ja
so bleiben kann, wie ich

im letzten Jahr schon war.

Uwe Klausner

Die Hüter der Gralsburg

Bruder Hilperts neunter Fall
18

Doch dann, nach tagelangem Ritt, trat die Burg aus dem wallenden Nebel hervor. Um Einlass zu begehren, musste ich eine schmale Brücke überqueren, unter mir ein Abgrund, der ins Bodenlose reichte. Fernab war das Rauschen eines Wasserfalls zu hören, übertönt vom Schrei eines Falken, der aus lichten Höhen auf Beute lauerte. Das Herz klopfte mir bis zum Hals, und ich fragte mich, ob es nicht besser wäre, von dannen zu ziehen.

Indes, die Frage erledigte sich von selbst. Am Burgtor angekommen, warf ich einen Blick über die Schulter. Und siehe da, die Brücke in meinem Rücken war verschwunden, ohne einen Laut, als sei sie ein Produkt meiner Fantasie gewesen.

Zutiefst verwirrt, kletterte ich aus dem Sattel. Das Burgtor war verschlossen, von einem Wachposten keine Spur. Von jenseits der Mauer war kein Geräusch zu hören, wohin ich mich auch wandte, die atemlose Stille währte fort.

Doch dann, noch während ich darüber nachsann, was zu tun sei, tat sich das Tor mit leisem Knarren auf, wie von unsichtbaren Händen entriegelt.

Und so geschah es, dass ich den Hof der Gralsburg betrat, wie geblendet von der Pracht, die mich umgab. Da gab es Erker in schwindelerregender Höhe, hoch aufragende Bastionen, von Zinnen, Schießscharten und Pechnasen gesäumt, einen Wartturm, dessen Spitze durch die Wolkendecke stieß. Schier unmöglich, sich an den Wundern sattzusehen, den Anblick, der sich mir bot, auf mich wirken zu lassen.

Dicht vor mir ragte ein Pavillon aus Zedernholz empor, dessen Dach die Form einer Pagode besaß, mit einem Springbrunnen in der Mitte, um für Labsal zu sorgen. Was ich sah, versetzte mich in Erstaunen, angefangen bei den Gebäuden, fast durchweg aus carrarischem Marmor errichtet, über deren Ziergiebel, die mit Goldblech überzogen waren, bis hin zu den Fenstern aus venezianischem Glas, eine wahre Augenweide, was die Scheiben in den Farben des Regenbogens betraf. Mit am meisten zog mich jedoch der Palas in seinen Bann, eine Wohnstatt, die eines König würdig war. Vom Hof aus über eine ausladende Freitreppe zu erreichen, strahlte die Fassade den Glanz des Überirdischen aus, mit Erkern, Halbsäulen und Arkaden versehen, von deren Zierrat ich mich lange nicht losreißen konnte.

Von den Bewohnern indes weiterhin keine Spur.

Am Ende nahm ich mir ein Herz, zurrte die Zügel meines Pferdes an der Balustrade fest und erklomm die Stufen, die zur Pforte führten. Kaum angekommen, glitten auch dort die Torflügel auseinander, deren Ornamente die Form einer Lilie besaßen. Vor der Tür des Festsaals traf ich auf zwei Knappen, die ersten Menschenwesen überhaupt, einen Kelch auf der golddurchwirkten Livree. Kein Wort bei meiner Ankunft, nur eine denkbar knappe Verbeugung. Dann durfte ich passieren.

Kein Zweifel, einen Festsaal wie diesen hatte ich noch

nie betreten, prächtiger als alles, woran ich mich entsann. Allein schon die Tapisserien, deren Motive den Leidensweg des Herrn illustrierten, waren ein Vermögen wert, die Teppiche aus dem Orient nicht minder, die dem Serail eines Kalifen zur Ehre gereichten. An den vier Ecken, wo die Gewölberippen auf Halbsäulen aus Alabaster ruhten, waren ziselierte Kandelaber aufgestellt, an der Längsseite bronzefarbene Räucherbecken, ganze vier an der Zahl, die den Duft von Aloe und Sandelholz verströmten.

Kaum wagte ich, den Fuß auf den Mosaikboden zu setzen, doch war mir, als gäbe es kein Zurück mehr für mich. Wie von unsichtbarer Hand gelenkt, setzte ich einen Schritt vor den andern, unterwegs zum Ziel meiner Âventiuren, während mein Herz wie ein Schmiedehammer gegen die Rippen pochte.

Noch ein Wort zu den Fensternischen, die ich auf dem Weg zur Apsis des Saales passierte, in Summa acht, die erste mit einem pechschwarzen Banner drapiert. Unmittelbar davor, wie zu Salzsäulen erstarrt, verharrten sieben Gestalten, jede davon mit Helm und Harnisch, nur mit Mühe voneinander zu unterscheiden. Auch sie brachten keinen Willkommensgruß hervor, starrten vor sich hin, als seien sie nicht von dieser Welt. Ihre Wappenschilder indes glichen sich bis aufs Haar, mit einem goldfunkelnden Kelch als Emblem, auf dessen Rand eine weiße Taube kauerte. Das Tier trug einen frischen Ölzweig im Schnabel, ein Symbol, über das ich nicht lange nachgrübeln musste.

Das Geräusch meiner eigenen Schritte im Ohr, näherte ich mich der erhöhten Apsis, wo ein mit Schnitzwerk versehener Thronsessel stand.

Doch der Thron war leer.

Da stand ich nun, eingehüllt in exotische Wohlgerüche, wie geschaffen, mir die Sinne zu vernebeln. Nicht lange, und der Widerhall eines Gongs beendete die Reverie, so durchdringend, dass mir angst und bange wurde. Er war noch nicht verklungen, da erhob sich ein vielstimmiger Gesang, dessen Echo bis in die Winkel des Festsaales drang. Von den Sängern indes war nichts zu sehen, wie so vieles, was mir begegnete, nur schwer in die richtigen Worte zu kleiden.

Allein, das Mysterium war noch nicht zu Ende. Begleitet von sphärischen Klängen, tauchte der König an der Spitze seines Gefolges auf, erklomm die Stufen, die zur blumengeschmückten Apsis führten, und nahm auf dem gepolsterten Thronsessel Platz. Fanfaren erklangen, Schalmeien ertönten, Trommeln wirbelten. Die Audienz des Gralsherrschers konnte beginnen.

Das Echo war gerade erst verhallt, als die Fliesen vor der Apsis in Bewegung gerieten. Schon glaubte ich, ein Erdbeben sei im Entstehen, als sich ein Schrein aus dem Gewölbe unter dem Festsaal erhob, die Wände aus purem Gold, von der Dämmerung in gleißendes Rot getaucht. Kaum war dies geschehen, ließen die Schallwellen des Gongs die Wände erzittern, und mir war, als sei ich nicht mehr Herr meiner selbst.

Und dann geschah es.

Beim Andenken meiner Eltern und allem, was mir heilig ist, ein Spektakel wie das nun folgende hatte ich noch nie erlebt. Da verwunderte es kaum, dass die Türen des Sanktuars in Bewegung gerieten, auch sie mit dem Bildnis einer Taube versehen. In der Form eines regelmäßigen Oktogons gefertigt, wirkte der Schrein wie eine Kapelle im Kleinen auf mich, ein Blick auf den Kelch in seinem Inneren, und um meinen Verstand war es ein für alle Mal geschehen. Wie geblendet von dessen überirdischem Glanz, riss ich reflexartig die Hand vors Gesicht, den Klang der Fanfaren und Schalmeien im Ohr, so laut wie die Trompeten von Jericho.

Und siehe, der König erhob sich von seinem Thron, stieg die Stufen herab, die zum Auditorium führten, und beugte das Knie, um dem Kelch zu huldigen. Die Gestalten in den Nischen taten es ihm gleich, in schimmernder Wehr, als gelte es, gemeinsam in den Krieg zu ziehen. Die Tatsache, dass mir ihre Züge bekannt vorkamen, versetzte mir einen herben Dämpfer, verhieß der Blick, mit dem sie mich musterten, doch nichts Gutes.

Alles nur Einbildung, das Produkt meiner überreizten Sinne?

Weit gefehlt.

Ein dumpfes Grollen und Gepolter in der Ferne, wie bei einem heraufziehenden Gewitter, und schon nahm das Unheil seinen Lauf. Einmal mehr traute ich meinen Augen nicht, jedoch weniger vor Entzücken, sondern aus einem Gefühl der Furcht heraus, das mich nötigte, mit der Hand nach dem Schwertknauf zu tasten.

Denn siehe, das Ende aller Zeiten schien gekommen.

Der Boden unter mir geriet ins Wanken, und was als Grollen in der Ferne begann, wurde zu einem Inferno ohnegleichen. Wäre Dante an meiner Stelle gewesen, er hätte sich im siebten Kreis der Hölle gewähnt. Aus den Wolkenbergen über der Burg fuhren Blitzbündel hernieder, bohrten sich in den Dachfirst über dem Saal und lösten einen lodernden Feuerbrand aus. Beißender Qualm erfüllte den Raum, doch so sehr es mich drängte, die Flucht zu ergreifen, ich verharrte wie ein Monolith auf der Stelle.

Doch damit nicht genug. Die Flammenwalze, die auf mich zurollte, machte vor nichts und niemandem Halt. Nicht lange, und der König samt Gefolge wurden von ihr erfasst, und ein Schrei aus Hunderten Kehlen erfüllte den Raum, begleitet vom Gepolter der Kragsteine, die sich aus dem zerbröckelnden Gewölbe lösten.

Das Schlimmste sollte indes noch kommen. Das Gesicht zu einer wutverzerrten Fratze verzogen, taumelte der Gralskönig auf mich zu, packte mich am Kragen und schrie: »Erde zu Erde, Asche zu Asche, Staub zu Staub. Der Name des Leibhaftigen sei gelobt, oder siehst du das etwa anders, Hilpert von Maulbronn?«

Hämisches Gelächter, wie bei einem Dämon aus dem Totenreich.

Ein jähes Aufflammen, begleitet vom Geruch nach verbranntem Fleisch.

Ein Schrei, der dafür sorgte, dass die Geräusche jäh verklangen, gerade so, als habe es sie nie gegeben.

Dann hatte sich Pleikard in Rauch aufgelöst.

* * *

Als ich erwachte, hatte ich den Schrei des Gemarterten noch im Ohr. Umso schwieriger, mich aus Morpheus' Armen zu lösen. Wieder bei Sinnen, richtete ich mich ächzend auf. Meine Kammer lag in tiefem Dunkel, und im

Burghof, auf den man vom Palas herabblickte, war nicht das leiseste Geräusch zu hören.

An Schlaf war vorerst nicht zu denken. Bei einem Albtraum wie dem meinigen kein Wunder. Anders als sonst, wo das Erwachen die Traumgespinste verscheuchte, klammerte sich das Grauen an mir fest. Wahrlich, schlecht geträumt hatte ich schon oft, aber eine Höllenvision wie diese war mir erspart geblieben. Viel hätte nicht gefehlt, und mein Verstand wäre aus den Fugen geraten. Glichen die Bilder, die ich in mir wachrief, den Visionen des Johannes doch aufs Haar. Mir war, als sei ein Dämon in mich gefahren, so elend fühlte ich mich.

Fest entschlossen, mich den Heimsuchungen des Leibhaftigen zu entziehen, schlug ich die Bettdecke zurück und zog mich an. Schwer zu sagen, wie viel Zeit seit dem Gespräch mit Severin verstrichen war. Sei's drum, die Karten lagen auf dem Tisch. Entweder ich verzichtete darauf, die Ermittlungen in eigener Sache fortzusetzen, und erhielt ein Präsent, für das manch anderer bereit gewesen wäre, einen Mord zu begehen, oder ich lief Gefahr, in Schwierigkeiten zu geraten. Dass es hier nicht mit rechten Dingen zuging und die Burg vor dubiosen Charakteren nur so wimmelte, das war unschwer zu übersehen. Ergo: Ärger würde ich mir auch so einhandeln, ganz gleich, ob ich das Angebot annahm oder nicht.

Und überhaupt – der Parzival. Ein Trost zu wissen, dass das Epos ein gutes Ende nahm – und dass der Held den verdienten Lohn erhielt. Sooft ich mir die Szene auch vergegenwärtigte, in der sich Parzival nach dem Befinden des Gralsherrschers erkundigte und damit den Bann löste, dem er unterlag, so oft wurde ich von tiefer Rührung übermannt. »Oheim, was fehlt dir?« Vier Worte nur, in eine Frage gekleidet. Worte indes, welche der Handlung eine ungeahnte Wendung verliehen, indem sich der König von seiner Krankheit erholt und Parzival dazu bestimmt, seine Nachfolge anzutreten. War es doch er allein, der für würdig befunden wurde, das Amt des Gralshüters zu übernehmen.

So weit die Fiktion.

Aus der Feder eines begnadeten Poeten.

Und was, wenn der Gral tatsächlich existierte?

Martin Köhler

Abpfiff/Nachspielzeit

Tobias legte sich den Ball zurecht. Er drehte ihn zwischen beiden Händen rückwärts, nahm ihn noch einmal hoch, rieb mit der Schuhspitze an der markierten Stelle und legte ihn wieder hin. Er trat ein paar Schritte zurück, atmete tief durch und stierte auf den Boden.

Sein Verein, der VfB Waldgeisingen, würde mit einem Tor zu diesem Zeitpunkt – es war die 88. Minute des letzten Spieltags – so gut wie sicher in der Landesliga bleiben. Noch stand es 0 : 0 gegen den Tabellenersten FC Lemmingen, der den Aufstieg mit diesem einen Punkt sicher hatte. Ein Tor, drei Punkte, ein paar Minuten, und die Saison wäre gerettet: Klassenerhalt! Der direkte Konkurrent lag zur gleichen Zeit 0 : 3 zurück, und bei einem Sieg würde Waldgeisingen jetzt, am letzten Spieltag, an ihm vorbeiziehen. Lemmingen würde auf Platz zwei zurückfallen, weil deren Verfolger 5 : 1 führte und somit punktgleich mit den Lemmingern war, aber das bessere Torverhältnis hatte. Wie hatten sie dafür gekämpft und trainiert, um gegen den Tabellenführer drei Punkte zu holen! Sie hatten gewusst, dass es schwer werden würde, und sie waren trotzdem mit aller Kraft in Richtung gegnerisches Tor gestürmt, sie waren gerannt wie noch nie, nur war eben keine der Torchancen ins Tor gegangen. Aber nun hatte Waldgeisingen es selbst in der Hand. Es war ein eindeutiger Elfer, klares Handspiel, keine Diskussionen vom Gegner. Die Lemminger Fans, die bei diesem Auswärtsspiel natürlich sehr zahlreich erschienen waren – es sollte schließlich ihre

Aufstiegsfeier werden – waren seit dem Pfiff still. Vorher waren schon die ganze Zeit »Aufsteiger!«-Sprechchöre von ihnen zu hören gewesen.

Ein Pfiff. Tobias lief an, schoss – und sah seinen Schuss am rechten Lattenkreuz vorbeizischen, begleitet von lautem Jubel der Lemminger Fans. Tobias sank auf die Knie und verbarg sein Gesicht in den Händen. An den Rest des Spiels konnte er sich danach nicht mehr erinnern – es blieb beim 0 : 0, und Waldgeisingen musste in die Kreisliga absteigen.

Die Saisonabschlussfeier war für einen Monat später angesetzt. Waldgeisingen hatte nun natürlich nichts mehr zu feiern, aber man war ja eine Mannschaft, da war Zusammenhalt wichtig, auch in schwierigen Zeiten, und sicherlich könnte man es nächste Saison wieder direkt nach oben schaffen. Wenige Tage nach dem Spiel dämmerte Tobias, dass er kurz nach der Winterpause einen großen Fehler gemacht hatte, der ihn jetzt zum denkbar ungünstigsten Zeitpunkt einholen würde. Es war nämlich so, dass Tobias ein Stammspieler war, ein sehr guter dazu. Und das war anderen Vereinen natürlich nicht verborgen geblieben. Und so hatte es sich ergeben, dass Tobias ein sehr gutes Angebot bekommen hatte – vom FC Lemmingen. Es war nicht nur das Angebot an sich, das so attraktiv war, sondern der Umstand, dass sich schon zum damaligen Zeitpunkt abzeichnete, dass Lemmingen einer der Favoriten um die Meisterschaft und den Aufstieg sein würde. Und in der Verbandsliga zu spielen, das wäre natürlich eine Gelegenheit, die Tobias gerne ergreifen wollte. Der Vereinsboss und sein Trainer waren natürlich nicht erfreut, hatten aber auch Verständnis – und sie waren natürlich froh, dass er bis zum Saisonende bleiben würde. Sie baten ihn allerdings, seinen Wechsel erst nach der Saison bekanntzugeben, oder zumindest erst dann, wenn die Abstiegsentscheidungen gefallen waren, um keine unnötige Unruhe in die Mannschaft zu bringen. Waldgeisingen spielte nämlich schon fast die ganze Saison gegen den Abstieg. Und natürlich hatte ihn sein Trainer im entscheidenden Spiel aufgestellt, er wusste ja, dass Tobias bis zuletzt alles geben würde, auch wenn es gegen seinen neuen Verein ging. Und da war auch kein Zweifel, dass er den Elfer schießen würde, weil er eben immer die Elfer schoss. Das alles war jetzt halt etwas ungünstig zusammengekommen.

Aber mit den anderen Kameraden kam er eigentlich immer gut klar, er würde ihnen seinen Wechsel schon erklären können, und dann würden sie noch ein paar Bier trinken und den Abstieg vergessen – wenn das bis dahin nicht schon passiert war.

In Waldgeisingen hatte sich die Enttäuschung schnell verflüchtigt – man hatte ja die ganze Saison gezittert und daher auch mit dem Abstieg gerechnet. Und schließlich war es ja nur die Kreisliga, es ging ja nicht um viel. Der VfB Waldgeisingen war eigentlich nicht nur ein Verein für Bewegungsspiele wie Fußball, Tischtennis und auch Rücken- und sonstige Gymnastik, sondern auch eine Art Dorfmotor. Zeltlager, Dorf- und Gerümpelturnier, Müllsammelaktionen, Maibaumaufstellen, Benefizveranstaltungen, Bunter Abend, Organisation und Vermietung der Sporthalle und noch vieles mehr – das alles fand sich in dem Verein. Der VfB konnte das auch gut stemmen,

schließlich hatte er genauso viele Mitglieder wie Dorfbewohner – wenn auch natürlich nicht alle aus dem Dorf
selbst, sondern aus Nachbargemeinden kamen, weil sie
später einmal weggezogen waren. Als Kind wurde man
hier quasi automatisch Mitglied; es handelte sich um eine
formlose Mitgliedschaft, da die Stadt den Mitgliedsbeitrag
für Kinder bis sechs Jahre übernahm. Und danach musste
man schon aktiv austreten oder die Zahlung der Mitglieds-
gebühr verweigern, um nicht weiterhin dabeizubleiben.
Aber wieso sollte man wegen 20 Euro Jahresgebühr Auf-
hebens machen? Außerdem gehörte sich das einfach, dass
man im Sportverein Mitglied war.

Es war auch so, dass sich der VfB Sachen erlauben konnte, die eigentlich rein rechtlich so nicht machbar waren
– insbesondere wenn es sich um laute Feste bis tief in die
Nacht oder den Morgen handelte, seien es Aufstiegs-, Mann-
schafts- oder Geburtstagsfeiern oder das Dorfturnier, welches sich über vier Tage erstreckte – offiziell nur drei. Da
konnte es schon einmal passieren, dass die Musik bis um 3
Uhr nachts aus den Boxen dröhnte. Aber: Wo kein Kläger,
da kein Richter. Und Kläger gab es keine, weil die meisten
eben mitfeierten und die anderen zumeist Mitglied waren.
Da musste es schon extrem zugehen, dass jemand die Polizei rief – zwei Jahre zuvor war dieser Fall eingetreten, weil
die laute Musik nach dem Pfingstturnier am Pfingstmon-
tagmorgen um 6 Uhr einsetzte. Natürlich war bei diesem
Anlass – wie sonst meistens auch – viel Alkohol im Spiel.
Aber wem wollte man das verdenken: Fußball und Bier
passen natürlich auch gut zusammen, und bei den Festen
sah die Thekenmannschaft meistens großzügig über die

Altersbeschränkungen des Jugendschutzgesetzes hinweg. Auch hier beschwerte sich niemand – es war einfach schon immer so gewesen. Und es hatte ja auch keinem geschadet, zumindest langfristig nicht. Kurz: Man wusste, was man an seinem Verein hatte.

Etwas lustlos schlappte Tobias nun zur Saisonabschlussfeier auf dem Bolzplatz neben dem Vereinsheim des VfB. Die halbe Mannschaft war schon da, jeder mit einem Bier in der Hand, die Musik war wie immer etwas zu laut, aber die Stimmung schien ganz gut zu sein. Tobias klatschte die anderen ab. »Und, Tobse, alles verdaut? Lebbe geht weider!« Mit diesem Spruch reichte Michel ihm ein Bier und stieß mit ihm an. »War vielleicht gar nicht so schlecht, dass wir runter sind. Nächstes Jahr haben wir dann endlich mal ein paar leichte Spiele, ballern die Gegner weg, und dann kommt ein neuer Anlauf.« Michel schien die gerade abgelaufene Saison schon verarbeitet und abgehakt zu haben. Nach und nach kamen die anderen Spieler, und auch der Trainer ließ es sich nicht nehmen, auf ein paar Bier vorbeizuschauen. Tobias traf ihn auf der Toilette am Pissoir. »Und, schon Bescheid gegeben, Tobse?«, fragte er ihn von der Seite. »Nee, nachher dann«, antwortete Tobias. Der Trainer machte seinen Hosenstall zu und klopfte Tobias auf die Schulter. »Wird schon werden! Da reißt dir keiner den Kopf ab!«, sagte er. »Hoffentlich!«, murmelte Tobias und blieb alleine zurück. Beim Händewaschen sah er sich im Spiegel an. Na und, sagte er zu sich, dann wechsle ich halt nach Lemmingen, und sah sich dabei in die Augen. Ist doch kein großes Ding, fertig! Tobias ging raus, nahm sein Bier und drehte die Musik aus. »Jungs!«,

rief er, »mal 'ne Ansage!« »Yay, Tobse gibt ein' aus!«, rief
Carlo, und alle lachten. »Nee, leider nicht«, antwortete Tobias, was allerseits mit einem lauten »Ooooch!« kommen-
tiert wurde. »Das ist leider meine letzte Feier mit Euch
– ich wechsle nach der Saison.« Tobias brachte es sogar
ganz ruhig und locker rüber. »Ey, zu den Bayern oder
was?« Dem Kommentar folgte lautes Gejohle. »Nee, nach
Lemmingen«, sagte Tobias, und er war froh, als er merkte, dass die Stimmung nicht kippte. »Verbandsliga, nicht
schlecht, Junge!«, klopfte ihm Sebastian anerkennend auf
die Schultern. »Aber trotzdem schade, dass du gehst. Bist
'n feiner Kerl!« Kommentare dieser Art kamen noch mehr,
aber es war nicht das von Tobias befürchtete große Thema
des Abends. Stattdessen verlief die Feier, wie solche Feiern
oft verlaufen: mit reichlich Bier.

Wie immer gehörte Tobias auch bei dieser Feier mit zu
den letzten. Es war etwa halb fünf, und um diese Uhrzeit
hatten sich die Reihen im Vereinsheim dann doch etwas
gelichtet. Es waren allerdings alle Verbliebenen schon
ziemlich bedient, und der reichliche Alkohol hatte bei einigen dazu geführt, dass ihre Charaktereigenschaften stärker als gewöhnlich zum Vorschein kamen. Matze beispielsweise erzählte nur noch dumme Witze und machte
eigentlich bloß Blödsinn, während Stefan eher ruhiger
wurde, bis er schließlich am Tisch einschlief. Sven, genannt Bolde, hingegen war laut und lachte jedes mal dröh-
nend, wenn Matze wieder einen Witz zum Besten gegeben
hatte. Es war aber eine Art raumgreifendes, beherrschen-
des Lachen – es passte zu Sven, schließlich war er in der
Fairplay-Tabelle der Mannschaft Letzter. Selbst im Liga-

vergleich brachte er es hier auf den viertletzten Platz –
kein Wunder bei zwei roten Karten und einer gelb-roten,
von den zahllosen gelben ganz zu schweigen. Er rechtfertigte diesen Umstand immer damit, dass er halt Abwehr
spiele, da müsse er zur Not eben auch mal die Grätsche
rausholen. Tobias saß mit ihm am Tresen, Matze hatte
den Ausschank übernommen, und sie waren beim zigsten
Absacker, weil sie eigentlich schon am Gehen waren. »Samma Tobse, verdient man da in Lemmingen schon genug,
um nicht mehr so viel arbeiten zu müssen?«, fragte ihn
Sven. »Nee du. Du verdienst da genug, um mehr trainieren
zu müssen!«, antwortete Tobias lachend. »Sach ma im
Ernst!« Sven schien mit seinem Bier zu reden, er hielt den
Blick auf die braune Flasche fixiert, während er sie in den
Händen drehte. »Du bist doch wegen der Kohle hin, oder?«
»Nein, bin ich nicht«, antwortete Tobias. »Ich krieg da zwar
ein bisschen was, aber deswegen bin ich nicht hin. Ich sag
dir, warum: Ich bin hin, weil es für mich nur der halbe
Weg ist, weißt Du, wenn ich von der Arbeit zum Training
fahre. Ich will nicht im Auto so viel Zeit vergurken.« Sven
lachte kurz auf. »Das is doch Quatsch!« Er seufzte, dann
fuhr er auf: »Das weißt du doch schon ewig, oder? Das ist
nicht die feine Art, du, das will ich dir mal sagen!« Matze
mischte sich ein: »Macht jetzt mal ruhig. Stefan pennt
schon! Ich geh mal wohin. Wenn ich nicht wiederkomme,
ruft die Putzfrau!« Er lachte laut über seinen Witz und
wankte in Richtung Toiletten. »Bolde, du bist ein Ass in
der Abwehr, aber von Taktik, von Taktik verstehst du nix.«
Tobias klopfte Sven bei diesen Worten auf die Schulter.
»Was glaubst du, Bolde, was passiert wäre, wenn ich euch

meinen Wechsel eher gesagt gehabt hätte. Gehabt gesagt hätte. Gesagt hätte, verdammt.« Tobias' Grammatik litt etwas unter dem Alkohol, während es bei Sven eher die Aussprache war. »Ich sag's dir: Es wäre Unruhe in die Mannschaft gekommen, und das wäre schlecht für die Mannschaft gewesen! Weißt du, was da los gewesen wäre? Das wär doch nix geworden.« »Was wär nix geworden?«, fragte Sven. »Na, das mit 'nem guten Spiel. Also mit halt ein bisschen Erfolg haben und so!« Tobias brauchte beide Arme, um seine Worte zu untermalen: »Da wär sofort alles den Bach runtergegangen! Da hätte der Trainer auch nix mehr gemacht!« Sven stierte seine Flasche an und schwieg, so dass nur die Ballermann-Hits zu hören waren, mittlerweile fast auf Zimmerlautstärke reduziert. »Und wie isses jetzt«, sagte Sven monoton. »Wie, wie isses jetzt? Was meinste?« »Na, wie's jetzt is. Du hast nix gesagt. Keine Unruhe in der Mannschaft. Nix los gewesen«, brummte Sven. »Häh? Bolde? Was hätt'n ich machen sollen?« Sven sprang von seinem Barhocker und wurde laut: »Samma, hast du gemerkt, dass es nix geworden ist? Dass nix los war? Dass es scheiße lief? Hast du Pappnase eigentlich gemerkt, dass wir abgestiegen sind? Aber nee! Der feine Herr wechselt nach Lemmingen! Der is ja gar nicht abgestiegen! Dann war ja doch alles richtig!« Sven griff nach Tobias' Hand und schüttelte sie. »Glückwunsch, Herr Arschloch! Du steigst auf und wir steigen ab!« »Mann, Bolde, das kann doch mal passieren!« »Oh ja, Tobse, das kann mal passieren. Aber das passiert nicht einfach so! Weißt du, wie das passiert?« Sven war mittlerweile fast in ein Brüllen übergegangen. »Das passiert, wenn man entscheidende Spiele vergeigt! Wenn man den entscheidenden Elfer absichtlich danebenhaut!« Bei diesen Worten schlug er mit der Faust auf den Tresen. »Ey, spinnst du?« Tobias wich eine Kleinigkeit zurück. »Ob ich spinne? Das fragt grade der richtige! Geld einsacken und absichtlich verlieren! Ob ich spinne?« Tobias brüllte zurück: »du kannst mich mal! Bloß weil du es nicht auf die Reihe kriegst mit Deinem Geholze da hinten ...« »Was ist los?« Bei diesen Worten packte Sven Tobias am Kragen. Das »Hey, hey! Mal langsam!« von Matze, der gerade von der Toilette zurückkam, verpuffte. »Ich und Geholze? Dir geb ich was, du geldgeile Sau!« Sven stieß Tobias von sich und griff bereits nach seinem Barhocker, um ihn als Schlaginstrument einzusetzen. Tobias fiel allerdings rückwärts und schlug mit dem Hinterkopf auf einem noch halbvollen Kasten Erdinger Weißbier auf, wo er liegen blieb. Durch das Geschepper wurde auch Stefan wach. »Arschloch!«, rief Sven in Tobias' Richtung und trank sein Bier leer. »Samma, bist du blöde?«, brüllte Matze. »Du kannst ihn doch nicht umhauen!« Sven zuckte mit den Schultern. »Selber schuld. Was muss er auch so provozieren.« Stefan kam mit unsicheren Schritten zum Tresen. »Wasn mit Tobse los?«, fragte er mit schwerer Zunge. Matze kam hinzu: »Tobse! Tobse!« Er gab ihm einen leichten Klaps auf die Wange, mehrfach. »Tobse, wasn los? Tobse, nu komm!« Sven glitt beunruhigt von seinem Hocker. »Tobse? Mensch, Tobse, komm zu dir!« In Matzes Stimme mischte sich ein Anflug von Panik. »Ruf den Notarzt!«, brüllte er Sven an, »los, mach!« Sven fischte in seiner Hosentasche nach seinem Handy, währenddessen rief Matze noch eine Spur panischer: »Nee, nicht den Notarzt. Ruf

Walter an, der ist schneller da! Los!« Sven hatte Walters Nummer natürlich gespeichert. Fast jeder im Verein hatte sie gespeichert, denn Walter war der Doc, eine Art Mannschaftsarzt. Natürlich hatte Waldgeisingen keinen offiziellen Mannschaftsarzt, aber Walter war schon immer Vereinsmitglied – seit sechs Jahren sogar Vorstand – und außerdem als Allgemeinmediziner mit seiner Praxis eben für die medizinische Versorgung im Dorf zuständig. Zwar nicht unbedingt morgens um 5, aber bei einem Notfall ging es eben nicht anders. Die Wartezeit fühlte sich wie die Nachspielzeit in einem Pokalspiel an, wenn man versucht, ein 1 : 0 über die Zeit zu bringen. Tobias war nach wie vor nicht bei Bewusstsein, aber mittlerweile immerhin flach auf den Boden gelegt worden. »Hallo?«, meldete sich eine schlaftrunkene Stimme. »Walter, ich bin's, Bolde! Komm schnell rüber ins Sportheim, wir haben einen Notfall!« Schlagartig war die Schlaftrunkenheit am anderen Ende verschwunden. »Ich komm gleich!« Sven atmete erleichtert auf: »Er kommt gleich!« Seine Wut war einer unbestimmten Sorge gewichen, und er stand unentschlossen vor Tobias und dem knienden Matze. Stefan stand in respektvoller Entfernung und kratzte sich am Kopf. Matze versuchte die Atmung zu überprüfen. »Bolde, verdammt, der atmet nicht! Oder?« Sven ging in die Hocke und guckte auf Tobias' Gesicht, als ob er so den Atem erkennen könnte. »Probier du mal!« Sven wusste nicht genau, wie man den Atem zu kontrollieren hatte, und hielt seine Hand mit einigen Zentimetern Abstand vor Tobias' Mund. »Ich spür nix«, sagte er mit einiger Besorgnis. »Atem kamma nich midder Hand korolliern«, lallte Stefan. »Lass mich mal!« »Quatsch,

bleib du bloß weg«, befahl ihm Matze, »Du hast so einen
Schlag, du merkst doch deinen eigenen Atem nicht mehr!«
Während er weiter herumprobierte, kam Walter hereinge-
stürmt. Er war noch im Schlafanzug, aber das schien keiner zu bemerken. Er stellte seine Tasche neben Tobias ab,
und während er sie öffnete, den Blick gleichzeitig auf Tobias gerichtet, fragte er: »Was ist passiert?« »Er ist umgefal-
len«, antwortete Sven, »auf den Bierkasten da.« Mit dem
Kopf nickte er in Richtung des Bierkastens. »Quatsch, du
hast ihn umgestoßen!«, fuhr ihn Matze an, während Walter Atmung und Puls von Tobias kontrollierte. »Wann war
das?«, fragte er. »Paar Minuten nur!«, sagte Matze, »wir haben dich sofort angerufen!« Walter begann mit Wiederbe-
lebungsversuchen, die Umstehenden schauten zu – gebannt, überflüssig, während Walter auf dem Brustkorb
von Tobias herumdrückte, bis er irgendwann schwer at-
mend aufgab und Tobias' Pupillen untersuchte. »Nix
mehr zu machen«, keuchte er, »das hab ich mir fast gedacht, als ihr das mit dem Bierkasten gesagt habt.« »Na,
dann ruf doch den Notarzt!«, schrie Matze, »Jemand muss
dem doch helfen!« Walter sah ihn etwas länger an als nötig. »Matze, ich bin Arzt. Und ich habe schon oft Leute
wiederbelebt. Kein Mensch wird Tobse wiederbeleben. Er
hat mit Sicherheit einen Genickbruch.« Alle starrten be-
troffen auf Tobias. »Scheiße, Mann!«, rief Matze, »Tobse
ist tot!« Sven war sehr blass geworden und zitterte, als er
sich auf den nächsten Barhocker am Tresen setzte. »Ich
hab nicht ... Nein, nein, ich wollte doch nicht ...« »Samma,
hast du den Arsch offen?«, brüllte Matze ihn an, während
er ihn am Hemd packte und schüttelte. »Was hast du da

getan?« Walter packte Matze an der Schulter und zog ihn weg. »Lass ihn in Ruhe! Das nützt doch jetzt keinem was!« Sven saß zusammengesunken auf dem Barhocker und vergrub sein Gesicht in den Händen; er fuhr mit ihnen nach unten, als ob er es waschen würde, immer wieder. »Bolde, was'n da los da vorne?« Von hinten hörte man Stefan mit schwerer Zunge, der mit etwas Mühe wieder seinen Platz am Tisch eingenommen und diesen für ein Nickerchen verwendet hatte. Bei Stefan wirkte noch der konsumierte Alkohol, der ihn die Szenerie vermutlich gar nicht wahrnehmen ließ. Der Begriff Realität hatte in seinem Zustand ohnehin eine andere Bedeutung. In einem Winkel seines Gehirns wurde aber festgelegt, dass es eindeutig nicht real sein könne, was da zu hören war. Man wusste ja nie so genau nach so einer Nacht. Nur um sicherzugehen, fragte er nach: »Geht's euch allen gut?« Er registrierte aber die Auswirkungen seiner Frage nicht mehr. »Ich hab doch nicht ...«, setzte Sven von neuem an, nur um den Satz mit einem »Oh mein Gott!« zu vollenden und sein Gesicht wieder in den Händen zu verbergen. »Was nu?«, drang Stefans Stimme auf der Suche nach der Realität weiter vor. »Nix is, Stefan. Leg dich mal da hinten ab und schlaf mal 'ne Runde«, riet ihm Walter. Stefan befolgte den Rat, denn Walter nahm er trotz eigener Vernebelung als so verbindlich wie immer wahr. Als Stefan außer Hörweite war, wiederholte Matze dessen Frage: »Aber recht hat er schon: Was nu? Wir können ihn doch nicht liegenlassen!« »Ich kann auf dem Totenschein jedenfalls nicht ›Natürliche Todesursache‹ ankreuzen, weil es ein Unfall war. Noch dazu so offensichtlich, dass es jeder merkt«, sagte Walter, als er seine

Tasche zusammenpackte. »Ja, und jetzt?«, fragte Sven. »Die werden mich doch verhören! Die werden mir doch gar nicht glauben, dass das ein Versehen war! Die schicken mich wegen Mord in den Knast!« In der Stille hörte man jetzt nur das leise Schnarchen von Stefan. »Wenn überhaupt, dann wäre es Totschlag«, murmelte Walter und setzte ein »Glaube ich zumindest« hinterher. Matze schüttelte den Kopf und sah Tobias an: »Aber irgendwas müssen wir machen. Wir können nicht hier rumsitzen, bis die ersten zum Aufräumen kommen!« Es entstand wieder eine kurze Stille. »Walter, was würde passieren ... also ich meine, wenn du jetzt einfach gehen würdest, was wäre dann?«, fragte Sven. »Also so, als ob du nie hiergewesen wärst?« – »Du meinst ... ich soll so tun, als wüsste ich von nichts?« Walter starrte Sven an und war irritiert. »Ich bin Arzt, ich kann doch nicht einfach so tun, als ob ich nichts wüsste!« Sven machte eine beschwichtigende Geste mit den Händen. »Ja, ja, das weiß ich doch auch. Ich mein ja nur. Auch als Arzt kannst du Tobse jetzt nicht mehr helfen. Es ist ja nicht so, dass ich mich jetzt den Untersuchungen nicht stellen wollte – es wird dann schon rauskommen, dass ich nicht schuldig bin. Aber das dauert halt. Und dann kommt die Presse.« Walter sah ihn erneut irritiert an: »Was soll das heißen, dann kommt die Presse?« »Na, überleg doch mal«, antwortete Sven, »da ist ein Toter bei einer Vereinsfeier! Was glaubst du wohl, was hier in den nächsten Tagen los sein wird! Die werden jeden Verantwortlichen löchern und fragen, wie so etwas passieren konnte!« Walter konnte diese Anmerkung trotz der Umstände sofort klar einordnen – er sollte aufgrund seiner

Position einen ordnungsgemäßen Ablauf dieses Dramas unterbinden, denn er war Verantwortlicher – nicht für diesen Vorfall, den er noch nicht so recht einordnen konnte, aber für den Verein und damit auch für die Außenwirkung solcher Vorkommnisse. Matzes Stimme unterbrach seine Gedanken, die ihn zu einem Entschluss bringen sollten: »Mann, Walter, Bolde hat schon recht. In vier Wochen haben wir Hundertjähriges! Das kannst du knicken, wenn hier ein Toter gefunden wird!« Da hat er recht, dachte es in Walter. Aber er konnte doch nicht seine Pflicht als Arzt vernachlässigen – er würde sich glatt strafbar machen, und das nicht zu knapp! Aber das Hundertjährige war ein echtes Problem. Nicht auszudenken, was im Dorf los wäre – das Fest würde ausfallen, und das wäre eine echte Katastrophe für den Ort und für den Verein – eigentlich für alle. Nicht, dass der Tod von Tobse nicht auch eine Katastrophe wäre. Aber ihm war nicht mehr zu helfen. Und was sich da vorhin abgespielt hatte, würde sich sicherlich auch ohne Polizei herausfinden lassen. Aber noch war er sich nicht ganz schlüssig. Wenn das alles einmal auffliegen sollte, würde er hier keinen Fuß mehr auf den Boden bekommen. »Mann, Walter!«, rief Sven, »los jetzt, geh wieder heim, wir legen Tobse vorn in den Grebselbach! Es wird aussehen, als sei er von der Brücke gefallen!« Walter sagte nichts und fasste nach Tobias' Arm, um ihm den Puls zu fühlen. Nur zur Sicherheit. »Walter, es ist jetzt kurz nach fünf!«, rief Sven mit leichter Panik in der Stimme. »Geh jetzt!« Walter legte den leblosen Arm zurück. »Ist ja gut. Ich wollte nur auf Nummer sicher gehen.« Für einen Moment regte sich keiner, man hörte nur Stefans Schnarchen.

»Und wir drei reden noch miteinander.« Mit diesen Worten nahm er seine Tasche und ging mit einem verstörten Gesichtsausdruck zur Tür.

»Los, Matze, fass mit an!« Sven packte Tobias unter den Schultern und zog ihn ächzend ein bisschen hoch. Sie fassten einer rechts und einer links an und schleppten Tobias quer durch den Raum zur Tür. Bevor sie nach draußen gingen, lugte Sven rechts und links den Gemeindeverbindungsweg entlang. Es kam aber niemand. Der Grebselbach floss direkt hinter dem Sportplatz entlang, und ein kleines Stück hinter der kurzen Seite querte der Gemeindeverbindungsweg den Bach und führte weiter Richtung Waldgeisingen. Direkt neben der Brücke führte ein etwas breiterer Trampelpfad bis zum Ufer des Grebselbachs; dort war eine gern genutzte Badestelle im Sommer. Sven und Matze mühten sich, auf dem Weg dorthin keine Schleifspuren mit dem Leichnam im Gras zu hinterlassen. Sie ächzten schwer. Am Ufer angelangt, gingen sie weiter in das knietiefe Wasser. Jetzt wurde Tobias erheblich leichter. Sie zogen ihn in die Mitte des Gewässers, wo sich eine seichte Stelle befand. In heißen Sommern waren hier gerade einmal die Knöchel von Wasser bedeckt. Dort legten sie Tobias ab. Sie standen einige Sekunden still da; man hörte nur das Rauschen und Glucksen des Wassers. »Sollen wir ihn auf dem Rücken liegen lassen?«, fragte Matze. »Was weiß denn ich«, entgegnete Sven, dem die fortschreitende Zeit zunehmend Sorgen machte. »Ich mein ja nur. Weil wenn er von der Brücke gefallen sein soll, also, ich weiß ja nicht, wie fällt man denn da?«, fragte Matze. »Das kann so oder so sein«, brummte Sven nervös. »Vor allem werden sie ja rauskriegen, dass er nicht mehr nüchtern war. Da kann ja alles möglich sein. Jedenfalls fällt er rein, bricht sich dabei das Genick und dann liegt er entweder so da oder anders. Da kann doch alles passieren.« »Besser auf den Bauch oder auf die Seite!«, drängte Matze. »Wenn du meinst. Hauptsache, wir kommen hier wieder weg!« Gemeinsam wälzten sie Tobias auf die Seite. Im Licht des beginnenden Tages befanden sie, dass ihr Werk recht natürlich aussah. Schweigend wateten sie zurück. Ebenso schweigend löschten sie das Licht im Vereinsheim, ließen Stefan weiterschlafen und zogen die Tür zu. Im Laufe des Vormittags würden normalerweise die ersten zum Aufräumen kommen, aber es stand zu befürchten, dass bis dahin im Dorf schon viel mehr los sein würde als üblich.

Und in der Tat war es ab sieben Uhr mit der Ruhe vorbei. Ein Frühaufsteher hatte bei seinem morgendlichen Spaziergang den Toten von der Brücke aus gesehen und direkt den Notarzt alarmiert. Dessen Wagen stand nun am Weg an der Seite, direkt dahinter ein Polizeiwagen, der kurz danach gekommen war. Die Sanitäter hatten Tobias aus dem Wasser gezogen, waren dann aber schnell mit ihrer Arbeit fertig, als sie erkannten, dass hier nichts mehr zu retten war. Der Leichnam wurde mit einem Tuch zugedeckt. Die Polizisten sperrten den Uferbereich ab, klärten die Identität des Toten und warteten auf ihren Spezialisten, der psychologisch geschult war und die Nachricht von Tobias' Tod seiner Familie überbringen sollte. Trotz Sonntagmorgen sprach sich das Unglück schnell im Dorf herum; kurz vor acht Uhr waren schon einige Vorstandsmitglieder am Unglücksort. Auch Stefan war mittlerweile hinzugekommen, nachdem ein Vereinsmitglied ins Vereinsheim geschaut und ihn dort schlafend vorgefunden und geweckt hatte. Er verstand, dass Tobias tot war, konnte aber aufgrund seiner teilweisen zeitlich-räumlichen Desorientiertheit keine brauchbare Aussage zum Verlauf der Feier machen und wurde von den Beamten nach Hause geschickt, nachdem sie über ein anderes Vereinsmitglied Stefans Daten mitgeteilt bekommen hatten. Schließlich kam Walter hinzu. Er schien geschockt zu sein und war es wohl auch, obgleich er von den Umständen des Todes wusste. Seit er nach Hause gegangen war, hatte es in ihm überlegt, wie man diese Sache am besten angehen sollte, um Tobias gerecht zu werden. Und natürlich auch dem Verein. Und wie er selbst als Arzt dieses Unglück unbeschadet überstehen könnte.

Die Obduktion zog sich über drei Wochen hin und ergab, dass der Tod durch einen Genickbruch eingetreten war, vermutlich war der Tote rückwärts auf einen Stein im flachen Wasser gefallen. Es war von einem Unfall ohne Fremdverschulden auszugehen, da die Laborwerte des Blutes einen nicht unerheblichen Alkoholkonsum zeigten. Da es keine Zeugen gab, blieben nur Mutmaßungen – es war denkbar, dass Tobias im Übermut auf die steinerne Brückenmauer gestiegen und hinuntergefallen war. Seine drei Vereinskameraden, die ihn zuletzt gesehen hatten, konnten laut Polizeibericht nichts zur Sache beitragen, außer der ungefähren Uhrzeit seines Aufbruchs um 4:30 Uhr.

Es war ein heißer Mittwoch, als Tobias fast vier Wochen nach seinem Tod schließlich beerdigt werden konnte. Das Rote Kreuz musste Pavillons aufstellen, um wenigstens die Älteren vor der Hitze an diesem Tag zu schützen. Wenn die Alten aus den Pavillons die Blicke schweifen ließen, sahen sie die vielen jungen Trauergäste gedrängt auf den Wegen zwischen den Gräbern stehen. Nahezu sämtliche Mitglieder des VfB Waldgeisingen waren anwesend, und auch sie trugen dazu bei, dass die Worte des Pfarrers von einem ständigen Schluchzen und Schniefen begleitet wurden. Bei seinen Worten »... durch einen tragischen Unglücksfall aus unserer Mitte gerissen ...« kreuzten sich Matzes und Svens Blicke versehentlich, während Walter noch krampfhafter das Karomuster auf dem Jackett seines Vordermanns studierte. Nach dem Segen dauerte es noch lange, bis die Menge sich wieder zerstreute; es war eine der größten Beerdigungen der letzten Zeit im Dorf.

Das hundertjährige Vereinsjubiläum am Wochenende hatte sich unmöglich verschieben lassen und fand wie geplant statt. Lediglich der schwarze Trauerflor an den Oberarmen der Heimmannschaft wirkte in dem Trubel etwas deplatziert.

V. L.

Die Großen Gefühle

Die Großen Gefühle kommen
wenn die Platzanweiserin das Licht dimmt
und der Held zwischen Tag und Traum
die Konturen seiner Liebsten
mit den Fingerkuppen nachfährt

Die Großen Gefühle kommen
wenn wir wissen: Ein Kampf gegen die Uhr
Das Messer sitzt an der Kehle
die Zündschnur glimmt
der Zug rast auf das Opfer zu
das auf den Schienen festgebunden ist
(Perspektive: extreme Untersicht
Sound: voll Stoff)

Die Großen Gefühle kommen
wenn wir das Ende ahnen
und tapfer gegen die aufsteigende Nässe
in den Augenwinkeln ankämpfen

Die Großen Gefühle kommen
obwohl wir atemlos wissen
Alles Kalkül, nur Zelluloid

Die Großen Gefühle, sie sind noch da
wenn wir uns langsam von unseren Sitzen erheben
und im Halbdunkel zum Ausgang rausschleichen

Die Großen Gefühle kommen
oft zur unrechten Zeit
aber noch kriegen wir sie in den Griff
bevor wir unmännlich losheulen

Neues vom heilige Martin

Es gibt Geschichten, die kennt man leider nur zur Hälfte. Glücklicherweise gibt es aber Dichter, die sie uns zu Ende erzählen. Etwa die Anekdote mit dem schönen Satz des Philosophen Sokrates: Ich weiß, daß ich nichts weiß. Ich glaube, es war dieser BB aus Augsburg, der ausgeplaudert hat, wie es weiterging. Es sei nämlich daraufhin ein so großer Jubel ausgebrochen, daß der letzte Teil des Satzes von niemandem mehr gehört worden sei. Er lautete: ... weil ich nichts gelernt habe.

Auch vom heiligen Martin weiß man einiges nicht. Mit fünfzehn Jahren war er ins römische Heer eingetreten, war also Soldat geworden, und ist wenige Jahre später gemeinsam mit anderen Regimentskameraden am Stadttor von Reims auf einen fast unbekleideten Bettler getroffen. Trotz des eisigen Winters hat keinen seiner Begleiter das Schicksal des frierenden Mannes gekümmert. Da war Martin so richtig in seinem Element! Er wollte nicht nur helfen, er wollte auch ein leuchtendes Beispiel geben. Da er aber außer seiner Uniform und seinem Schwert nichts bei sich hatte, teilte er kurzerhand seinen Mantel in zwei Teile und gab einen davon dem Bettler. Anscheinend war sein Mantel so groß, daß sich beide darin einwickeln und wärmen konnten. – Soweit das, was ihn in den Stand der Heiligkeit erhoben hat.

Was uns die frommen Bücher verschweigen, geht so weiter: Kaum hatte Martin sein Zeugnis christlichen Mitleids abgelegt, war plötzlich noch ein zweiter Bettler da, dann ein dritter. Warum hilfst du nur diesem einen und nicht auch uns? Sind wir etwa weniger hilfsbedürftig, sind wir etwa weniger wert als jener dort?

Und wieder zückte Martin sein Schwert und teilte seine verbliebenen Mantelhälfte, diesmal in drei Teile, zwei für die beiden Bettler, den Rest für sich.

Die Geschichte sprach sich herum, die Bettler kamen in Scharen, und als Martin nicht mehr teilen wollte, beschimpften sie ihn und bewarfen ihn mit Steinen. Wie gut, daß Martin nicht allein unterwegs war. Seine Begleiter, Soldaten wie er, schützten ihn, vertrieben das lästige Geschmeiß, und weil Martin mit dem kümmerlichen Rest seines Mantels entsetzlich fror und auch ein tiefer Schluck aus der Schnapsflasche nicht mehr half, gaben sie ihm aus Mitleid ein paar Decken aus dem Depot.

Beate Ludewig

Wintermorgen

In den Tälern liegen noch
dunkle blaue Schatten. Doch
nach der klirrend kalten Nacht
frostig klar der Tag erwacht.
Einzig leuchtet ganz von fern
letztlich noch der Morgenstern,
bis der Wintermorgen kommt,
silbern, fahl. Am Horizont
schon das erste Licht erstrahlt,
einen roten Streifen malt.
Nebel hat mit kaltem Hauch
jeden Baum und jeden Strauch
als kristallgeschmückte Welt
in ein eisig Kleid gehüllt.
Gleißend funkeln dort im Tal
Diamanten ohne Zahl,
nun die Sonne höher steigt
und sich leuchtend golden zeigt.
Weißes, unberührtes Land
strahlt im festlich Schneegewand.

Winterende

Lange haben Wald und Land
schlummernd unter Schnee gelegen,
doch die graue Wolkenwand
und der Föhn versprechen Regen,
der den weichen, weißen Traum
schwinden lässt von Tag zu Tag,
tropft von jedem Busch und Baum,
dass der Boden nicht vermag
all die Nässe aufzuhalten,
die nun füllt den Bach, den Fluss,
drob der Feuchtigkeit Gewalten,
Feld und Auen fluten muss.
Gelbe Winterlinge sitzen
dort im letzten Schnee verstreut.
Knospen an der Äste Spitzen
glänzend braun und dick, bereit,
mit der Sonne erstem Strahl
zuversichtlich aufzuspringen,
wieder, so wie jedes Mal
neues Leben mitzubringen.
Nächtens sorgt noch mancher Frost
für kristallumkränzte Blätter,
trotzt noch einmal, fast erbost
langersehntem Frühlingswetter.
Endlich werden hell die Tage,
Vöglein schon vereinzelt singen.
Winter geht nun, ohne Frage.
Jubel tut im Herz uns schwingen.

Maientag

Noch sieht man Vorbachs Wasserstand
das allzu nasse Frühjahr an,
doch zieht das Hohenloher Land
sein schönstes Maienkleid nun an.
Dort an den Steinriegeln entlang
erwacht aufs Neue die Natur,
es blüht und grünt im steilen Hang,
es sprießt und sprosst in Feld und Flur.
Des Schwarzdorns schneeig Blütenflor
erstrahlt im golden Sonnenlicht.
Der Vöglein heller Jubelchor
erklingt, wenn neuer Tag anbricht.
Duftig, wolkig, wie ein Traum,
hat sich herrlich rausgeputzt,
einzig schön der Kirschenbaum,
warmen Sonnenschein genutzt.
Sanfte, milde Frühlingswinde
streichen wie ein leiser Hauch
durch das zarte Laub der Linde
und durch den Forsythienstrauch.
Die Kastanie dort im Garten
streckt die ersten Blätter aus,
will nun nicht mehr länger warten,
holt die Blütenkerzen raus.
Schwalben fliegen unters Dach,
fern im Haag der Kuckuck ruft,
lustig plätschernd gluckst der Bach,
betörend ist der Blütenduft.

Maientag in meiner Heimat,
lieblich, köstlich, weich und süß,
nur wer das gesehen hat,
kennt das wahre Paradies.

Johanni

Junitage hell und lau,
Junihimmel hoch und blau,
Blumenwiese, Blütenflor,
Vogelstimmen, großer Chor.
Juninächte weich und kühl,
junge Herzen, viel Gefühl,
Unbeschwertheit, junges Glück,
Dankbarkeit im Blick zurück.

Sommerabend

In warmen Wellen wogt die Luft,
trägt schweren Lindenblütenduft.
Den staubigen Mittsommertag
krönt süßer Nachtigallenschlag
am Bach, der plätschernd sich ergießt,
durch Wiesen, Wald und Felder fließt.
Im See das Spiegelbild Natur
die Schönheit grandioser Flur,
der Wolken wechselnd rosarot
zum fulminanten Abendrot.

Das Gewitter

Verloren ist das Blau im Regenwolkengrau
am Himmel wolkenschwer.
Die schwüle, heiße Luft voll süßem Blütenduft
steht still, regt sich nicht mehr.
Der Vogel nicht mehr singt, ein jeder Laut verklingt,
nur Stille ringsumher.
Grell-feurig strahlend gleißt ein Blitz, flammend zerreißt
das dunkle Wolkenmeer.
Dann ein tiefes Grollen, schweres Donnerrollen
gewaltig von weit her.
Kurz nur zögernd klopfen erste Regentropfen,
nun ist kein Halten mehr.
Winde tobend jagen schwere Regenschwaden
wild-stürmisch vor sich her.
Wasser flutet Wälder, Bäche, Wiesen, Felder.
Das alles und noch mehr
sich an dem Nass erquickt. Ein letzter Blitz, der schickt
den Donner hinterher.
Aus einem Wolkentor strahlt Sonnenlicht hervor
wie von irgendwoher.
Ein Regenbogen spannt sich vor die Wolkenwand,
bald regnet es nicht mehr.
Erfrischt ist die Natur, der Wald, das Land, die Flur,
sag, Herz, was braucht es mehr.

Herbst

Des hellen Sommers warmer Hauch
verweht. Kartoffelfeuerrauch
zieht übers leere Feld.
Erste, feuchte Nebelschwaden,
trübe, kühle Regentage,
färben bunt die Welt.
Herbstzeitlose fröstelnd träumen,
gelb und rot nun von den Bäumen
Laub herunter fällt.
Beeren, Hagebutten, Schlehen
farbig in den Sträuchern stehen
in Vollkommenheit.
Unter Eichen, unter Buchen
Nager eifrig Nahrung suchen,
machen sich bereit.
Letzte milde Sonnenstrahlen
Wälder ringsum golden malen,
Herbst, welch schöne Zeit.

Herbstwind

Herbstwind war schon tagelang
übers Land hinweggefegt.
Nebel hat sich feucht und klamm
auf das Feld, den Wald gelegt.
Schauerwetter hat gebracht
graue Wolken regenschwer
und die letzte klare Nacht
kam mit erstem Frost daher.
Igel suchen ihr Versteck
unter Reisighaufen auf,
nur das Eichhörnchen ganz keck
springt noch rasch den Baum hinauf,
der die Blätter fallen lässt,
bunt gefärbt nun, braun und rot,
gibt nochmal ein Farbenfest
vor des Winters kahler Not.

Novembertag

All die frohen Sommervögel
sind schon lange fortgeflogen,
kalte Schauer, feuchte Nebel
übers Land hinweggezogen.
Und der Bäume bunte Blätter,
die so farbenfroh gewesen,
haben garstig Regenwetter
und der Wind herabgerissen.
Äste ragen nackt empor,
sind vor Nässe schwärzlich grau,
nur ganz selten kommt hervor
zwischen Wolken Himmelsblau.
Letzte Rosen dort im Garten
lassen trüb die Köpfe hängen,
Spatzen, die auf Sonne warten,
frierend aneinanderdrängen.
Monoton der Regen fällt,
dünnes Eis in Pfützen steht,
grau und trostlos wirkt die Welt,
die sich traurig weiter dreht.

Advent

Wieder seh' ich weiße Flocken
fallen weit und breit.
Wieder hör' ich leise Glocken
in der stillen Zeit.
Wieder seh' ich hell die Kerze,
die am Kranze brennt.
Wieder spür' ich tief im Herzen,
verheißungsvoll: Advent.

Willi Mönikheim

Es woar amol

Es woar amol vor viele, viele Joahre,
do is *des* Dool meii Hoamet g'weeh,
als Baurebua bin ih geboare
und hob di Welt vo do aus g'seeh.

Ih woar daham oum Booch und ou dr Quelle
in Weiiberch, Vieahwaad und im Wald,
mer had uns g'joocht bom Kärsche stehle,
im Houlz hat unser Juchze g'schallt.

Es woar amol – noch in dr guade alde Zeit,
do is des Oard meii Hoamet g'weesa,
do howi g'leebt mit Ewertsbünner Laid,
hob mit'ne g'schafft und mit'ne Traiwel g'leesa.

Hob's alli kennt, mid ihrne Mugge,
a mid ihrm Vorddel, mit ihrm G'schick,
hob miitg'riacht wi si z'ammerugge.
Es woar a Schdigg vom Juuchendglück.

Doch noo hob ih des Dool verlasse,
des Oard, den Weiiberch, s'Viah und d'Laid.
Di Kärch, di Wärtschaft und di Gasse,
des woar jetz alles ›aldi Zeit‹.

Vor'mer hat sich d'Welt uff doahne,
hob viel derleebt und g'lehrt und g'seecha.
Di Welt is groaß, mer sellt's ned moone,
meii Hoamet is weit hinde g'leecha.

Haid hat's mi widder hoom zua zouche,
ins Dool, des wua meii Hoamet woar.
Hob's nimmi g'funde ganz uug'louche,
es kummt mer vieles fremd jetz vor.

Di Alde sann scho alli g'schdorwe.
Di Juuchend redd a and'ri Schbrooch.
O Hoametland, bischd mer verdorwe,
ih drauer aldi Zeide noach.

Es woar amool ... is lang, lang her!
Doch horch – duat's do ned Zwölfi laiide,
ih hob den Klang noch in meiim G'häär,
der weckt in mir di alde Zeide.

Här ih do ned di Muader schreie
und seech di Nachborslaid im Garde,
seech d'Küah, wi's g'nüsslich wiederkäiie
und di alt Dausch, dia reibt sich d' Schwarde.

Jetz howi's widder s'Hoamedgfühl:
Des is meii Oard, des is meii Dool!
Doch z'mool is d'Glocke widder schdill
und s'klingt noch nooch: Es woar amool!

Horst-Dieter Radke

Eduards Nachtgang

Mergentheim, den 7. August 1837
Nachdem er tagsüber ausgiebig in der Gegend herumspaziert und die gute Luft genossen hatte, war er, zusätzlich
auch von den Wirkungen des Wassers, das er der Kur
wegen trinken musste, und zufrieden mit seinem neuen
Aufenthalt in der freundlichen Stadt im Taubergrund,
ausreichend müde. Er erhoffte sich einen erquickenden
Schlaf; allein – dieser sollte ihm nicht gewährt werden.
Im Kuhnschen Kurhaus, in dem er untergebracht war,
wurde ein Ball gegeben. Die laute Musik, das Gestampfe
der Tanzenden, das immer wieder auflebende Gelächter
und der Applaus für die Musiker, die bis in sein Zimmer
drangen, rissen ihn aus dem leichten Schlummer, in den
er doch endlich geglitten, so dass er murrend aufstand,
sich den Schlafrock festschnürte, den Homer in der treffli-
chen Übersetzung von Voss ergriff und in den Sessel setzte, um wenigstens lesend die Nacht herumzubringen. Er
schlug gleich den Beginn der Odyssee auf, weil dieser Teil
ihm besser für nächtliche Lektüre geeignet schien. Aber
es funktionierte mit der Lektüre nicht. Entweder las er
eine Seite und wusste am Ende nicht mehr, was am Anfang stand, oder die Wörter in den Sätzen entwickelten ein
Eigenleben.
Eduard klappte das Buch zu. So ging das nicht. Dieser
Galopp aus dem Tanzsaal brachte ihm ja die Hexameter
ordentlich durcheinander. Er stand auf und wanderte einige Male im Zimmer umher, doch diese kurzen Schrit-

te hin und wieder machten ihn nur unruhiger. Ein wenig noch ausschreiten, vielleicht den Gang hin und dann wieder zurück, das würde ihm vielleicht den letzten Rest an Erschöpfung bringen, die ihn endlich trotz allem schlafen lassen würde. Man konnte es ja zumindest einmal ausprobieren. Schon hatte er die Klinke in der Hand, öffnete leise die Tür – um Klärchen nicht zu wecken –, huschte hinaus, schloss die Tür ebenso leise. Er hatte bereits drei große Schritte getan, als ihm einfiel, dass er im Schlafrock unterwegs war – doch er ging weiter. Sie sind alle beim Tanze und hast du nicht gesehen, bin ich zurück im Zimmer, überlegte er. Dass er insgeheim auch vorhatte, einen kleinen, kurzen Blick in den Tanzsaal zu werfen, dachte er nicht zu offensichtlich.

Er hatte den Ballsaal fast erreicht, da schoss ein weißes Etwas aus dem Saal hervor und auf ihn zu. Erschrocken drückte er sich an die Wand und hoffte, übersehen zu werden. Doch dieses Etwas blieb vor ihm stehen und lachte ihn an. Herr Mörike, Sie hier? Wollen Sie auch auf den Ball?

Er konnte nichts sagen, schüttelte nur den Kopf, war verlegen, weil er dieses Etwas erkannt hatte. Es war Anninka, die Tochter seines Gastwirts, die im weißen Ballkleid vor ihm stand mit stark geröteten Wangen.

Sie sagen ja gar nichts? Geht es Ihnen nicht gut? Soll ich einen Arzt holen?

Das hatte ihm gerade noch gefehlt. Aufsehen! Vielleicht viele Menschen um ihn herum. N... nein, stotterte er. Keinen Arzt. Mir geht es gut. Ich wollte nur ein paar Schritte tun, um danach besser in den Schlaf zu kommen. Aber Sie, Fräulein Anninka ... Ja?, fragte das junge Mädchen.

Wie geht es Ihnen? Ihre Wangen, ihre Stirne scheinen ja vom Fieber zu glühen.

Das kommt nur vom Tanzen, rief sie, trat einen Schritt zurück und drehte sich, die Arme weit ausgebreitet, zur Walzermusik, die aus dem Saal erklang. Fasziniert schaute er zu. Dass er soeben noch schnell hatte auf sein Zimmer wollen, war vergessen. Abrupt hielt sie inne. Was tue ich da?, rief sie, über sich selbst entrüstet. So kann ich ja nicht zur Abkühlung kommen, wenn ich hier draußen so weitermache wie dort drinnen. Dann lachte sie und Eduard lachte mit.

So gefallen Sie mir, sagte sie. Noch eben sahen Sie so duster aus. Aber kommen Sie, wir wollen hier hinein. Auf dem Gang können wir nicht bleiben. Womöglich kommen noch andere und holen mich zurück, bevor ich auch nur ein bisschen verschnaufen konnte. Sie nahm Eduards Hand und zog ihn in das nächste Zimmer. Es standen ein paar Stühle darin und ein Pianino, eines dieser neuen, modernen aus Frankreich, die nicht viel Platz wegnahmen und doch recht ordentlich klangen. In diesem Zimmer übe ich meine Klavierlektionen und es wird darin auch Unterricht erteilt, sagte sie, wollte sich dabei auf einen Stuhl setzen, sprang aber wieder hoch und lief zum Klavier.

Wissen Sie, dass ich gerade Ihren Maler Nolten lese? Er schüttelte den Kopf, freute sich aber wie ein Kind über diese Mitteilung. Und ich habe, sagte sie, ihn schelmisch dabei anblickend, auch die Musikbeilage dazu. Sie setzte sich auf die Bank vor das Pianino, griff auf den Stapel Noten, der oben auf dem Klavier lag, und zog das oberste herunter. Hier – sehen Sie. Sie stellte es vor sich hin, schlug es auf, fragte: Hat das Ihr Bruder komponiert?, wartete die Antwort nicht ab, begann zu spielen und zu singen.

Nun war es Eduard, dessen Wangen sich röteten. Eine Unruhe bemächtigte sich seiner. Er musste etwas tun, setzte sich auf die Bank neben sie, mit gebührendem Abstand, und schlug ihr das Notenheft passend um. Anninka nickte ihm dankbar zu, ohne sich zu unterbrechen.

Ach, wie wohl fühlte er sich plötzlich, gar nicht mehr müde, keinen Gedanken an den so nötigen Schlaf verschwendend. Bei jedem Umwenden der Noten rückte er ein Stückchen näher. Da war das Lied auch schon zu Ende. Ob sie auch Mozart spielen kann?, überlegte er. Gewiss, lachte sie, gewiss kann ich auch Mozart spielen, griff sich die Noten herunter. Eduard war verwirrt. Liest sie meine Gedanken? Oder hat er in seiner Verwirrung doch gesprochen? Sie blätterte etwas und legte die Klaviersonate Nr. 6 in D-Dur auf. Eduard kannte sie wohl, hatte sie im Hartlaubschen Hause letztens noch gehört. Eine der Sonaten des zehnjährigen Wunderknaben, die keineswegs als kinderleicht galten. Anninka spielte sie ordentlich, vielleicht etwas langsamer, als es bei einem Allegro üblich ist. Doch sie spielte sauber und fehlerfrei. Sogar die Sechzehntelnoten ab dem siebten Takt perlten so wunderschön unter ihren Fingern hervor, dass er fast das Umblättern vergessen hätte. Besser, er rückte noch ein Stückchen weiter heran, dann musste er nicht so weit mit den Händen hinübergreifen. Allerdings tat sich nun das Problem auf, wohin der linke Arm sollte, der doch störend zwischen ihnen hing und ein weiteres Heranrücken verhinderte. Vielleicht wenn er den Arm hinten um sie herum ...

Da ging mit einem Male die Tür auf – drei, vier, fünf junge Leute stürmten lachend herein, scharten sich um das Klavier und riefen Walzer, Walzer, spiel Walzer, wir wollen tanzen. Drinnen im Saal sei es mittlerweile so eng, dass man sich anstoße und anremple. Ja, sie sei deshalb auch schon geflohen, bestätigte Annika und begann, ohne Noten sofort einen Walzer von Josef Lanner zu spielen. Schnell waren die Stühle an die Wand geschoben und schon drehten sich die Tänzer durch den kleinen Raum mit einer Geschicklichkeit, die Zusammenstöße nicht vorkommen ließ.

Hier ist es auch eng, dachte Eduard, jetzt wieder traurig und ein wenig enttäuscht. Er rückte ab von Anninka, stand auf, drückte sich an der Wand entlang zur Tür, stand wenig später im Gang und suchte direkt, ohne Umwege und ohne einen Blick in den Tanzsaal zu werfen, sein Zimmer auf. Kaum im Bett, fiel er in den ersehnten tiefen Schlaf und schon gegen Morgen fand er sich in einem merkwürdigen Traum.

Man hatte in den Tanzsaal ein Gestell geschoben, kaum fußhoch, auf dessen Oberfläche viele schwarze Punkte zu sehen waren, etwa wie die Steine beim Damespiel. Das erste Tanzpaar sprang hinauf und berührte mit den Füßen diese Punkte, während sie sich drehten. Jedes Mal erklang ein Ton, und in der Abfolge der verschiedenen Töne erklang eine wundersame Melodie. Nun sprang ein zweites Tanzpaar hinauf, und in die Melodie des ersten mischte sich eine zweite. Kein falscher Ton mischte sich darein, wie sie sich auch wendeten und drehten. Nun waren es plötzlich schon drei Paare. Die Musik wurde immer wundersamer und lieblicher, was Eduard gar nicht verstehen konnte. Woher wusste jeder Tänzer so genau, wohin er treten musste? Da stand plötzlich Anninka vor ihm. Nun wir, rief sie und fasste ihn bei den Händen. Auf gar keinen Fall, wollte er rufen. Aber schon waren sie oben und sprangen wie die anderen von Punkt zu Punkt, drehten sich, wirbelten herum – und auch sie erzeugten keinen unrichtigen Ton. Aus der Melodie war inzwischen eine mächtige Symphonie geworden. Etwas Schöneres hatte er noch nie gehört, noch nie erlebt. Da ertönte plötzlich ein lauter Glockenton und alle hüpften hinunter. Die Musik war vorbei. Enttäuscht wollte sich Eduard noch einmal nach diesem wundersamen Instrument umwenden – da erwachte er. Draußen läuteten die Glocken der nahen Schlosskirche. Vorbei, dachte er, schade. Eduard schloss noch einmal die Augen, um die Erinnerung an diesen Traum festzuhalten, aber er war schon am Schwinden.

Maria, seufzte er, warum muss alles immer so plötzlich enden?

Was hast du gesagt? Seine Schwester, am Fenster gerade die Vorhänge zur Seite ziehend, wandte sich zu ihm um. Hast du Maria gesagt?

Nein, brummte Eduard, ich habe gesagt, dass ich mich jetzt auf ein gutes Frühstück freue.

Regina Rothengast

Tiefflieger

»Bis später, Mama!«, rief Lene, packte ihren Schulranzen und stürmte aus dem Haus, um den Zug in die nahegelegene Kreisstadt zu erreichen. »Pass auf dich auf, Lene!«, hörte sie die sorgenvolle Stimme der Mutter, drehte sich noch einmal um und winkte. Stolz schaute die Frau ihrer Tochter hinterher. Ihr Lenchen hatte es tatsächlich auf das Gymnasium geschafft. Nur wenige Mädchen besuchten zur damaligen Zeit diese weiterführende Schule. Es war ein Tag im November 1944, der für Lene zum letzten Schultag am Gymnasium werden sollte.

Der Lärm war ohrenbetäubend. Das Heulen der Sirenen, die tieffliegenden Flugzeuge, die Schüsse, das Schreien der Passagiere, das Weinen der Kinder. Lene verharrte zitternd zwischen all den panischen Menschen. »Raus hier«, schrie Elisabeth, ein älteres Mädchen, und zog Lene am Arm. Die Schülerin wusste nicht genau, was los war. Nur dass der Zug auf freier Strecke anhielt und sich draußen die Hölle aufgetan hatte. Sie sah durch das Fenster, wie Flugzeuge über den Zug donnerten, abdrehten und wieder zurückkamen. Pausenlos feuerten sie auf das Schienenfahrzeug. Beschuss durch Tiefflieger!

Elisabeth riss die Zugtür auf und gab Lene einen Stoß. Sie rollten zusammen mit einem halben Dutzend anderer Kinder und Jugendlichen aus dem kleinen Dorf die Böschung hinunter. Neben Lene kauerte das ältere Mädchen und sagte: »Duck dich, versteck dich im Gestrüpp und wenn es geht, rennen wir so schnell wie möglich nach Hause.«

Lene nickte angstvoll. Die Ortschaft war nicht weit entfernt. Sie mussten nur am Bahndamm entlang, dann über eine kleine Brücke und schon hätten sie das Dorf erreicht. »Ich habe solche Angst, Elisabeth«, flüsterte Lene. Wieder schoss ein Flieger über ihre Köpfe hinweg. Elisabeth beobachtete die Maschinen stumm und konzentriert aus ihrer Deckung heraus. Als sie sah, dass sie gerade davonflogen, um zu wenden, rief sie schrill: »Jetzt! Lauf, lauf, Lene!« Die Mädchen rannten die Straße entlang, versuchten, das Inferno hinter sich zu lassen und die rettende Bebauung zu erreichen. Mit ihnen lief die kleine Schar, welche sich auch aus dem Zug gerettet hatte. Die kleine, zarte Lene konnte nicht mithalten. Sie bekam keine Luft mehr, die Beine drohten zu versagen. Panisch hörte sie hinter sich die sich wieder nähernden Kampfflugzeuge und die Gewehrsalven. Sie flogen so tief, dass sie meinte, den Kopf einziehen zu müssen. Gleich waren sie an der kleinen Brücke und könnten sich darunter verstecken.

Plötzlich sah sie, wie Elisabeth strauchelte und ein paar Meter vor ihr mit dem Gesicht nach vorne zu Boden fiel. »Elisabeth, steh auf, wir müssen weiter«, schrie Lene. Doch die Freundin rührte sich nicht mehr. Lene stolperte fast über das am Boden liegende Mädchen. Im letzten Moment sprang sie über den leblosen Körper und starrte in maßlosem Entsetzen auf das Blut, welches aus der riesigen Rückenwunde austrat. Sie war wie erstarrt. »Die ist tot! Renn um dein eigenes Leben«, brüllte Egon neben ihr.

Laut weinend näherte sich Lene zusammen mit der kleinen Gruppe den ersten Häusern. Schon von weitem sah sie die Frau am Gartenzaun stehen. Elisabeths Mutter!

»Lene, Egon«, rief diese voll dunkler Vorahnung und packte Lene am Arm. »Wo ist Elisabeth? Kommt meine Elisabeth auch gleich?« Das Mädchen schüttelte den Kopf, lief weiter und hörte noch lange die gellenden, herzzerreißenden Schreie der Mutter.

Lene hatte die Augen geschlossen. Ihr Atem ging rasselnd. Vorsichtig fuhr Marianne mit einem feuchten Waschlappen über ihre Stirn. »Was machst du denn für Sachen, Mama?«, fragte sie und blickte besorgt auf ihre Mutter. »Es geht alles wieder los. Der Krieg, das Sterben ...«, flüsterte die alte Dame, ohne die Augen zu öffnen. »Wie kann das sein? Haben die Menschen denn nichts dazugelernt? Siebenundsiebzig Jahre lang Frieden. Und nun wieder Krieg in Europa. Diese Bilder im Fernsehen. Die armen Menschen, die ihr Leben geben müssen, weil verantwortungslose Politiker an der Macht sind und einen dritten Weltkrieg riskieren. Ich muss so oft an Elisabeth denken! Sie hat mich damals gerettet. Ihr junges Leben wurde so sinnlos ausgelöscht wie das von Millionen anderen auch. Diese Bilder aus der Ukraine. Es geht wieder los ...« Ihre Stimme erstarb.

Marianne wusste nicht, was sie antworten sollte. Auch ihr machte die momentane Situation große Angst. Durch die Nachrichten bekam das Entsetzen täglich neue Nahrung. Der Horror lauerte nur darauf, sich in die Köpfe zu schleichen.

Der Anruf der Heimleitung hatte sie vor einer Stunde auf ihrer Arbeitsstelle erreicht und sie war gleich zu der Mutter geeilt. Zusammen mit den anderen Seniorinnen und Senioren hatte ihre Mutter Lene die Nachrichten im

Fernsehen verfolgt. Die Berichte über das Kriegsgesche-hen in der Ukraine hatten sie dermaßen aufgewühlt, dass sie einen Schwächeanfall erlitten hatte. Nun lag sie er-schöpft in ihrem Bett. Der Arzt wollte später noch vorbei-kommen. Marianne machte sich ernsthaft Sorgen um die über Neunzigjährige. »Mama, alles wird gut«, versuchte sie die Mutter zu trösten. Da öffnete Lene zum ersten Mal die Augen, schaute ihre Tochter strafend an und erwiderte: »Alles wird gut? Gar nichts wird gut! Du brauchst nicht mit mir zu sprechen wie mit einem Kleinkind. Ich bin zwar alt, aber noch bei Sinnen.«

Marianne lächelte in sich hinein. Das war ihre Mama. So war sie immer gewesen, ohne falsches Pathos, voll Empa-thie und Liebe. Das Herz am rechten Fleck. Niemals hatte sie ihren Humor verloren, war nicht verbittert, trotz aller Schicksalsschläge, die das Leben für sie bereitgehalten hatte. Wie oft hatte sie ihrer Familie vom Zweiten Welt-krieg erzählt. Nach dem schrecklichen Erlebnis, bei dem Elisabeth erschossen worden war, fuhren keine Züge mehr in die Kreisstadt. Lene konnte nicht weiter auf das Gymna-sium gehen. Sie besuchte wieder die Dorfschule und half den Eltern bei der Landwirtschaft, zusammen mit ihren Schwestern. Ihr älterer Bruder wurde bei den Kampfhand-lungen im Osten wohl getötet, galt als vermisst. Die Nach-richt über das Schicksal des einzigen Sohnes hatte ihrem Vater das Herz gebrochen. Die Tränen des Vaters hatten sie sehr verstört. Nie zuvor hatte sie ihn weinen sehen und nie mehr danach.

Nun lag diese tapfere Frau, die Marianne so sehr liebte, vor ihr, kraftlos und verängstigt. Lene schaute ihr in die

Augen. »Gar nichts wird gut«, wiederholte sie. »Bald wird es keine Zeitzeugen mehr geben, die den Zweiten Weltkrieg erleben mussten. Niemanden mehr, der die folgenden Generationen warnen kann: Hört auf! Legt die Waffen nieder! Krieg ist die schlechteste Lösung! Frieden! Alle Menschen sollten ein Recht auf Frieden haben!« Die Stimme versagte ihr fast, aber sie fuhr fort: »Nie hätte ich gedacht, dass ich das alles noch einmal sehen muss. Vielleicht sogar bald mit eigenen Augen und nicht nur im Fernsehen. Wie kann jemand nach den Gräueln der Weltkriege auf die abscheuliche Idee kommen, so ein Szenario wieder heraufzubeschwören und den Weltfrieden zu riskieren? Diese Bilder aus der Ukraine, Bilder von Bombeneinschlägen, Zerstörung, Flucht, Flüchtlingen, Familien, die auseinandergerissen werden, Frauen mit weinenden Kindern im Arm lassen mich die damaligen Geschehnisse wieder und wieder erleben. Jede Nacht sehe ich die Tiefflieger über mir ihre Kreise ziehen, höre das Heulen der Sirenen, die ratternden Gewehre, die verzweifelten Schreie von Elisabeths Mutter. Und ich sehe, wie das Blut aus Elisabeths zerfetztem Körper schießt.«

Marianne wunderte sich über ihre Mutter, die trotz des Zusammenbruchs zu dieser ergreifenden kleinen Rede fähig gewesen war, und sagte tröstend: »Mama, ich verspreche dir, dass ich zumindest dafür sorgen werde, dass deine und Elisabeths Geschichte nicht vergessen wird. Sie soll eine Warnung vor allem für junge Menschen sein, wie Krieg nicht nur Leben, sondern auch Träume und Hoffnungen zerstört. Ich werde alles niederschreiben, wie du es mir immer und immer wieder erzählt hast.«

Es klopfte an die Tür. Der Arzt betrat das Zimmer. Lene ließ die Untersuchung schweigend über sich ergehen. Sie bekam eine Beruhigungsspritze. »Ihre Mutter ist zwar grundsätzlich in einer guten Verfassung, aber sie darf sich nicht zu sehr aufregen. Blutdruck und Herzfrequenz gefallen mir gar nicht«, sagte der Mediziner leise zu Marianne und wandte sich zum Gehen. »Ich komme morgen wieder vorbei. Am besten wäre es, sie stationär aufzunehmen.«

»Das können Sie vergessen, junger Mann«, rief Lene ihm nach. »Wenn ich sterbe, dann ist das eben so. Ich durfte mein Leben leben, im Gegensatz zu vielen anderen.«

Lenes Blick schweifte zum Fenster hinaus. Die Natur zeigte sich im Frühjahr 2022 von ihrer schönsten Seite. Sie erblühte nach dem kalten Winter zu neuem Leben. Man konnte und wollte angesichts dieser Pracht nicht an Tod und Verderben denken. Der erwachende Frühling und die wärmende Sonne verscheuchten alles Dunkle, und doch war das Grauen da, so nah wie schon lange nicht mehr.

Lene drückte die Hand ihrer Tochter und schloss die Augen.

Eva Rottmann

Am Ende der Welt

Eine einsame Ebene. Im Hintergrund ein ausgesprochen weiter Himmel.

A: Guten Tag.

B: Ich bin der der Letzte, oder?

A: Sie sind der Letzte.

B: Der Allerletzte?

A: Nicht ganz. Der Allerletzte ist dort hinten. Vielleicht ist hinter ihm noch ein Allerallerletzter. Ich habe nicht nachgesehen. Aber Sie sind der Letzte.

B: Das wusste ich. Das habe ich schon immer gespürt.

A: Ich gratuliere. Sie haben noch eine Stunde lang Zeit. Was wollen Sie mit dieser Zeit anfangen?

B: Welche Möglichkeiten habe ich?

A: Genau zwei. Die erste Möglichkeit ist strenggenommen nicht nur eine Möglichkeit, denn sie beinhaltet im Prinzip alle erdenklichen Möglichkeiten. Sie können sich kubanische Zigarren wünschen, ein Zirkuszelt, einen Rodeoritt, eine Atombombenexplosion, ein blutiges Steak, hundertzwanzig Zwergschimpansen, die Ihnen ein Unterwasserballett aufführen. Was immer Ihr Herz begehrt. Es kostet mich nur ein Fingerschnipsen und ich stelle es Ihnen zur Verfügung. Das Einzige, das Sie nicht wünschen können, ist die zweite Möglichkeit.

B: Was ist die zweite Möglichkeit?

A: Die zweite Möglichkeit ist ein Geschenk.

B: Was für ein Geschenk?

A: Ein Geschenk von Ihnen an den Allerletzten und den

Allerallerletzten, insofern es ihn gibt. Wenn Sie sich für die zweite Möglichkeit entscheiden, erhalten alle, die nach Ihnen kommen, eine weitere Stunde Lebenszeit. Gratis. Obendrauf. Ein Geschenk.

B: Was müsste ich dafür tun?

A: Sie müssten auf alle Annehmlichkeiten der ersten Möglichkeit verzichten.

B: Warum sollte ich das tun?

A: Das weiß ich nicht. Ich sage Ihnen nur, welche Möglichkeiten Sie haben.

B: Was würden der Allerletzte und der Allerallerletzte mit dieser Zeit tun, die ich ihnen schenken würde?

A: Auch das weiß ich nicht. Ich würde ihnen genau dieselben beiden Möglichkeiten zur Wahl stellen wie Ihnen.

B: Ich verstehe das richtig? Durch meinen Verzicht würden der Allerletzte und der Allerallerletzte, von dem wir nicht einmal wissen, ob er existiert, eine weitere Stunde Zeit erhalten, die sie nach Lust und Laune an ihr Amüsement verschwenden könnten, und ich würde rein gar nichts bekommen?

A: Bis auf das heimliche Vergnügen, denjenigen, die nach Ihnen kommen, ein bisschen Zeit geschenkt zu haben.

B: Das ist verrückt. Niemand würde sich freiwillig dafür entscheiden.

A: Woher wollen Sie das wissen? Vielleicht ist diese eine Stunde, die Sie zur Verfügung haben, das Resultat einer Entscheidung, die jemand vor Ihnen getroffen hat.

B: Sie meinen, ich habe diese eine Stunde zur Verfügung, weil jemand vor mir sich für die zweite Möglichkeit entschieden hat?

A: Das kann sein. Ich weiß das nicht. Ich kann mir so etwas nicht merken. Ich bin furchtbar vergesslich. Sobald Sie gegangen sind, werde ich innerhalb weniger Sekunden jede Erinnerung an Sie verloren haben. Das geht ganz schnell.

B: Das wird ja immer schlimmer. Wenn ich mich für die zweite Möglichkeit entscheide, würden Sie denjenigen, die nach mir kommen, nicht einmal davon erzählen können, wie großherzig und selbstlos ich mich verhalten habe?

A: Genau so ist es. Ich würde es vergessen haben. Wie lautet also ihre Entscheidung?

B legt den Kopf zurück und lacht. Am Himmel explodiert ein Stern.

Ulrich Rüdenauer

28 Wellington Street

1

An manchen Abenden stand ich, vom schlierigen Tag ein wenig geknickt, am Küchenfenster. Es war ein großes Fenster, und der Ausblick, weil ich in der Wohnung noch nicht lange lebte, hatte etwas Unverbrauchtes. Ich sah in einen riesigen, baum- und strauchberauschten Innenhof hinab, viel Grün, viel Unordnung auch, was mir gefiel. Trat ich nahe an das Fenster heran, vermochte ich in die Wohnungen zur Rechten zu linsen. Stellte ich den Blick scharf, kniff ich also die Augen zusammen, weil ich zusehends und selbst mit Brille schlechter sah, konnte ich am Abend Schattenspiele in den hellerleuchteten Fenstern des gegenüberliegenden Hauses beobachten. All das war äußerst hübsch, und die Küche wurde mein liebster Ort. Überhaupt meinte es die neue Stadt gut mit mir. Es war natürlich wie beim Sich-Verlieben: Das eigene schwärmerische Potential kann schamlos sein, und für die schattigeren Seiten der neuen Partnerin bleibt man vorerst blind. Außerdem war Frühling, und wer hätte dem Zauber der Kirschbäume, die hier an jeder Straßenecke fast schon protzig blühend herumstanden, ernsthaft widerstehen können. An diesem Abend war ein Mann mit seinem sehr wolligen Hund im Innenhof zugange, dessen Ausmaße im Grunde einem kleinen Park entsprachen. Also konnte der Mann einen Ball werfen, den der Hund begeistert apportierte. Wie schön dumm diese Tiere sind, dachte ich einmal wieder, wie belämmert treu. Ich träumte von einem Hundeleben, von redlicher Schlichtheit. Wie viel besser würde es dem Menschen als Tier ergehen, und dann knurrte ich verloren vor mich hin, und ich sah, wie über den Dächern der Abend kam, ein Geschenk für die Müden.

2

Die turtelnden, die angehenden, die routinierten Liebespaare hatten sich auf der Wiese ausgebreitet. Die grünte ums Denkmal herum recht saftig. Es hatte fast etwas Infektiöses, dieser Anblick der Verliebten. Auch ich, der Betrachter, wäre gerne dort gelegen, aber stattdessen schlenderte ich drei-, viermal unentschlossen im Kreis um den himmelssüchtigen Viscount Melville. Es waren noch andere Einsame da, denen es ganz genauso ging, die also auch nicht wussten, ob sie sich zu den Paaren auf den Rasen gesellen oder weiter um den Viscount herumflanieren sollten, auch wenn dieses gezirkelte Gehen der Nichtzugehörigen, aus der Perspektive der Liebenden, etwas Beleidigtes, zumindest etwas Schmollendes haben mochte. Als ich gerade einem der Ausgänge des St. Andrew Square zustrebte, kam mir eine Frau in die Quere. Ob ich sie nicht mehr erkenne, wollte sie wissen. Ich war sehr überrascht, und es wollte sich kein Erkennen einstellen. Ich müsse mich doch entsinnen, insistierte sie, und ich fühlte mich nun dermaßen bedrängt, dass ich erst recht nicht in der Lage war, hinter diesem Gesicht einen Namen oder eine weiterreichende Erinnerung zu entdecken – eine unmögliche Lage. Sie blickte mich schneidend an, fast ein bisschen feindselig, mir schien, dass sie eine Grimasse schnitt, und dann eine andere, vielleicht wollte sie mir durch die Varianten das Wiedererkennen erleichtern. Allerdings war ihr Gesicht eines, das es tausendfach so und anders gab, hübsch, aber eben auch ein bisschen uneindeutig. Eine Verkäuferin vielleicht? Eine Kellnerin im Café? Eine alte Schulkameradin? Hier aber, wo ich selbst so fremd war wie ein Schotte auf Sizilien, jemanden aus der Schule zu treffen – das schien mir doch zu unwahrscheinlich. Ich wäre gerne oben gewesen bei den Wolken, mit Melville. Ich weiß nicht, sagte ich schließlich, ich bin mir nicht sicher. Es war natürlich die falsche Antwort. Die penetrant Farblose bat mich, doch zu raten. Aber ich weiß gar nicht, erwiderte ich, in welche Richtung ich raten soll. Können Sie mir nicht einen Hinweis geben, einen Ort, einen Buchstaben? Das klang schon fast verzweifelt. Sie zischte durch die Zähne, verächtlich, dann verdrehte sie die Augen, zischte noch ein weiteres Mal, diesmal energischer. Dann nickte sie und ließ mich stehen. Ich stand da wie angewurzelt. Kaum getraute ich mich, ihr nachzublicken. Als ich mich umdrehte, war sie schon auf der anderen Seite des Platzes und machte keine Anstalten, noch einmal umzukehren und dieses Vorkommnis aufzuklären. Es war mir, als hätte ich eine wichtige Prüfung verpatzt. Ich kannte die Lösung nicht, und ich hatte noch nicht einmal eine Idee, ob es überhaupt eine Lösung gab. Ratlos ging ich nach Hause, grübelnd lag ich im Bett.

3

Den Namen des Cafés konnte ich mir partout nicht merken. Er war sehr kompliziert. Aber seit ich in der Stadt lebte, seit ein paar Wochen, ging ich regelmäßig dorthin. Das hatte mehrere Gründe, und ich hätte nicht sagen können, welcher der ausschlaggebende war. Die Güte des Kaffees: gewiss. Die Scones, die genau die richtige Konsistenz und Bröseligkeit hatten: kein geringer Grund. Die Bedienung, die mich an eine frühere Geliebte erinnerte, nicht ihrem Äußeren nach, sondern mancher Gesten wegen – das verlegene Lächeln, die Schludrigkeit der Bewegungen, die immer ein wenig nervös aus dem Gesicht gestreiften Haare –: Bestimmt zog mich das an. Außerdem mochte ich die nachlässig wirkende Kombination ihrer Kleidungsstücke. Sie war damit die perfekte Angestellte, denn auch das Café hatte etwas Zusammengewürfeltes. Alte Filmplakate, Miniaturzüge in einer Vitrine, Tassen vom Flohmarkt, Teller von Ikea, ausgestopfte Eichhörnchen, die von der Decke hingen, und Schallplattenhüllen aus den sechziger Jahren, die unter die Glasplatten der Tische geschoben waren. Bei jedem meiner Besuche entdeckte ich wieder etwas Neues. Meistens kam ich gegen vier mit einer an der Schulter baumelnden Tasche, in der ein Buch steckte und ein Notizheft, in das ich interessante Gedanken eintragen wollte, auch wenn diese meist ausblieben. Ein Mann war mir schon beim ersten Besuch aufgefallen. Vermutlich war er jünger, als er aussah, seine Haare waren dünn und flatterig, altersfade. Er wirkte klapprig. Aber sein neugieriger Blick machte alles Zerbrechliche wieder wett. Oft saß dieser Mann mit dem Besitzer des Cafés zusammen, in ein Gespräch vertieft. Einmal hatte ich ihn dabei beobachtet, wie er aus einem Buch exzerpierte. Ich hatte erkennen können, dass es sich um ein wissenschaftliches Werk über expressionistische Stummfilme handelte. Ein Filmarchäologe, dachte ich gleich. Ein Cineast. Manchmal kreuzten sich unsere Blicke, dann wurde einander freundlich zugenickt. Als ich nun wieder einmal zur Nachmittagszeit ins Café kam, saß der Filmhistoriker mit einem noch nie gesehenen Mann in einer Ecke vor einem alten Filmprojektor, an dem sich beide mit Schraubenziehern und Pinzetten unterschiedlichster Größe zu schaffen machten. Ich sah ihnen fasziniert zu, wenn auch dezent. Darüber vergaß ich sogar meine wiederaufgetauchte Geliebte. Sie brachte mir, ohne dass ich eine Bestellung aufgegeben hatte, das, was ich immer bestellte. Nun lief das Gerät, es lief tatsächlich und brummte leise dabei, wie eine Meute kleiner Insekten. Mich hielt es nicht länger auf meinem Platz. Ich zwängte mich um mein Tischchen herum, ging an der Theke vorbei zum hinteren Teil des Cafés, es waren sonst gar keine Gäste da. Der Projektor warf ein Filmchen auf die weiße Wand, klein und verwaschen, Frauen aus einer anderen Epoche in orange schimmernden Sommerkleidern, Männer mit Hut, wie sie am Strand herumspazieren und in einem Boot sitzen und eine alte Ruine besichtigen. Der Filmhistoriker lächelte vielsagend zu mir herüber und winkte mich näher heran. Diese Leute sind längst tot, dachte dieser begabte Zauberer, dachte ich, aber doch habe ich sie zum Leben erweckt.

4

Einmal verbrachte ich einen Tag am Meer, in Portobello, um genau zu sein, und da überkam mich eine große Sehnsucht. Vielleicht wollte ich weg. Oder noch ein wenig intensiver hier sein, als ich es schon war. Ich wusste dementsprechend nicht genau, wo die Sehnsucht herrührte und worauf sie sich richtete, aber sie war so gewichtig, dass ich mir nicht anders helfen konnte, als einen Laden aufzusuchen, der mich rotschillernd anlockte. Die Türglocke von St. Clair's Tattoo Studio erklang freundlich, ein angenehmer, einladender Ton. Ich wurde von einem etwa fünfzigjährigen Mann begrüßt. Der Mann stellte sich als Stephen vor. Ich würde gerne zu Miss Clair, sagte ich, denn es schien mir doch zu seltsam, nach der Heiligen Clair zu fragen. Der Mann lächelte mich entschuldigend an. Das St. auf dem Schild stehe für Stephen. Ein nicht unwesentlicher Teil der Sehnsucht, die ich mir am Meer eingefangen hatte, war plötzlich verschwunden. Aber ein kleiner Rest war noch da. Ach, sagte ich, weil ich glaubte, etwas sagen zu müssen, aber nicht wusste, was. Ich ließ mir Kataloge mit Tätowierungen vorführen, von altertümlichen Schriftzeichen bis zu Fabelwesen hatte St. Clair alles zu bieten. Je länger ich die Fotografien der Hautgemälde betrachtete, desto ungeheuerlicher und unwirklicher kam mir nun aber die Sehnsucht vor, die mich in den Laden geführt hatte. St. Clair merkte rasch, dass er es mit einem wankelmütigen Kunden zu tun hatte. So eine Entscheidung brauche Zeit, sagte er. Ich nickte. Ich könne wiederkommen, wenn ich mir Gedanken gemacht hätte, über das Motiv und die Körperpartie, die es schmücken sollte. Ich nickte wieder. Und so verließ ich St. Clair's Tattoo Studio, verwundert über den, der es vor einer halben Stunde betreten hatte. Ich ging zurück zum Strand und beobachtete einen Hund, der im Sand ein Loch buddelte, hektisch und vergnügt und geradezu penibel, mit einer bewundernswerten Ausdauer. Das Tier ließ sich auch nicht durch die Pfiffe und Rufe des fernab herumstehenden Herrchens ablenken. Ich glaube nicht, dass es etwas Bestimmtes suchte. Es war sehr bei sich.

5

1863 eröffnete das Café Royal, und Ian passt mit seinem eleganten dunkelbraunen Jackett und der grünen Feincordhose so gut in diesen Pub samt angeschlossener Oyster Bar, dass er vielleicht schon im 19. Jahrhundert hier gesessen hat. Das stimmt dann doch nicht ganz. Er sagt, er sei erst so alt wie Valvona & Crolla, der Feinkostladen, der 1934 in der Elm Row eröffnet wurde. Ian zeigt stolz auf die Keramikwandbilder, als hätte er sie selbst gefertigt oder zumindest eigenhändig hergeschafft, aber sie entstanden für die Internationale Industrie-, Wissenschafts- und Kunstausstellung, die 1886 in den Meadows stattgefunden hat. Ian stammt aus einer anderen Zeit, genau genommen hat er sich nicht weit aus dem vorvergangenen Jahrhundert herausgelebt, auch wenn er mit seinen knapp neunzig Jahren Emojis übers Handy verschickt und auch sonst die Segnungen des Computerzeitaltes zu würdigen weiß. Er bewohnt alleine ein großes Haus in einer noblen Ecke der New Town und hat eine geheimnisvolle Freundin namens Christmas Carol, die er auf einem Kreuzfahrtschiff kennengelernt hat und die in einem Dorf bei Oxford zu Hause ist. Als Kind stand er bei Verwandten im Garten eines Vororts am Firth of Forth und sah deutsche Bomber über sich, es sollte der erste Angriff der Luftwaffe sein. Gelungen ist er nicht. Eines der Flugzeuge wurde abgeschossen und der Pilot gefangen genommen, erzählt Ian. Ich bin mehr als ein Vierteljahrhundert nach dem Krieg geboren, und doch möchte ich mich bei Ian für die Unterbrechung seiner Kindheit entschuldigen. Da zwinkert er schon der Bedienung zu, und an mich gerichtet sagt er, sie sei »a bloody good egg«. Während ich noch versuche, mir diese Wendung halbwegs zu übersetzen, steht er auf, deutet Richtung Toilette und ruft fröhlich: »I'm off for a Jimmy Riddle!« Diese entwaffnenden Worte stehen ihm gut, es ist, als würde er allen Snobismus seiner Klasse damit ein wenig kaschieren wollen. Ich gehe derweil an die Bar und kaufe zwei Pints Belhaven 80 Shilling, wie ich es von Ian gelernt habe.

6

Die Wellington Street ist nicht kurz und nicht lang, der Ringfinger einer rechten Hand, die sich Hillside Crescent Gardens nennt. Die anderen vier Finger lassen sich vernachlässigen, am misslungensten finde ich übrigens den Zeigefinger, die Brunswick Street. Ich wohne nahe an der Fingerspitze der Wellington, Nummer 28. Ein schäbiges Treppenhaus, dafür aber ein sehr gemütliches Apartment. Zwei Zimmer, eine große Küche (die mit dem verwunschenen Hinterhof-Blick), zwei Kammern, ein Erker, ein Bad für schmal geformte Menschen, und eine als Gästezimmer eingerichtete winzige Nische, ein Albtraum für Klaustrophobiker. Seit gestern glaube ich, einen Mitbewohner zu haben. Als ich die Wohnung betrat und in der Küche den Lichtschalter betätigte, huschte unterm Tisch ein dunkles Etwas hervor. Es huschte allerdings so flink, dass ich keine rechte Idee von der genauen Beschaffenheit des Tierchens hatte. Den Augen ist nicht zu trauen, wenn alles so schnell geht. Ich näherte mich vorsichtig der Ecke, in dem das Ding verschwunden war. Nichts. Es musste sich verdrückt haben, irgendwo zwischen Wand und Küchenschrank, obwohl dazwischen nicht einmal ein handelsüblicher Karton mittelwelliger Stärke Platz gehabt hätte. Es dauert ja leider nicht lange, bis man an seiner eigenen Wahrnehmung zu zweifeln beginnt, und obwohl ich zunächst an eine sehr große Kakerlake oder eine sehr kleine Maus gedacht hatte, war ich nun geneigt zu hoffen, einer Halluzination erlegen zu sein. Meine Vermieter hatten mir einen Zettel in den Brotkorb gelegt, auf dem stand, sie hätten die Wohnung bislang stets mäusefrei gehalten, und ich solle mich durch besondere hygienische Sorgsamkeit ebenfalls darin versuchen. Das schrieb nur, wer einschlägige Erfahrungen gesammelt hat. Das Internet belehrte mich über das Ausmaß der Plage: In der ganzen Stadt fand sich wohl kaum ein Haus, in dem nicht Mäuse auf Tischen und Nasen herumtanzten, man konnte froh sein, wenn es keine Ratten waren. Ich schaltete das Licht aus und setzte mich im Dunkeln an den Küchentisch. Wie still so ein Abend sein kann, mitten in einer Großstadt. Man muss nur sorgsam lauschen. Gut, der Kühlschrank surrte alterssenil vor sich hin, aber nicht allzu laut. Die Autos schliefen alle schon auf ihren Ruheplätzen. Und die Nachbarn waren sehr darauf bedacht, sich ganz sanft durch ihre teppichweichen Wohnungen zu bewegen. Den Mäusen muss diese Stille verdächtig vorgekommen sein, sie wagten sich nicht hervor. Ich weiß nicht, wie lange ich so saß, konzentriert und ausdauernd genug, um ganz leise in mich hinabzusinken und es tief in mir drin singen zu hören.

7

An der Bar saß ein älterer Mann, fahlblonde Engellocken, ein leicht gräulicher Schimmer, aber nirgends eine lichte Stelle. Er will jung aussehen, dachte ich, und es war ein Jungsein aus den siebziger Jahren, was mich fast rührte. Neben ihm auf einem Hocker thronte eine junge Frau, hübsch ist gar kein Ausdruck, kaum älter als zwanzig. Was sie vor allem besaß: ein Lachen, das den ganzen dunklen Pub zum Leuchten brachte. Da kamen Männer und Frauen vorbei, Bekannte des Gelockten, und machten dem Paar ihre Aufwartung. Es gab Vorstellungsgesten, Fingerzeige, Verbeugungen, die so filigran und dezent waren, dass nur ein für Höflichkeiten begabter Mensch sie ausführen oder erkennen konnte. Ich wollte mich an diesen freundlichen Begrüßungen gar nicht sattsehen und hätte gerne verstanden, welche Worte gewechselt wurden. Wie immer, wenn man in die Vertrautheit fremder Menschen gerät, stellen sich plötzlich Fragen, die das Angenehme des Schauens ein wenig stören können. In welcher Beziehung die beiden wohl stehen, so was in der Art. Ich einigte mich mit mir auf ein verwandtschaftliches Verhältnis, alles andere hätte mein schönes Bild verzerrt. So ging das eine Weile, und mir wurde nicht langweilig. Ich vergaß sogar das Pint, das fast unberührt vor mir stand. Aus einer exzentrischen Truppe an einem Tisch erhob sich ein Mann im Tank Top und mit dichtem Haarzopf und setzte sich, ohne dass sich jemand wunderte, energisch an ein Klavier, das an der Wand lehnte und das ich bisher nicht bemerkt hatte, obwohl es mit seiner roten Bemalung alles tat, um auf sich aufmerksam zu machen. Der Mann griff beherzt und gekonnt in die Tasten und begann einen Musicalsong von Rodgers und Hammerstein zu schmettern, und der ganze besagte Tisch schmetterte mit. Aber mehr noch: Nicht nur dieser Tisch fiel textsicher ein, sondern auch alle anderen, dazu die Leute an der Bar, und selbst der engelblonde Mann und seine brünettschöne Tochter kannten jede Zeile und jede Strophe und jeden Refrain, und mein Staunen wurde noch größer. Mit einem Lied war das alles nicht getan, es ging nun einfach so weiter. My Fair Lady, Mary Poppins, Oklahoma, dazwischen die Beatles und Neil Diamond. Die meisten Texte waren mir unbekannt, die Melodien aber saßen wie eine Universalgrammatik in meiner Seele. Die summte heiter mit, und manchmal spitzte ich die Lippen und pfiff leise vor mich hin. Zwei Stunden vergingen, drei vielleicht, pausiert wurde nicht. Der Pianist und Vorsänger trank Bier auf Bier und verhaute sich kein einziges Mal, geschweige denn musste er die Toilette aufsuchen. Manchmal wagte ich einen Blick hinüber zu dem ungleichen Paar an der Bar, und da geschah es. Ich erwischte den Engel, wie er auf mich zeigte und dabei, während im Hintergrund »Daydream Believer« erklang, etwas zu seiner Begleiterin sagte. Sie tat das, was sie so meisterlich konnte. Sie lachte, lachte sogar laut auf, mitten hinein in den Refrain. Dabei trafen sich unsere Blicke, und der Lockige sah mich ebenfalls an. Das war nun eine doppelte Enttäuschung durch ein doppeltes Erkennen: Die sich unbeobachtet wähnenden Beobachter wurden beobachtet, aber nahmen auch wahr, beobachtet worden zu sein, bei einer zuungunsten des zunächst Beobachteten gemachten Beobachtungsbemerkung. Ich glaube, wir waren beide peinlich berührt, weil das Beobachten nicht schnell genug beendet worden war, um die Beobachtung als etwas Zufälliges und Nebensächliches erscheinen lassen zu können. Nun waren Engel und Engelstochter sogar kurz verstummt. Schon beim nächsten Lied jedoch gesellten sie sich wieder zu den Singenden; ich aber war aus dem Singkreis hinausgeschleudert und saß eine Weile wie der unwillkommene Schwager am Katzentisch der Familie. Und doch konnte ich niemandem gram sein und nicht einmal mir selbst einen Vorwurf machen.

8

An manchen Tagen geschieht gar nichts, das sind mir die liebsten.

9

Einmal hatte ich ein seltsames Erlebnis. Ich besuchte, weil Ian es mir aufgetragen hatte, ein uraltes Feinkostgeschäft und Restaurant, alles wirkte so, als würde man hier eine verlorene Zeit wiederfinden können, die Regale bis unter die Decke bestückt mit italienischer Pasta und Oliven und Keksen, eine lange Theke mit Käse und Schinken und Verkäufern, die ihre Hemdsärmel zurückgeschoben hatten und einen kompetenten Eindruck auf mich machten. Ich begab mich gleich in den hinteren Teil des Raumes, und ein dicklicher Herr, der Würde ausstrahlte, wies mir einen Tisch zu und versäumte nicht zu bemerken, dass es sich um den besten des Restaurants handele. Der Patrone, für mich nannte ich ihn so, rief nach einem Kellner, der mir die Karte brachte. Ich bestellte ein einfaches Nudelgericht und aus stilistischen Gründen ein Glas Wein, obwohl ich wusste, dass ich höchstens daran nippen würde. Der Patrone schlich unterdessen zwischen den wenigen Tischen umher, als wolle er dem Wohlergehen seiner Gäste die größte Aufmerksamkeit zukommen lassen. Interessanterweise störte sich niemand daran, er hatte trotz seiner körperlichen Ausmaße etwas geisterhaft Verhuschtes, und selbst als ich mir seine fortwährende Anwesenheit bewusst gemacht hatte, kam er mir nicht aufdringlich vor. Irgendwann, ich hatte gerade mein Essen beendet, trat er wie zufällig an meinen Tisch, sein Blick schweifte durch den ganzen Raum, bevor er ihn auf mich richtete. Dann sagte er, und ich wusste nicht, ob zu mir oder zu sich oder ganz allgemein: Das Leben ist nichts für Feiglinge. Ich schaute ihn betreten an. Aber er, als sei ich gar nicht da, wiederholte den Satz: Das Leben ist nichts für Feiglinge. Am Irritierendsten war, dass er deutsch gesprochen hatte. Dann schlenderte er weiter, machte auf Englisch einen Kellner auf Gäste aufmerksam, die bezahlen wollten, schickte einen anderen in die Küche. Ich blieb noch eine Weile verwundert sitzen. Als ich mich aufmachte, stand er am Ausgang, verabschiedete mich ausgesprochen herzlich, und ich dachte für einen Moment, mir seine Bemerkung nur eingebildet zu haben. Der Patrone schien meine Gedanken lesen zu können. Vergessen Sie nicht, flüsterte er mir zu, was ich Ihnen gesagt habe. Schon wandte er sich wieder an andere Gäste, mit seiner professionellen Verbindlichkeit und dem patriarchalen Lächeln, und ich trat hinaus auf den Leith Walk, in einen wolkenverhangenen Tag.

10

In der Wellington Street dämmert es zu dieser Jahreszeit bereits um halb vier am Morgen, die Vögel zwitschern, weil sie nichts wissen von ihrer Zukunft und nichts von uns Menschen, die ersten Lichter im Haus gegenüber gehen an, oder sie sind noch gar nicht ausgeschaltet worden. Und ich bin wach vor angenehmer Aufregung, in der schon etwas vertrauter gewordenen Fremde noch immer fremd genug zu sein.

Gunter Schmidt

Euro-Soccer

Im Jahr 1996 gab es eine Europameisterschaft, bei der in einer wichtigen Phase des Turniers, dem Halbfinale, Deutschland auf England traf. Eine delikate Angelegenheit, belastet aus diversen historischen und sporthistorischen Gründen. Ich, Gunter Schmidt, wenig interessiert an nationaler Identität, ging anlässlich dieses Spiels in den Red Lion, Abingdon (Oxfordshire, wo ich seit zwei Jahren lebte). Red Lion – eine einschlägige Hooligan-Kneipe. Dort wollte ich es erleben, dieses prickelnde Event, aufgeladen mit national-sportivem Geist. Sehr spezielle Atmosphäre, Insider-Biotop, Tagebuch-Futter.

Red Lion, Höhle des Löwen und der Fan-Teufel.

Pub im Pub-Stil; übliche englische Art. Viel Holz und Messing. Teppichboden, vergilbte Wände und Reklametafeln. In jeder Ecke ein TV-Gerät. Wohnzimmerartiges Flair, in vier Räumen, jeweils so groß wie Klassenzimmer. Alle gerammelt voll mit Menschen. Erstaunlich viele Frauen, ausgeglichene Quote.

Ich, abseits jeglicher Quote, wurde sofort identifiziert als einer, der hier noch nie gesehen wurde. Eine Gruppe Frauen sprach mich an, was ich für einer sei. Bin Deutscher, wohne in GB und will mir das Spiel angucken.

Und weiter:

Ich favorisiere gar nicht »meine« Nationalmannschaft, denn die mogelt sich durch mit flauem Spiel bis zum Schluss und gewinnt dann mit Glück. Das ärgert mich, während ich von der englischen Mannschaft ehrliche, starke Spiele kenne.

Gascoigne, diese Kraftlokomotive. The English hätten einen Sieg verdient!

Es war meinerseits kein opportunistisches Geschwafel, sondern echte Überzeugung, gewonnen in der Verfolgung einiger TV-Übertragungen, an denen ich gelegentlich hängengeblieben war. Ob ich das so deutlich und umfänglich hätte dozieren müssen, kann bezweifelt werden. Vielleicht war ich furchtmotiviert, wahrscheinlich aber nur naiv.

Es hatte Effekt.

Sie waren platt, verharrten in einer interessierten Schrecksekunde des Schweigens und Guckens. Das hatte ja noch niemand erlebt: einer von der falschen Seite mitten unter ihnen und hält noch nicht mal zum eigenen Team. Unglaublich. Aber wahr.

Ruckzuck reichte man mir ein Bier.

Von nun an war ich da, von nun an war ich hier.

Langsam wälzte ich mich durch die Massen bis zu einem Nebenraum, wo es einen Screen gab, so groß wie 'ne Wand. So was kannte ich bisher nicht. Die Fangemeinde weiß sich auszustatten, das muss man sagen.

Der Raum in der Größe einer Doppelgarage war mit knapp 60 Leuten vollgestopft. Alle hockten auf dem Boden und guckten auf den Screen.

Ich fand eine Lücke, stellte mein Bier zwischen meinen Schneidersitz und war mittendrin.

* * *

Es fielen Tore, mal für die einen, dann für die anderen.

Bei den einen war was los, und zwar mächtig! Einheimische goals wurden explosiv gefeiert. Keinen hielt es auf dem Sitz. Alle brüllten und sprangen auf, alle gleichzeitig. Sie gestikulierten und gierten. Mit vorgerecktem Kinn und hoch erhobenem Glas feierten sie ihr Glück. Enthusiasmus in knallharter Zuversicht auf einen Kampf mit Sieg.

Eine Armlänge von mir entfernt saß ein junger Mann mit Kamera. Er hockte gegenläufig zu uns allen und schaute in die Gesichter der Menge. Bei jedem Brüller, bei jedem freudetrunkenen Veitstanz der Fan-Runde knipste er mit seiner Kamera den Leuten ins Gesicht. Sportfotografie der anderen Art. Das war interessant.

In diesem Sinne sprach ich ihn an.

Aus künstlerischen Gründen sei ich interessiert an der Art seiner Fotos und ob er mir eventuell welche übermitteln könne. Er sagte: Gerne, er mache das im Auftrag der Oxford Mail und wenn er meine Adresse kriegt, dann schickt er mir ...

... aber was ich denn für einer sei. Ich sei doch nicht von hier?!

Ich bin Deutscher, sagte ich, wohne in GB und will mir das Spiel angucken. Ich bin aber gar nicht so für »meine« Crew ... und so weiter ... usw.

Der Fotoreporter, wie elektrisiert, fragte, ob er mit mir ein Interview machen dürfe. Das geschah dann an Ort und Stelle, mitten im Gewühl, eingehegt in die johlende Klangkulisse ringsum.

Am nachfolgenden Montag in der Europäischen Schule begrüßte mich der Hausmeister leutselig laut: »Here comes the star ... Gunter is in the newspaper ... here come' the star ... is in the Oxford Mail ...«

Die Textpassage zu meiner Person lautete etwa so:

Ein sehr einsamer Gunter Schmidt saß in der Menge, die sich entäußerte bei diesem großen, tragisch endenden match.

* * *

Das Spiel war spannend, denn beide Mannschaften schossen wechselseitig zahlreiche Tore. Es gab lautmalerische Reaktionen, je nachdem.

Ein röhrendes Ou bei den Fast-Treffern. Unflätiges Fluchen bei den fouls. Polemik aller Art und eine Kaskade deftiger Schimpfworte. Bugger! Fuck! Und Jerk! Lernprogramm für meine ausländischen Ohren. Doch am schönsten war das Ou, voluminöser Klang wie aus einer Kehle.

Spielstand unentschieden (drawn) zwang zur Verlängerung. Zweimal fünfzehn Minuten. Eine Zumutung für die Kraftreserven der Spieler. Es fielen Tore, und es blieb drawn.

Also Elfmeterschießen. Gemein, aber unvermeidlich.

Nun weiß schier jedes Kind: Beim Elfmeterschießen kann es so herum ausgehen – oder so herum. Für meine Engländer vor dem riesigen Screen, für all die Super-Fans um mich herum, verausgabt, als wären sie selbst auf dem Spielfeld ... für die Inglisch war klar, ihr Spiel konnte nur enden the right way.

Dementsprechend eingestimmt, blitzte Vorfreude in den Augen, ballten sich Fäuste, bereit zum Hochwerfen im Siegestaumel. Oberkörper spannten sich, Hälse reckten sich, Münder öffneten sich halb, in enger Erwartung auf den erlösenden Sieg und in spannungsgeladenem Rückhalten des Drucks auf der Lunge, der sich nach nur wenigen Sekunden entladen würde in kakophonischem ...

Es kam anders.

Beim Elfmeterschießen fielen Tore um Tore. Die Spannung im Raum wurde dicht und hartkantig. Vorauseilender Jubel, wann immer der german keeper den Ball nicht hielt. Wenn aber doch, dann: Nazi go home!

Schlussendlich: Luft anhalten beim Gegenspiel. Und dann –

Es war passiert – Lehmann hielt!

Betroffene Stille von jetzt auf gleich.

Alle ringsum mit offenem Mund.

Und allen – ich betone: allen – fiel nach zwei Sekunden der Kopf eine Handspanne nach unten. Langer Hals wie unterm Schafott, bei allen gleichzeitig, es war wie in einem surrealistischen Film.

Nun herrscht Trauer. Zu deren Bewältigung herrscht das Bier.

Enttäuschung, Diskussion, Verärgerung. Einige rempeln mich an und motzen always the Germans! Andere nehmen mich in Schutz. Die jungen Frauen von vorher, die Biersponsorfreundinnen, beschwichtigen die Stimmung: no he's not ...

Nein, ich bin nicht so einer ... aber es wird klar: Hier ist kein Ort mehr für mich!

Was hätten sie getan im Falle eines Sieges? – Gefeiert.

Wie feiert man? Mit Bier. Zum Bleiben auch dann kein wahrer Ort. Also – nix wie fort!!

Nachsatz: Vier Jahre später nochmal Deutschland – England in einer Vorentscheidung. Es gewinnen die Briten.

Seitdem ist der Zweite Weltkrieg
endlich
beendet.

Begegnung mit – denen

Manchmal habe ich in Walldürn zu tun, meist im Zusammenhang mit dem Bücherladen und der Kunstgalerie gegenüber. Wann immer eine Fahrt dorthin ansteht, richte ich es so ein, dass die Rückfahrt etwa zur Mittagsstunde geschieht, wenn ein leiser Hunger anschwillt. Das ist dann Anlass, im Nachbarort Hardheim Station zu machen an einem Kiosk, bei dem es hervorragende Bratwurst gibt.

Bratwurst ist nun nichts Ungewöhnliches, obwohl sie im Döner-und-Burger-Zeitalter auszusterben scheint. Allerweltsgericht, das aus der Welt zu fallen droht. Bratwurst ist derbdeutscher Genuss für Naturdarmfreunde. In mir glimmt der archaische Geschmack von Dorfkirmes. Mit nostalgischem Hungergelüst nähere ich mich also der Bratwurst-Quelle.

Der Kiosk in Hardheim ist keine Bretterbude. Die Fassade ist ringsum komplett verspiegelt und verglast. Ein sehr moderner Kubus. Industriedesign in grillwürstlichem Geruch.

Zwei Leute vor mir. Heute muss ich anstehen.

Ich halte ein bisschen Abstand, um nicht wie ein Drängler zu wirken. Zudem ist gerade die Corona-Endphase, in der das Maskentragen nicht mehr vorgeschrieben, aber Abstand empfohlen ist.

So also stehe ich und sehe ich:

Mir gegenüber, ein paar Meter entfernt im mannshohen Spiegel, ein Mann. Er schaut mich direkt an. Vermummt in Jacke und Schal, Hände in den Taschen, eine Batschkapp auf dem Kopf – nasskaltes Wetter ringsum.

Ich schaue auf ein schmales Gesicht, das mich anschaut mit verschatteten Augen, blass und verfroren. Die Gestalt: schief aufrecht erstarrt in der Winterkälte. Alles ungemütlich und ein bisschen dürftig. So steht er da und schaut mich an.

Ich denke:

Wer ist der ältere Herr da drüben?

Er sieht aus wie mein Großvater.

Ich weiß nur nicht, welcher von beiden.

Karl-Heinz Schmidt

Wendepunkt

»Salvatore, Salvatore, steh endlich auf. Du musst aufstehen!«

Emilia, deren Ruf keinen Widerspruch duldete, warf einen bizarren Schatten an die beige Wand, auf deren Oberseite zur Zimmerdecke hin sich durch einen Vorhangspalt ein Muster aus Licht und Dunkelheit gebildet hatte.

Der frühe Tag bohrte sich wie ein scharfer Holzsplitter in das Leben von Salvatore.

Erst blinzelte er leicht mit den Lidern, riss sie schließlich mit einem Schlag auf und warf im selben Moment die leichte Decke von sich, so schwungvoll, dass sie fast bis auf die gegenüberliegende Kommode über den Glaszylinder mit der hölzernen Kreuzigungsgruppe in den angestaubten Wachsblumenstrauß flog.

Emilia hatte inzwischen die Kerze ausgeblasen und die dicken, dunklen Vorhänge zur Seite gezogen. Die gelbe Sonne Siziliens flutete sogleich das Zimmer und ließ den Lichtkontrast an der Wand unmittelbar verblassen.

»Was für ein Tag«, fuhr es ihm durch den Kopf. »Der Tag meines Abschieds.«

Er fühlte sich müde, traurig und alt. Aufsteigende Säure peinigte plötzlich seinen Magen, verursachte einen brennenden Schmerz, der sich langsam die Speiseröhre hochzog. Vielleicht hatte er gestern am Abend doch zu viel von dem roten Wein getrunken. Wer weiß.

Salvatore starrte in Richtung Tür. Er hatte wohl absichtlich versäumt, die Kalenderblätter mit den Bauernsprüchen der letzten Tage abzureißen, so dass immer noch der 10. Juni 1937 neben der halboffenen Zimmertür hing. Dabei war heute doch schon der 14. Juni. Unbewusst hatte er versucht, den Tag des Abschieds damit auszulöschen.

»Lächerlich«, dachte er bei sich. »Als könne man durch einen einfachen Trick das Leben verändern und in eine andere Richtung lenken.«

Nein, es war beschlossen. Alle hatten es beschlossen. Er musste weg.

Überall auf der Welt wäre vielleicht eine andere Lösung möglich gewesen. Aber nicht hier. Nicht in Palermo. Nicht in Catania, nicht in Siracusa oder Messina. Nirgends auf der Insel. Hier galt die Tradition.

Lucia hatte er geliebt. Was heißt »hatte«. Eigentlich liebte er sie noch immer.

Aber die Familie war dagegen. Nicht seine, aber ihre.

»Delitto contro la famiglia«, heißt das hier. Vergehen gegen die Familie.

Tod. Das ist es wohl, was sie fordern.

Vor dem Fenster stieß eine Schar Mauersegler ihre spitzen Schreie aus.

Sie waren ein Paar gewesen. Ihre Familie hatte dann schließlich, zunächst subtil, dann immer stärker werdenden Einspruch erhoben gegen den einfachen Arbeiter aus der Fabrik, der mit ihr, der zweiten Tochter des Richters Paolo Rizza, ein Verhältnis hatte. Unmöglich, diese Verbindung, befand man. Sie wurden ernsthaft bedrängt, ihr Verhältnis aufzulösen.

Und als sie sich weigerten, kamen die Drohungen.

Versteckte Botschaften erst, dann ganz direkt.

»Casato« – die Sippe, bestimmt das Leben, die Liebschaften, die Liebe, auch den Tod.

Er kannte die Gesetze dieser Insel – seiner Insel – nur allzu gut.

Er musste also weg.

»Salvatore, wo bleibst du denn?« Emilia, seine große Schwester, hatte sich unten an der dunklen Holztreppe aufgebaut und dehnte jedes einzelne Wort in die Länge. »Avanti, avanti – dein Zug geht bald.«

Vom Nachbarhaus wehte schon der Duft von gekochten Tomaten herüber, und ein fernes Radio entließ eine Caruso-Arie in die erwachende Welt.

Die Küche roch nach bitterem Kaffee, der schon länger auf dem Herd in einer Aluminiummaschine vor sich hin köchelte.

Hunger hatte er kaum. Lustlos starrte er auf sein Frühstück, bevor er schließlich in ein Stückchen Melone biss. Mit dem Messer war er beim Schälen auf der glatten, grünen Schale abgerutscht und hatte sich fast geschnitten.

Es hatte einige Kraft gekostet, bis die Klinge durch die harte Schale drang. Wie die Tomaten, so hatten auch die Trauben, die Granatäpfel und alle anderen Früchte der Insel härtere Häute als sonst, als in den vergangenen Jahren. Vielleicht war die Sonne schuld, die dieses Jahr besonders eindringlich herunterbrannte. Süßlicher Saft drang in seinen Mund, und er dachte für einen kurzen Moment daran, dass auch er sich vielleicht eine härtere Schale zulegen musste in diesem heißen Frühsommer.

Die Familie, Malvenblüten und Zitronenbäume, weiter Himmel, Schreie der Möwen am azurblauen Meer, Lucia.

Die Liebe und der Tod. Das war sein Land. Das war Sicilia, wo alles dazu verdammt war, mit der Liebe und dem Tod verwoben zu sein. Brennende ewige Liebe und Friedhöfe in glutheißer Sonne. Liebesbriefe und Zettel mit Todesbotschaften.

Das war es. All das war der Süden, seine Welt.

Addio Sicilia, addio.

* * *

Salvatore trottete, vom kalten Wind getrieben, eine Straße entlang, auf der niemand ging.

Unter einem dunkelgrauen Himmel vierstöckige, gelbliche, rußgeschwärzte Backsteinhäuser, mit Balkonen aus Eisen, auf denen niemand saß. Fröstelnd zog er mit einer Hand seine Jacke zusammen.

Stadtauswärts waren kaum Geschäfte zu sehen.

Zwei, drei Metzgereien, ein Friseur und eine kleine Bäckerei, in der er sich ein Brötchen kaufte, indem er wortlos darauf zeigte und zehn Pfennige über die Theke schob.

Die Verkäuferin musterte den jungen, gebräunten Mann in seinem dunklen Anzug kurz, bevor sie das Geldstück vom Glasteller nahm.

Entlang der Straßenbahnschienen hatte sich Abfall im Schotter verfangen. Zwei Straßenhunde jagten sich gegenseitig einen Knochen ab. Hastig biss Salvatore in das warme Backwerk. Hinten am Horizont rostigrotleuchtend metallische Landschaften der Fabrikbauten, der Rohrbrücken, Kamine und der Kräne, die die Lastschiffe bedienten.

Er war angekommen. Ludwigshafen in der Pfalz hatte einen neuen Bürger.

Nie mehr durfte er zurück auf die Insel.

Nie mehr, das hatten sie ihm unter Tränen eingeschärft.

Er war jetzt dreiundzwanzig und musste irgendwie zusehen, dass er bald Fuß fassen konnte in diesem unbekannten grauen Germania.

Ein Freund hatte ihm geraten, nach Ludwigshafen zu gehen. Von einem Verwandten hatte dieser gehört, dass man Salvatore im großen Chemiewerk der IG Farben schon irgendeine Beschäftigung geben könne, so der gutgemeinte Ratschlag.

Deutschland war weit genug weg und brauchte jetzt viele Arbeiter.

Mit vielfachem Umsteigen hatte ihn der Zug über Reggio, Rom, Mailand und Basel nach gut zwei Tagen und Nächten im Dritte-Klasse-Waggon schließlich auf dem Mannheimer Bahnhof ausgespuckt, von wo aus er sich dann zu Fuß in die gegenüberliegende Chemiestadt machte.

Auf der Brücke, in der Mitte des breiten Stromes, kam ihm ein Trupp braununiformierter junger Männer entgegen. Sie waren höchstens so alt wie er selbst. An den Ärmeln ihrer Hemden konnte er den Schriftzug »Organisation Todt« lesen, dessen Sinn er jedoch nicht verstand. Sie musterten ihn, waren aber schnell und schweigsam »ohne Tritt Marsch« vorbeigetrampelt.

Wenig später stand er vor Tor 1 in Oppau. Zahllose Schlote entließen ihren beißend-süßen Schwefel- und Indigorauch in den bleiernen Wolkenhimmel und färbten die Luft über der Fabrik gelblich.

Aus dem nahen Gewirr der Industriestraßen fauchten ihn die fremden Geräusche der Chemiewelt an. Lastwagen knatterten an ihm vorbei und irgendwo in der Ferne heulte eine Sirene.

Salvatore ließ seinen kleinen dunkelgrünen Rucksack vor sich auf die Erde gleiten.

Zwischen zwei weißen Hemden, ein paar dünnen Strümpfen und einer kleinen Dose Oliven fischte er einen zerknüllten Zettel aus der schmalen Seitentasche im Innern, auf dem ein paar deutsche Sätze für die Personalstelle der Badischen Anilin- und Soda-Fabrik in Ludwigshafen standen.

Seinen Blick voran gerichtet, den Lederriemen des Rucksacks fest umklammernd, schritt er langsam zum breiten Werkstor, zu dessen beiden Seiten an hohen Masten länglich rote Hakenkreuzfahnen im Wind leicht hin und her pendelten, als wollten sie ihm zuwinken.

Nun, nach einem kurzen Blick nach hinten, warf sich Salvatore Chrisafulli, der junge Mann aus Messina, mit Schwung sein Gepäck über die Schulter und trat mutig und mit beklommenem Herzen durch das Portal des großen Werkes, in sein neues Leben ein.

* * *

»Karleinze wie geze?« Er umfasste mich, den kleinen Kerl, mit südländischer Herzlichkeit, drückte sich an mich und lächelte dabei vergnügt.

»Onkel Salvador«, wie wir ihn immer nannten, war der Onkel meiner Kindheit. Ein Migrant der frühen Jahre.

Immer guter Dinge, oft auf unseren Familienfesten präsent und stets, bis zu seinem Ende, die deutsche Sprache nur rudimentär beherrschend.

Voller Charme und südlicher Lebensfreude, doch auch mit einer Prise Wehmut im Blick und wohl auch im Herzen. Einer aber, der ganz zu uns gehörte.

Seine farbenprächtigen, überdimensionalen Ansichtskarten mit blumengeschmückten Eselskarren und fröhlichen, braungebrannten Menschen des Südens landeten ab Mitte der Fünfzigerjahre regelmäßig im Briefkasten unseres Siedlungshäuschens, wenn er wieder einmal nach langer, langer Zeit in seinem engen himmelblauen Cinquecento mit Sack und Pack und Frau und Kind für ein paar Urlaubstage die lange Route nach Hause auf die Insel fuhr.

Zurück auf »seine« Insel, nach schmerzhaften Jahren der Verbannung. Wie hatte sie ihm gefehlt! Aber nun konnte er sie wieder sehen, riechen und schmecken. Das Land der Malvenblüten, der Palmen und der Zitronenbäume, der salzigen warmen Luft und des weiten sonnendurchfluteten Himmels, der Schreie der Möwen über dem azurblauen Meer.

Nur Lucia, seine große Liebe, war für immer verschwunden.

Die Insignien der Macht

Diese Ecke der Stadt kannte ich tatsächlich noch nicht. Zwar hatte ich mich schon mehrfach in Warschau aufgehalten, aber einen privaten, einen touristischen Teil der Stadtbesichtigung konnte ich irgendwie nie dabei unterbringen. Insbesondere die Altstadt war üblicherweise nicht in die stets zu kurz geschnittenen Geschäftsreisen einzupassen.

Heute hingegen hatte ich Zeit. Der Spaziergang führte also ganz gemächlich über die Królewska-Straße durch den Ogród-Saski-Park zum alten Teil der Hauptstadt, nahe des Weichsel-Flusses.

Irgendwann, ich war zwischenzeitlich bereits gedanklich auf dem Rückweg zum Hotel, in der Waskij-Dunai-Straße angelangt, machte mich mein weißrussischer Reiseführer Wladimir, genannt »Vova«, auf einen alten Laden aufmerksam, an dessen kräftig roter Fassade das Schild »AN-TYK« um Einlass warb. Normalerweise vermeide ich es, solche Läden aufzusuchen, da mich zum einen zu Hause schon genügend altertümliches Mobiliar und andere »antyke« Gegenstände umgeben und zum anderen, weil derartige Läden häufig nur den Touristen ihre Valuta aus der Tasche ziehen sollen. Hier jedoch, meine sonstigen Gewohnheiten verlassend, trat ich mit klingelnder Tür ein.

Welch dichtes Gewühl an alten Gegenständen, brocante, Souvenirs, Trödel, Kitsch, Schätzchen und wahre Schätze überfüllten den Raum. Schüsseln, Teller, Tassen, Becher aus feinstem Porzellan, Abzeichen aus Blech, Fahnen,

Anstecknadeln von uralten Wandervereinen, Münzen vergangener Kulturen und Mobiliar aus allen Jahrhunderten hingen, standen, lagen in mächtigen Mengen vor mir, bildeten Gassen, Mäander und Pfade durch Flure, Winkel und Zimmerchen.

Vorbei an all den geschichtsbeladenen kleinen und großen Vergänglichkeiten bahnte ich mir – wohl wissend, dass der kundige Belarusse an der Eingangstür zum baldigen Weitergang drängen würde – meinen Weg schließlich bis in das kleine Kämmerchen ganz am Ende des Ladens. Dort aufgestaut lagen oder hingen unzählige Uniformjacken, Hosen, Westen, Helme aus Stahl und Stiefel aus Leder von den stolzen Kriegsnationen des alten zerbrochenen Europa einträchtig nebeneinander, so als wollten sie die Versöhnung nachträglich in diesem verwunschenen Laden auf ihre stille Art feiern.

Grüne Landserjacken der Deutschen hingen zwischen grauen polnischen und russischen, hie und da ein französisches Kriegsgewand mit feinen Epauletten und Kragenspiegel hinter einer Ladung an der Decke hängender Stahlhelme, die teils wie neuwertig, teils auch, von schwerem Beschuss ramponiert, hier ihr letztes Kapitel in Ruhe und Beschaulichkeit verbringen durften. Schon wollte ich mich wieder zum Ausgang wenden, als mein Blick auf eine kirschbaumhölzerne Vitrine fiel, hinter deren Glasscheiben eine Sammlung von Stempeln aller Art meinen Blick in den Bann zog.

Stempel!

Stempel des Deutschen Reiches, Nazistempel, Stempel der Wehrmacht und der Organisation Todt, des Generalgouvernements, der Ghettoverwaltung, der Kommandatur Warschau.

Kaum wollte ich meinen Blick abwenden von den dutzenden Gerätschaften, mit länglichen braunen oder schwarzen Holzgriffen, nach oben hin jeweils schön abgeschlossen, mit rundem dickem Knauf, welcher sicherlich gut in der Hand lag. Unten dann, rund und metallisch, noch immer blank, der Reichsadler mit dem Hakenkreuz, unterlegt mit den Schriften der jeweiligen Behörden. Danebenliegend rechteckige Stempel, mit der erhabenen, in Stahl geformten Aufschrift »Jude«, deren geschwungene Buchstaben die hebräische Schrift einst verhöhnen sollten.

Die blanken Stempel trugen in ihren Vertiefungen immer noch die schwarzen oder blauen Tintenreste ihrer Benutzung, während die handlichen Griffe schön glatt geformt waren, um die Arbeit der NS-Administratoren elegant und nicht all zu beschwerlich von der Hand gehen zu lassen. Wie viele Male wurden diese Stempel, diese »piczec« wohl angehoben, auf das Tintenkissen gedrückt und mit einigem Schwung und Knall auf das jeweilige Dokument gebracht. Bestimmt und sicherlich auch fest, ohne größeres Zögern, den Schlussakkord unter das Schriftstück setzend, die Dokumente des Lebens oder des Todes, in korrekter Nazi-deutscher Bürokratie abzuschließen. Menschen wurden damit abgestempelt und je nach des Stempelbenutzers Festlegung in »gut« und »schlecht«, in »brauchbar« oder »zur Vernichtung« schicksalsweisend eingeteilt.

Dort, bei diesen Stempeln, verweilte ich wie gebannt, konnte mich nicht lösen und versuchte die Geschichten dahinter wieder aufleben zu lassen. Hier in dieser Stadt, in der Altstadt, keine dreihundert Meter vom ehemaligen Ghetto entfernt, lag diese seltsame Sammlung, lagen die Insignien der einst furchtbaren Macht, ruhig hinter Glas und waren glücklicherweise und endgültig zu nichts mehr zu gebrauchen.

Frank Schwartz

Aus: Der Händlerbub

Kapitel 2: Die große Reise

Der Planwagen rumpelt über den morastigen Waldweg, der über die Höhen oberhalb des Tals der Tauber von Grünsfeld nach Bischofsheim führt. Die vier kräftigen Ackergäule haben in der Steigung schwer zu ziehen. Der Vater knallt mit der Peitsche und brüllt laut »Vorwärts, vorwärts, ihr verfluchten Gäule!« Lubi, ihr Hund, der bisher ruhig auf einer Decke gelegen hat, bellt laut, als wolle er die Pferde mit anspornen, sich kräftig ins Geschirr zu legen. Dabei ziehen die Pferde, was sie nur können.

Marius kennt alle vier sehr gut, denn er füttert sie jeden Tag. Sie sind auf der langen Reise, die sie bisher hinter sich haben, seine Freunde geworden. Er hat jedem einen Namen gegeben: der dunkelbraune heißt Hans, der mit der dunklen Mähne Heinrich, der etwas grauere Gunther, den fast schwarzen hat er einfach Karl getauft. Namen von Großvätern und Onkeln, die er besonders mag. Stuten haben sie keine dabei, sonst hätte er sie Josefa getauft, nach einer Tante, die ihm auch schon mal etwas zu knabbern zusteckt.

Das langsame Vorwärtskommen liegt aber nicht an ihren vier Pferden, sondern an den Wagen, die noch von Ochsen gezogen werden. Diese schaffen bei vielen Steigungen eben nicht mehr als höchstens die Hälfte einer Meile in einer Stunde.

Vor sechs Wochen waren sie aufgebrochen von der Stadt Salzungen, im Land des Kurfürsten von Sachsen, mit

Fässern voller Salz, um diese in der Reichsstadt Nürnberg an die Kaufleute mit gutem Gewinn zu verkaufen.

Normalerweise wären sie mit anderen Waren von dort wieder nach Salzungen zurückgekehrt. Doch ein Kaufmann in Nürnberg hatte den Vater gefragt, ob er bereit sei, gegen gutes Geld mit einem am nächsten Tag losfahrenden Frachtzug weiter nach Frankfurt am Main zur Messe zu fahren. Er brauchte dringend einen Frachtwagen, denn sein eigener Wagen sei mit einem Achsenbruch nicht aus Prag zurückgekehrt. Der Vater hatte in das gute Geschäft eingeschlagen. Der Nürnberger Kaufmann, Johannes Steigenberger, versicherte ihm, dass er auch eine volle Wagenladung zurück nach Nürnberg bekommen würde. Und von Nürnberg nach Salzungen oder Eisenach gäbe es oft Frachtzüge. Vater bat einen der Salzunger Wagenführer, der Mutter über die neue Frachtfuhr Bescheid zu geben. Spätestens zu Maria Himmelfahrt würden sie wieder zu Hause sein.

Also werden sie drei bis vier Monate unterwegs sein. So konnte er dem verhassten Schullehrer Bruder Ignatius für eine ganze Zeit entfliehen. Denn der prügelte die Schüler oft mit dem Stock. In der Zeit von Maria Himmelfahrt bis zum Winter gab es viel Arbeit auf den Feldern; dadurch fiel die Schule oft aus. Und wenn der Winter beginnt, haben sie eh keine Schule mehr. Der Vater hatte stets darauf bestanden, dass Julius und Marius Lesen, Rechnen und Schreiben lernten; denn, so der Vater, wenn Ihr das nicht könnt, taugt Ihr nicht zum Händler, sondern werdet von allen über das Ohr gehauen.

Marius war wohl schon einmal mit dem Vater die Strecke

von Salzungen nach Nürnberg und zurück gefahren. Doch noch nie nach der berühmten Stadt Frankfurt, in der auch die Kaiser des Deutschen Reiches gekrönt werden, und von der man sich bei ihnen in der Stadt die tollsten Dinge erzählt.

Diesmal ist auch seine Schwester Nati dabei, die eigentlich Natalia heißt, aber so ruft sie niemand. Mit ihren acht Jahren kann sie bei den Pferden und bei den Mahlzeiten helfen. Er selbst würde mit seinen elf Jahren schon auf sie aufpassen. Der große Bruder Julius war daheim geblieben; er musste dem Großvater in Feld und Hof helfen.

Auf dem Wagen fuhr auch noch Mattes mit, der Knecht, mit dem die beiden Kinder sich sehr gut verstehen. Er ist nicht solch ein Tölpel wie viele andere Knechte, die sie schon auf der Reise bei den mitfahrenden Frachtwagen erlebt haben.

Der Nürnberger Kaufmann ist die meiste Zeit bei den Kaufleuten seiner Gilde an der Spitze des Wagenzugs; nur ab und zu reitet er ein Stück vor oder neben ihnen, wenn der Weg es möglich macht. Die Kaufleute haben sonst mit den Fuhrleuten nichts gemein.

Der Wagenzug stockt mitten im Wald. Das ist nie ein gutes Zeichen. Jederzeit müssen sie auf Überfälle gefasst sein, denn die Handelszüge der Nürnberger Kaufleute sind bei den armen Rittern, die es in Franken zuhauf gibt, als Beute sehr begehrt. Besonders die Ritter Götz von Berlichingen und Rosenberg von Boxberg sind in dieser Gegend gefürchtet.

Wenn so ein Überfall erfolgreich ist, werden die Knechte und Wagenfahrer, soweit sie nicht gleich geflohen, getötet oder verwundet sind, als Arbeitskräfte mitgeführt und irgendwann in einer fremden Gegend freigelassen. Die Kaufleute werden als Geiseln mitgenommen und gegen Lösegeld freigegeben. Die Wagenladungen werden verkauft an Händler, die mit den Raubrittern günstige Geschäfte machen, also Hehler sind. Kinder werden oft als billige Arbeitskräfte mitgenommen, vor allem Mädchen als Mägde gerne auf die Burgen gebracht; die besonders hübschen dienen manchmal auch den Burgfrauen als Zofen.

Wenn der Wagenzug mitten im Wald stockt, wird der Vater jedes Mal unruhig. Er schaut auch jetzt nach Schwert und Spieß, damit er beides schnell zur Hand hat. Auch Mattes hat einen langen Spieß, den er gut zu handhaben versteht. Wenn die Pferde versorgt sind und das Essen beendet ist, hat Marius mit Mattes an den langen Abenden schon das ein oder andere Mal geübt. Der Spieß ist zweimal so lang wie Marius groß ist; das war dann gar nicht so einfach. Marius hat sich schon seit langem zu Hause einen kräftigen Stock zugeschnitten, der so lang wie er hoch ist. Mit dem kann er sehr gut umgehen. Damit könnte er auch Nati verteidigen, hat er sich wenigstens vorgenomen. Mit Julius, seinem älteren Bruder, hat er oft genug Fechten geübt, zwar nie gewonnen, aber sich immer wacker geschlagen.

Lubi merkt bei jedem unerwarteten Halten des Wagens sofort die veränderte Spannung des Herrn und spitzt die Ohren. Der Ruf kommt von vorne durch, dass es weiter geht. Zwei Reiter der Geleitmannschaft des Grafen von Hohenlohe kommen den Zug entlanggeritten und rufen »Alles in Ordnung! Es geht weiter!« Die zwanzig gut bewaffneten Soldaten, die den Zug schon seit zwei Tagen ab der Stadt Aub begleiten, geben allen Wagenbesatzungen Zuversicht. So kurz vor Bischofsheim, das sie heute noch vor Einbruch der Dunkelheit erreichen sollten, ist wohl doch kein Überfall mehr zu befürchten.

Die Pferde ziehen kräftig an, als der Vater die Peitsche knallen lässt. Der Waldweg ist für die Pferde doch ganz schön schwierig; morastige, tief ausgefahrene Stellen wechseln sich ab mit Steinen, die sich dem Zermahltwerden zu widersetzen scheinen. Die eisenbeschlagenen großen Wagenräder sind schwer und robust genug, jeden Stein klein zu machen. Es ist eine schwierige Wegstrecke, dazu noch eine mit leichter Steigung.

Auf der Höhe angelangt, sehen sie einige Gehöfte liegen, in deren Nähe viele Rinder weiden. »Das ist das große Rinderfeld«, erklärt der Vater. »Dann sind wir bald in Bischofsheim!«, freut er sich.

Nach einer weiteren Stunde fahren sie an dem Wartturm am Edelberg vorbei; die Wachsoldaten auf der Zinne winken ihnen zu. Warttürme stehen auch auf den anderen Hügelspitzen rund um die Stadt. Sie haben Sichtverbindung untereinander und sollen beim Anmarsch von feindlichen Truppen oder Räuberbanden die Bürger in der Stadt warnen. Außerdem überwachen sie die Zufahrten zur Stadt.

Jetzt sind die Frachtzüge in Sicherheit. Bald sehen sie eine Kirchturmspitze aus dem Tal hervorragen. »Das muss es sein!«, freut sich Mattes, der natürlich schon den Duft von Essen und Wein in der Nase hat. Der Abstieg ins Tal ist auf der »Würzburger Landstraße«, wie sie wohl genannt wird, nicht so einfach. Die Pferde können allein nicht bremsen. Das müssen Vater und Mattes mit den Holzklötzen an den Rädern tun, die durch eine Stange an allen vier Rädern bedient werden müssen. Marius ist schon kräftig genug, am linken Hinterrad die Bremsstange zu bedienen; es erfordert echt viel Kraft, bergab die Bremsklötze lang genug gegen die Eisenbeschläge zu drücken.

Daher kann er auch nicht den Blick ins Tal richten, was er gerne gemacht hätte, um die doch bekannte Stadt vom Berg aus zu sehen. Nati erzählt ihm, was sie sieht, denn zum Bremsen ist sie nicht stark genug. Sie berichtet ihm von der Kirche mit dem hohen Turm, von der Burg, von den vielen Türmen und der hohen Stadtmauer und dem allerhöchsten Turm in der Burg.

Vor der Brücke über die Tauber halten die Wagen an. Marius weiß von seinen bisherigen Fahrten, dass der Rentmeister der Stadt mit dem Führer des Wagenzugs, einem der Nürnberger Kaufleute, über die Preise verhandelt, die als Brückenabgabe und als Steuern in der Stadt zu entrichten sind, und wo sie auffahren sollen, um die Wagen abzustellen und so weiter.

Jetzt kann er die Stadt richtig gut betrachten: Zwanzig Türme zählt er, sieht eine ziemlich hohe Stadtmauer, mindestens genauso hoch wie daheim in Salzungen, die Burg auf dem höchsten Punkt in der Stadt und viele neugierige Menschen vor dem Stadttor. Denn jeder Handelszug bringt neue Nachrichten. Ebenso neue Waren, die verkauft werden, neue Geschichten, einfach viel Neues aus der weiten Welt des Kaiserreiches. Natürlich lassen die Handelszüge auch einen guten Batzen Geld, viele Gulden und Heller, in der Stadt.

Nachdem der Führer des Handelszuges mit dem

Zentmeister alles vereinbart hat, werden die Stadttore weit geöffnet und der Wagenzug darf in die Stadt einfahren. Marius staunt nicht wenig: Mauern und Türme sind höher und dicker als in Salzungen. Die Leute stehen an den Seiten und schauen neugierig den weitgereisten Ankömmlingen zu. Jeder Wagenzug ist etwas Besonderes, vor allem die aus Nürnberg und Frankfurt, denn diese bringen gutes Geld in die Stadt.

Es sind nicht die kleinen, oftmals eher armseligen Wagenzüge aus anderen Städten.

Bischofsheim liegt am Kreuzungspunkt zweier großer Handelsstraßen, erfährt Marius später; die eine führt von Nürnberg nach Frankfurt und zurück, die andere von Augsburg nach Würzburg oder Frankfurt. Und viele Brücken führen nicht über den Tauberfluss. Also müssen alle durch Bischofsheim.

Die Gasse, durch die sie fahren, gleicht eher einem Bauernhof: Der Dreck, die Patsche, geht den Pferden bis fast über die Hufe. Wie einfach war es für die Pferde in Nürnberg; dort sind die wichtigen Straßen mit Steinen gepflastert. Sie fahren bis zum Marktplatz; dort wird jedem Wagen sein Platz zugewiesen. Viele Neugierige stehen am Rand des Marktes oder schauen aus den Fenstern.

Marius springt ab und sieht sich erst einmal um. »Platsch!«, macht es neben ihm. Er schaut hoch und sieht gerade noch einen Eimer in einem Fenster verschwinden. Es hat jemand aus diesem Haus seinen Nachttopf oder ähnliches über ihm ausgeschüttet. Er sieht ein Gesicht, einen Jungen, aus dem Fenster gucken und höhnisch lachen. Der hat doch tatsächlich versucht, ihm seinen Dreck auf den Kopf zu schütten. »Warte, du Sau!«, ruft Marius hoch. »Komm nur runter, dann wirst du meinen Knüppel spüren!« Ein Knüppel aus dem Sack, so wie die Großmutter Karin ihnen aus einem Märchen erzählt hat, wünscht er sich jetzt herbei, um den Burschen zu verprügeln. Eine Frau, die den Vorfall beobachtet hat, sagt zu ihm: »Das ist der böse Johannes, der ärgert viele Leute. Der hat den Teufel im Leib. Vor dem musst du dich in acht nehmen!«

Marius hat keine Zeit, sich weiter mit diesem Ärger zu befassen, denn der Vater ruft streng: »Marius, komm her, kümmere dich um die Pferde!« Jeder hat bei einer Rast bestimmte Aufgaben zugewiesen bekommen: Marius schirrt die Pferde ab und gibt ihnen zu saufen; der Vater schaut, wo sie Heu herbekommen, ob sie die Pferde bei einem Bauern unterstellen können, wo es eine Weide gibt, was abgeladen werden soll, was auf dem Wagen bleibt.

Mattes hilft beim Abladen und die Pferde mitzuversorgen; Nati bleibt auf dem Wagen und passt zusammen mit Lubi auf alles auf, wenn die Männer und Marius ihren Standplatz verlassen. Spitzbuben gibt es schließlich überall im Reich. Lubi wäre natürlich am liebsten gleich vom Wagen heruntergesprungen und hätte den Marktplatz erkundet. Doch bei den vielen Pferden und dem Gedränge wäre das für ihn ziemlich gefährlich geworden.

Als erstes werden die Pferde ausgespannt, dann holt Marius mit dem Holzeimer Wasser vom Marktbrunnen. Er muss oft den Eimer auffüllen, denn sie haben sehr viel Durst. Bei vier kräftigen Pferden bedeutet das mindestens zehn Eimer.

Vater hat einen Bauern in einer Seitengasse gefunden,

bei dem sie die Tiere unterstellen können, wenigstens für heute. Marius und Mattes bringen die Pferde dorthin und geben ihnen Heu und Haferspreu. Ratten laufen in dem alten Stall umher; Marius nimmt sich erst mal einen Stock und jagt ein paar der frechsten in ihre Löcher zurück. Hier möchte er heute Nacht nicht gerne schlafen; einer von ihnen, entweder er oder Mattes, muss jede Nacht bei den Pferden schlafen, damit keines gestohlen wird oder sonst etwas mit ihnen geschieht. Die Pferde sind fast das Wichtigste für einen jeden Wagen. Er sucht ein paar Steine, um die größten Löcher der Ratten zu verstopfen. Aber er weiß, dass die Ratten immer Wege finden; denn es sind schlaue Tiere.

Als er zum Wagen zurückkommt, berichtet Nati: »Dieser freche Bursche, der über dir den Topf ausgegossen hat, ist hier gewesen und hat mich geärgert; er wollte den kleinen Hafersack vom Wagen ziehen! Aber ich habe ihm mit dem Stock auf die Pfoten gehauen und ganz laut geschrien; außerdem hat Lubi gleich nach ihm geschnappt. Da ist er weggelaufen, hat mir aber gedroht!«

Marius wird klar, dass er sich in der Stadt nur mit seinem Stock bewegen sollte, denn der Bursche versprach Ärger zu machen; wer Nati angreift, ist sein Feind! Das war für ihn eine klare Regel!

Kapitel 11: Eine Nacht ohne Mond

Plötzlich sackt der Wagen vor ihnen rechts ab und bleibt auf der Stelle stehen. Das hintere rechte Rad scheint gebrochen zu sein. Vater hält die Pferde an, gibt Mattes die Zügel und springt auf den Boden. Er geht zum Wagen mit dem Radbruch. Der Wagenführer ist mit seinem Knecht abgesessen und schaut sich den Schaden an. »Oh, hol's der Henker. Auf dieser Fahrt haben wir den Teufel im Gepäck! Schon wieder ein Radbruch!«, schimpft er laut und stampft mit dem linken Fuß auf den Boden, denn mit dem rechten Bein aufstampfen ist beim Fluchen nicht gut. Vater fragt: »Hast du ein Ersatzrad dabei?« »Nein!«, ist die Antwort, »aber Ersatzspeichen und Eisenbänder!« »Damit sollte es auch gehen«, meint der Vater.

Kaufmann Johannes Steigenberger schaut mit kritischem Blick auf die Situation. Es scheint ihm gar nicht wohl zu sein, dass es diese Verzögerung gibt, und dass die Wagen wohl eine Nacht im Freien verbringen müssen. Da beide Wagen zu ihm gehören, müsste er auch bei ihnen bleiben. Er reitet vor zum Kolonnenführer, um Bescheid zu geben. Die Wagen hinter ihnen fahren vorbei und wünschen viel Glück und gutes Gelingen. Marius merkt ihnen an, dass sie heilfroh sind, weiterfahren zu können und hoffentlich noch vor Einbruch der Nacht in der Stadt Cullesheim einzutreffen. Denn nach dem Überfall will jeder Wagen, so schnell es geht, die sicheren Mauern erreichen.

Johannes Steigenberger kommt kurze Zeit später mit zwei Geleitsoldaten zurück und gibt die Anweisung: »Ihr ladet den Wagen ab, versucht den Schaden zu richten. Ich reite mit einem Soldaten nach dem nächsten Dorf Wolferstetten und hole den Schmied. Dieser Soldat« – er zeigt auf einen – »bleibt hier. Macht ein Feuer, dass wir euch in der Dunkelheit besser finden können. Stellt eine Wache auf. Der Junge«, er deutet auf Marius, »taugt dafür!« Dann wendet er sein Pferd, gibt dem begleitenden Soldaten ein

Zeichen und reitet los.

»Ja, so sind sie, die besseren Herren!«, sagt Georg, der andere Wagenführer, als sie allein sind. »Aber dieser Herr geht noch! Habe schon viel Schlimmere erlebt.« Vater sagt nichts dazu, nur: »Kommt, laden wir ab! Marius, du sammelst mit Nati Feuerholz, und nimm Lubi mit.«

Während die vier Männer, Vater, Mattes, Georg und Karl, der Knecht vom Steigenberger, sich an die Arbeit machen, beobachtet der Geleitsoldat, der Kunz heißt, aufmerksam die Umgebung und reitet mit seinem Pferd mal hier, mal dort hin, immer rund um die beiden Wagen. Die Männer laden alle Fässer und Säcke von dem Fuhrwerk ab und versuchen mit langen Stangen, die Achse des gebrochenen Rades anzuheben. Eine echte Plackerei bei dem unebenen Boden. Vaters eigener Wagen steht ein Stück entfernt neben der alten Wagenspur, näher zum Waldrand. Marius und Nati geben den Pferden noch etwas Heu und einen Eimer voll Wasser. Ausspannen wollte der Vater die Pferde noch nicht; man weiß ja nie, was so passieren könnte.

Dann gehen sie zum Wald und sammeln trockenes Holz. Lubi ist immer um sie herum. Um das Feuer die ganze Nacht unterhalten zu können, brauchen sie jede Menge Äste. Zum Glück haben Dorfbewohner und Schweinehirten das Waldstück noch nicht aufgesucht, denn sonst hätten die das Feuerholz schon eingesammelt. Das Holz in den Wäldern wird von den Aufsehern des Amtmanns von Mainz wie auch vom Burggrafen von Gamburg streng bewacht. Holzfällen ohne Erlaubnis wird streng bestraft, ebenso das Wildern. Da kennen die hohen Herren keine Gnade. Ob die Bauern frieren oder nach schlechten

Ernten Hunger leiden müssen, ist den adeligen Herren und Klöstern egal. Aber Marius macht sich darüber jetzt keine Gedanken.

Vater hat einen klaren Auftrag gegeben und er wird schon wissen, was möglich und erlaubt ist. Nun, Bäume wollen sie sowieso nicht fällen; dazu fehlt Marius noch die Kraft. Sie müssen immer weiter in den Wald hinein, um genug Äste zu sammeln. Nati ruft auf einmal: »Marius, komm her! Hier ist eine Höhle!« Marius geht zu ihr. Er sieht ein Loch im Boden, ein ziemlich tiefes, das einer Höhle gleicht. Aber dieses Loch ist nicht gegraben worden; hier scheint die Erde einfach versackt zu sein. Lubi steht am Rand der Vertiefung und schnuppert eifrig. »Lubi! Halt!«, ruft Marius. Er will nicht, dass Lubi da hinunterspringt. Zu Nati sagt er: »Lass uns zurückgehen. Ich glaube, wir haben erst einmal genug gesammelt.«

Mit großen Bündeln Holz kommen sie zu den beiden Wagen. Die Männer haben die hintere Achse mit dem gebrochenen Rad mittlerweile hochgehoben und große Steine daruntergelegt. Fässer und Säcke sind im Halbkreis um den Wagen gestellt, so dass der Wagen wie von einer Halbmauer umgeben ist. Das Rad ist abmontiert und die gebrochene Speiche herausgelöst. Sie warten auf den Schmied. Die Abendsonne steht schon kurz über dem Waldrand. Wenn es dunkel ist, kann der Schmied nicht mehr arbeiten, denn so viele Laternen wie er bräuchte, haben sie nicht dabei. Jeder Wagen hat eine für die eigenen Zwecke, mehr nicht. Bei Nacht können sie nicht auf diesen schwierigen Wegen fahren. Gerade noch in der Dämmerung kommt der Händler mit Begleitung und einem Wagen zurück. Er hat den Schmied mit Gesellen und Lehrling mitgebracht.

Der Schmied schaut sich das zerbrochene Rad an. »Ich kann das Rad schon richten«, erklärt er, »aber das Eisenband um das Rad ist verbogen. Das kann ich nur in meiner Schmiede machen.« Zum Kaufmann gewandt sagt er: »Ich lasse den Wagen und meinen Lehrling hier, hoher Herr. Ich kehre mit meinem Gesellen und dem Eisenband ins Dorf zurück. Morgen früh mit Sonnenaufgang bin ich wieder hier.«

Kaufmann Steigenberger gibt sich damit zufrieden. Er weist den Vater an: »Du passt hier auf alles auf. Ich übernachte im Dorf. Die zwei Geleitsoldaten bleiben hier. Morgen früh kehre ich mit dem Schmied zurück.« Kaufmann und Schmied reiten zurück nach Wolferstetten.

Die Pferde werden aus dem Geschirr befreit, angehobbelt und können am Waldrand grasen. Später werden sie an den Wagen angebunden. Als die Sonne untergeht, entzünden die Männer ein Feuer und bereiten ihr Essen zu. Danach sitzen alle rund um das Feuer und einige beginnen, Geschichten zu erzählen. Der Lehrling mit Namen Heiner ist etwas älter als Marius; er setzt sich zu Marius und Nati. Sie hören den Männern zu. Die Geleitsoldaten wechseln sich in den Kontrollen rund um die Wagen ab, bleiben bei ihren Runden aber immer länger beim Feuer stehen, lauschen den Erzählungen und setzen sich schließlich ganz dazu. Es werden Geschichten erzählt, vor allem Sagen aus den Dörfern und Städten, aus denen die Männer stammen.

Der Mond ist heute nicht zu sehen. Vater sagt: »Heute ist neuer Mond. Da gehen viele Geister um, die bei Mondlicht tief in der Erde bleiben.« Einige Männer schütteln sich, andere lachen. Für Marius, Nati und Heiner ist es eher zum Schütteln als zum Lachen; etwas gruselig wird ihnen bei den Erzählungen, die sie zu hören bekommen.

Einer der Geleitsoldaten stammt aus Wolferstetten. Er erzählt von den Sagen rund um das Dorf und erwähnt auch das große Loch mitten im Wald, nicht weit von ihnen entfernt. Marius hat auch dem Vater davon berichtet.

Über dieses Loch erzählt der Mann folgende Geschichte: Die Geschichte, eigentlich eine Mär aus alten Zeiten, handelt von einem Fuhrmann, der in diesem Loch versunken ist: Der Fuhrweg führte früher durch den Wald. Der Fuhrmann hatte seinen Wagen so schwer beladen, dass seine starken Ochsen die Last fast nicht mehr ziehen konnten, obwohl er sie kräftig peitschte. Mitten im Wald erschien ihm eine weiß gekleidete Frau, die ihn fragte. »Nimmst du mich mit nach Bischofsheim?« Der Fuhrmann fuhr sie an: »Siehst du nicht, wie schwer meine Ochsen schon zu ziehen haben? Ich habe keinen Platz mehr für dich!« Die Frau verschwand. Der Waldboden war weich und der schwere Wagen sank ein, und er sank immer tiefer. Der Fuhrmann schimpfte und fluchte und versuchte alles, das Einsinken des Wagens zu verhindern. Je mehr er fluchte, desto tiefer sank der Wagen. Wild und rasend schrie der aufgeregte Mann: »Wenn der Wagen doch ganz versinken würde!«

Kaum war der Fluch ausgesprochen, versank der Wagen mit Ochsen und Fuhrmann in der Tiefe. Bald umgab ihn tiefste Finsternis. Doch der Fuhrmann fuhr unter der Erde weiter und weiter. Todesangst befiel den sprachlos gewordenen Fuhrmann. Sein Herz betete und gelobte, eine Kapelle an dem Ort zu errichten, an dem er aus der Erde wieder herauskäme. Drei Tage fuhr er in der Dunkelheit und gelobte Besserung. Dann kam er jenseits der Tauber bei Bischofsheim wieder nach oben ans Tageslicht. Er hielt sein Versprechen und ließ eine Kapelle errichten. Diese Kapelle widmete er dem Heiligen Leonardus. Wer also eine weiße Frau sieht, sollte hilfreich und freundlich sein. Ist jemand unfreundlich, so geschieht ihm ein Unglück; ist jemand aber freundlich und hilfsbereit, so wird er reich belohnt.

Als Marius diese Geschichte hört, wird ihm ganz anders; auch Nati rückt näher zu ihm heran. Er überlegt: »Was hätten sie beide gemacht, wenn ihnen beim Holzsammeln die weiße Frau erschienen wäre? Eine Hexe war sie wohl nicht. Hätte sie beide zu sich in die Höhle gelockt? Was geschieht, wenn er in der Dunkelheit noch einmal in den Wald zum Holzsammeln gehen sollte?«

Er hofft, dass der Vorrat reicht. Wenn die Männer nicht zu spät schlafen gehen, sollte das Holz eigentlich ausreichen.

Bald teilt Vater die Aufgaben und die Wachen für die Nacht ein; immer zwei Männer sollen wachen und das Feuer unterhalten. Marius hat während der Stunden bis zum Schlafengehen oft zum Waldrand hinübergeschaut, ob ihm nicht die weiße Frau erscheint. Schließlich hat er vor dem tiefen Loch gestanden und in der Leonardus-Kapelle eine Nacht verbracht; beides Orte, von denen der Mann erzählt hat.

Marius und Nati schlafen auf ihrem Wagen. Die Männer

legen sich mit ihren Decken unter die Wagen. Die Pferde sind angepflockt.

In der Nacht träumt Marius unruhig, vom Loch, dem Fuhrmann, der er auf einmal selbst ist, der unterirdischen Fahrt, den Aussätzigen, der weißen Frau und dem Aufwachen in der Leonardus-Kapelle. Lubi schmiegt sich diesmal eng an ihn, als wüsste er, wovon Herrchen träumt. Unausgeschlafen wacht Marius schon vor der Morgendämmerung auf und entzündet das Feuer neu, an dem er sich wärmt.

Mit der Morgendämmerung treffen der Schmied mit seinem Gesellen und der Kaufmann ein. Nach einer Stunde gemeinsamer und anstrengender Arbeit ist das gerichtete Rad wieder auf der Achse. Kaufmann Steigenberger entlohnt den Schmied. Die drei Wagen fahren weiter, der Kaufmann mit den beiden Geleitreitern voran. Ab Wolferstetten fahren die beiden Kaufmannswagen allein weiter.

Als die Sonne gerade am höchsten steht und die Kirchenglocke zu Mittag läutet, erreichen sie Cullesheim. Ein Reiter ist vorausgeschickt worden, so dass der Schultheiß informiert ist. Sie fahren durch das Stadttor auf den Marktplatz, wo die anderen Wagenbesatzungen sich schon längst für den Aufenthalt eingerichtet haben, so wie in jeder Stadt, in der sie übernachten. Der Wagenzug bleibt bis zum nächsten Morgen in der Stadt.

Marius und Mattes bringen die Pferde in einen Stall, wo sie versorgt werden. Zum Glück gibt es hier keinen bösen Johannes, denn der Empfang ist freundlich. Das Geleit wechselt; ab hier werden sie von Soldaten des Grafen von Wertheim bis zur Stadt Miltenberg am Main begleitet.

Marius schläft mit Lubi im Stall bei den Pferden. Die Aufregungen des letzten Tages waren sehr viel für seine Nerven; Marius schläft spät ein, weil alle Ereignisse der letzten Tage noch einmal seine Gedanken beschäftigen. Und er ist sich sicher, sein Bruder Julius wird vor Neid platzen, weil er, Marius, so viele Abenteuer auf dieser Fahrt erlebt.

Maite Scott Backes

Die Welt der Bücher

Eine Tasse Tee.
Eine warme Decke.
Flackerndes Licht. Ein Feuer?
Der glatte Einband unter meinen Händen. Das sanfte
Rascheln der Blätter, wie ein Flüstern leiser Stimmen,
einschläfernd, fast schon.
Leise wiegen sie mich in den Schlaf, in einen Traum. Ein
Traum von Welten, von Fantasie, fremd und doch be-
kannt, fern und doch nah.
Faszination, Freude, Spannung, Angst, Trauer. Bewun-
derung für diese Gabe, eine Welt verblassen und eine
andere auferstehen zu lassen.
So mächtig.
So einfach.
Meine Fantasie erblüht, lässt Bilder entstehen, Farben,
da und doch nicht da.
Und Ideen entstehen. Ideen, die ebenfalls verzaubern,
entführen, erwecken und zerstören. Ideen, die andere
in diese Welt verführen, sie süchtig machen nach mehr.
Ideen, die Gefühle vermitteln.
Meine Gefühle.
Meine Begeisterung für diese Welt. Die Welt der Buchsta-
ben, in der aus so wenig so viel entsteht.
Die Welt der Bücher.

Detlef Scott Backes

Roth?-Wein!

Ein Mensch, der gern Gedichte schreibt,
zufrieden sich die Hände reibt.
»Mir ist«, so denkt er ungezwungen,
»ein lyrischer Triumph gelungen,
wie es seit Roth keinen gegeben.
Darauf muss man die Tassen heben!«
Der Mensch steckt fröhlich eine Flasche
und sein Gedicht in eine Tasche
und fährt zu dem, der Poesie
verehrt und lehrt und der so wie
kein and'rer deren Regeln kennt –
und den er seinen Freund auch nennt.
»Hör zu!« Mit stolzgeschwellter Brust
beginnt er – und von höchster Lust
hört man das Dichterherz jetzt schlagen,
dem Freund sein Werk laut vorzutragen.
Doch weh, als er damit geendet,
das Stimmungsblatt sich plötzlich wendet.
Denn kraus liegt seines Freundes Stirn.
Zermartert etwas ihm das Hirn?
»Sag an, mein Freund, was hast du bloß?«
Da bricht das Donnerwetter los:
»Ein Meisterwerk soll das hier sein?
Es stimmt ja nicht einmal der Reim!
Auch mit dem Rhythmus hapert es,
der Vers hat weder -hand noch -fuß.
Du Worte stellst die kreuz und quer,

Un herrscht ord im nung Satz zu sehr,
als dass man diesen noch verstände.
Du hast auch Sätze nicht zu Ende ...
Der Inhalt völlig seltsam ist,
obwohl die Logik man vermisst.
Kurzum, du solltest Dich vielleicht eher der Prosa
bedienen, um Deine Gedanken auszudrücken.«
So ward der Mensch vom Freund bekehrt.
Die Flasche ward trotzdem geleert.

Die Turteltauben

Ein Pärchen, das im Schlosspark herumspaziert,
kommt zum Ufer der Tauber, wo es ganz ungeniert
sich bis auf die Unterwäsche entblößt,
ins Wasser springt und ganz losgelöst
herumplanscht und albert und jauchzt und lacht
und lustige Wasserspiele macht.

Dabei berühren die beiden sich ständig
zärtlich und leicht und spielen vierhändig
das Lied von der strahlend erblühenden Liebe.
Im Wasser sich kühlend sie glühen. Was bliebe
da mehr noch zu sagen dem Wortspielabstauber
als: »Die machen den Fluss zur Turteltauber!«

Peter-Michael Sperlich

Am Tauberfall

Die Uhr des Kirchturms schlägt
Schüchtern das Vergehen der Zeit –
ein Glockenschlag schwebt hell
in das mächtige Rauschen
des Tauberfalls.
Glatt und träge herangleitend
schießt das Wasser schäumend
steinerne Stufen hinab
in ein erzwungenes Bett,
gleichmütig und schaumvergessend
seinen Weg fortsetzend,
vermeintlich gezähmt
durch Menschenhand.

An der Gamburger Kapelle

Geöffnet die Tür zur Rast in der Kapelle
am Main-Donau-Sehnsuchtsweg.
Hier ist kein Platz für Götterglauben,
in Andacht gedenkt ihr der Heiligen.
Zu früh verlässt ein Nachtfalter
seine Zuflucht im überlagerten Holz,
betört vom Duft der Linde,
die fest ihre Wurzeln in die Graserde senkt
und ihre Krone zum Blick
auf die ferne stolze Burg erhebt.
Ihre Äste wiegen sich im kühlen Hauch,
Skulpteur der rotgebänderten Wolken.
Glutrot verabschiedet sich die Sonne
hinter dem Abhang in die Nacht.
Eine Bleibe wartet im nahen Dorf.

Eulschirbenmühle

Nie mehr stieg Melusine aus der Tauber
zum Stelldichein mit ihrem Grafen –
Neugier zerstörte diesen Zauber,
Verlorenheit war eine seiner Strafen.
Die Mühle war ein Schloss der Lust,
in dem der Graf des Abends wohnte,
mit Lieb' und Leid in seiner Brust,
bis Melusine ihn belohnte.
Voll Trauerflecken zeigt sich das Gemäuer,
die Räume ausgeräumt und leer,
nur kahle Kälte und kein Liebesfeuer,
und Märchenhaftes gibt es auch nicht mehr.

Im Hinterhof

Ein Vogelruf – so heiser wie ein rostiges Schloss –
Auf dem bemoosten Dach wären Lilien am falschen Ort –
Über das weiche Gras ruft mich meine Neugierde
zu einer ergrauten Tür:
nur ein muffiger Keller sehnt sich nach Tageslicht.
Sanfter Windhauch umspielt den kantigen Sandstein,
der sich nicht regt.
Einsam wächst dort der Spitzwegerich
und träumt von blühenden Gärten.
Kein kurzes Gras an diesem vergessenen Ort –
unter dem Wind biegt sich fächelnd ein hohes Gräsermeer,
über das ein Eichelhäher seine Flugbahn nimmt.
Warum das Huhn beachten,
das fast unsichtbar an den Grassamen pickt.
Im Zwielicht der Abenddämmerung fallen eintönig Tropfen
aus der Dachrinne vom letzten Regen.

Wertheim

An der Gedenkstätte
der ehemaligen
jüdischen Synagoge

Schatten
Schwarzgesteinter Schattenriss
lässt die Erinnerung nicht sterben,
ruft die Toten in die Gegenwart,
betrogen um das eig'ne Leben.
Lohnte es sich, zu einem Gott zu beten,
der sich den Leidenden versagte
und schweigend nicht die Hand erhob?
Den Schattenriss im Geiste stets bewahren
und still – im Geist – das Knie nur beugen
vor den Opfern dieses Wahns.

Weg nach Lauda

Wind treibt den Regen
über die Gleise
lässt ihn auf Schirmen
sein Lied trommeln.
Die Gleise, die Brücke
glänzen wie neu,
wie frisch gebadet.
Tropfen malen Kreise
in das grüne Wasser
der Tauber,
die ungerührt weiter fließt
sich auflösend im Main
in neuer Dimension.
Die Regentrommeln begleiten
das helle Klatschen der Stiefel
in Pfützen.
Schlechtwetterorchester.

Was für ein Erbe

Menschliches Schicksal
Auf- und Niedergang
Aufbau und Zerstörung
Hochkulturen – Vergangenheit
Tempel – sakrale Ruinen
Moscheen auf Kirchenmauern
Kirchen auf Moscheenmauern
Schlösser – museales Erleben
Burgen – nutzlose Macht
Luxus hinterlässt Spuren
Schweiß verrinnt spurlos
Rüstungen und Kanonen
Panzer und Jagdbomber
Kultur des Tötens
Kultur der Mächtigen
Herrschaft von Wenigen
Erbe der Menschheit
Weltkulturerbe ...

Dichtkunst

Worte sperren sich
fliehen
Gedanken-Höhenflüge
lassen
von ihrer Freiheit
Wortgefängnisse zurück.

Gedanken drängen sich
leuchten
erst in Wortgestalten
streben
aus der Flüchtigkeit
in Zeitlosigkeit hinein:

die so frei sich glaubten
können
nur in Ketten überleben.

Lächler

Applaus den Lächlern
auf der Weltenbühne –
Hurras und Bravos
sind immer gut bezahlt!
Die Neins sind längst
schon weggeschlossen,
und blinde Knechte
löschen deren Spuren –
Ein Wort der Lächler
sät neue Gräberfelder,
auf denen sie
ihr Glas erheben
für neue Größe,
neue Macht,
durch die sie selbst
ihr Grab schon schaufeln!

M. Tauber

Therese. Im Sommer.

›Komm mit, sagte der Hahn zu der Katze – etwas Besseres als
den Tod werden wir überall finden.‹ (›Die Bremer Stadtmusi-
kanten‹, in: Der Hauptmann von Köpenick)

Eine bleierne Schwüle hatte sich über das Tal gelegt. Marcel, einer der gewöhnlichen Jungen, die nächstes Jahr das
Abitur machten, wischte sich mit dem Handrücken den
Schweiß von der Stirn. Er saß am Ufer des schmalen Flusses, der das Tal baumbestanden durchzog, und blickte auf
das Wasser vor sich, das an diesem Tag träge und langsam
vorbeiglitt und in dem sich der allmählich rot färbende
Abendhimmel spiegelte.

Er kam immer mal wieder an diese Stelle, um seinen Gedanken nachzuhängen, sie lag abgelegen in den Talwie-
sen, weit genug weg vom stark genutzten Radweg.

Als der Himmel eine purpurfarbene Mattigkeit entwi-
ckelte und die ersten Fledermäuse über das Wasser segelten, erschien plötzlich auf der anderen Seite des Flusses
eine Gestalt, ihm schräg rechts gegenüber, er konnte es
durch das junge Weidengebüsch hindurch sehen, das direkt vor ihm wuchs.

Kurz zuckte er zusammen – ihm war hier noch nie jemand begegnet. Es war eine Jugendliche, ungefähr in
seinem Alter, und sie trug ein dunkles, ärmelloses Sommerkleid. Ihre bloßen Arme und ihr Hals wirkten hell und
warm im Abendrot, ebenso ihr Gesicht, das von offenen
Haaren umrahmt wurde; sie kam ihm bekannt vor, aber
sie war in dem Abendlicht zu weit weg, um sie wirklich

erkennen zu können – in den Händen jedenfalls hielt sie ein schmales, zerfleddertes Schreibheft, so eine Art Hausaufgabenheft ...

Das Mädchen blieb am gegenüberliegenden Ufer stehen und blickte unbewegt in das dunkle Wasser vor sich, das dort etwas tiefer schien ...

Marcel atmete leise ein und aus und fragte sich, was das Mädchen hier wollte, jetzt, bei Anbruch der Nacht? Sie konnte ihn wahrscheinlich wegen des Gebüschs nicht sehen und er überlegte, ob er sich bemerkbar machen sollte ...

Nach ein paar Atemzügen kam wieder Leben in das Mädchen, sie machte ein paar Schritte vorwärts, kletterte die kleine Uferböschung herab und stieg in das Wasser ... Marcel stutzte – was in aller Welt sollte das?

Das Mädchen ging tiefer in den Fluss, das Wasser reichte ihr an der Stelle bald bis zu den Schultern – sie machte noch zwei Schritte, dann ließ sie sich in das Wasser sinken und verschwand darin – lautlos schloss sich die Wasseroberfläche über ihr ... Marcel zog die Augenbrauen zusammen – so etwas Merkwürdiges! Was hatte das Mädchen vor?

Lautlos floss das Wasser vorbei. Ein paar Stechmücken sirrten heran. Fledermäuse kreisten umher.

Plötzlich verstand er – und ohne eine weitere Sekunde zu verlieren, sprang er auf, hechtete in den Fluss und preschte mit allen Kräften voran, hinüber, auf die andere Seite, bahnte sich halb stolpernd und halb schwimmend einen Weg durch das kalte Wasser – bis kurz vor dem anderen Ufer, dort stoppte er und blickte atemlos suchend um sich, das gemächlich treibende Wasser reichte ihm bis zur Brust, ein paar Wasserpflanzen hatten sich um seine Beine gewickelt, er stand auf schlammig-steinigem Grund – wo war sie? Er erkannte nichts als dunkles Wasser, nur dunkles Wasser, das aber hier kaum Strömung aufwies ... er machte ein paar Bewegungen vorwärts, stoppte, ließ seine Augen umhergleiten ... da war sie! Zwei Meter neben ihm konnte er nun unter Wasser etwas erahnen – das musste sie sein! Mit einem Satz stob er durch das Nass, hielt atemlos an und sah sie tatsächlich vor sich – sie lag auf dem Grund, mit dem Gesicht nach oben, die Augen waren geschlossen und irgendetwas lag auf ihrem Bauch – ein großer Stein ... der Rockteil ihres Kleides bewegte sich fließend und treibend im Wasser, ebenso ihr Haar – eine Sekunde starrte er sie an, dieses Mädchen unter Wasser ... Mit einem Ruck packte er sie dann unter den Armen, riss sie hoch, bis ihr Kopf über Wasser war, und zog sie ans Ufer. Mit schier übermenschlicher Kraft, wie es ihm schien, schleppte er sie ins Gras, legte sie dort ab und sank völlig verausgabt neben ihr auf die Knie. Einen Moment lang musste er Luft holen, danach packte er den leblosen Körper an den Schultern, drehte ihn auf die Seite und rüttelte an ihm – rüttelte – und rüttelte, keuchend, schnaufend, zitternd. Schließlich begann das Mädchen sich zu winden, Wasser floss aus ihrem Mund und aus ihrer Nase, sie drehte sich auf den Bauch, hob den Oberkörper mit den Armen an, bis sie auf allen Vieren kniete – sie hustete, würgte, übergab sich, rang nach Luft, minutenlang. Dann drehte sie den Kopf und starrte ihn feindselig an.

»Sag mal, spinnst du!« Ihre Augenlider flatterten. »Ich war bereits tot!«

Er sah sie mit großen Augen an.

»Ach Scheiße«, sagte sie dann, setzte sich ins Gras, schlang die Arme um die Beine und vergrub das Gesicht zwischen den angezogenen Knien.

Marcel wischte sich mit der Hand nasse Haare aus dem Gesicht. Sein Herz raste, und immer noch musste er tief einatmen, nach Luft ringen ...

Hatte er etwas falsch gemacht? Hatte er sie nicht gerettet? Hilflos sah er sich um. Am Fluss war es fast dunkel geworden. Aber die von Wassertropfen gesprenkelten Schultern und Arme des Mädchens schienen im entschwindenden Licht von innen her zu leuchten. Ihr Körper zitterte leicht.

Marcel kaute auf seiner Unterlippe herum. Er kannte das Mädchen. Es war Therese, aus seiner Parallelklasse, eine von den Unscheinbaren im Jahrgang. Zweimal in der Woche hatten sie zusammen Unterricht – Spanisch und Religion. Er schlug nach einer Mücke, die sich in sein Gesicht gesetzt hatte. Es begann ihn zu frieren, seine Kleidung klebte nasskalt und schwer auf der Haut. Therese neben ihm ging es wohl nicht anders – ihr Körper war von einer Gänsehaut überzogen. Auch saßen etliche Stechmücken auf ihren Schultern ... diese schienen ihr jedoch gleichgültig zu sein. Sie saß einfach regungslos da, unbewegt.

Minuten vergingen.

Er wusste jetzt auch, was das für ein Heft gewesen war, das sie mit ins Wasser genommen hatte. Es war tatsächlich so eine Art Hausaufgabenheft, in das sie während der Schulstunden immer mal wieder intensiv hineinschrieb. Er sah sich um, aber das Heft war nirgends zu sehen – wahrscheinlich war es im Fluss für ewige Zeiten versunken.

Marcel wischte sich mit der Hand über die immer noch wasserfeuchten Augen. Aus ihren Haaren tropfte Wasser ... Hatte sie vorhin wirklich vorgehabt, sich ... Der Ruf eines Käuzchen durchbrach die Stille. Reflexartig riss Marcel seinen Blick hoch und sah im Himmel den schwarzen Schatten des Vogels vorbeigleiten und im Dunkel der Bäume und Sträucher jenseits des Flusses verschwinden.

Auch Therese hatte den Kopf gehoben. Mit seltsam müden und leeren Augen starrte sie zum Fluss. Unzählige wilde Haarsträhnen hingen ihr dabei ins Gesicht. Ihr Atem ging kurz und schnell. Weit in der Ferne war ein Krankenwagen auf der Bundesstraße zu hören. Auch ein Zug ratterte durch das Tal.

Hiernach wurde es wieder still. Nur die Stechmücken sirrten.

Plötzlich stand sie auf. Ohne ihn anzusehen ging sie wortlos davon. Verschwand ebenso lautlos wie der Nachtvogel vorhin im Dunkel der Bäume und Sträucher.

Minutenlang starrte Marcel ihr hinterher. Als eine Nachtigall anschlug, stand er ebenfalls auf. Machte sich mit seinem Fahrrad auf den Heimweg. In nassen, klammen Klamotten. Immer das Bild der unter Wasser liegenden Therese vor sich. Ein Bild, das ihn in einen unruhigen Schlaf hinein begleitete. Der Wecker riss ihn am nächsten Morgen aus allen Unklarheiten heraus – durchatmen, Augen öffnen, irgendwie aufrappeln, auf der Bettkante sitzen, den Kopf in die Hände gestützt. Was war das nur gestern für ein Abend gewesen? Hatte er das wirklich alles erlebt? Er schloss die Augen. Sein Puls beruhigte sich. Seine Atmung wurde langsamer. Die Welt um ihn herum wurde stiller ... plötzlich durchzuckte es ihn – er sah zum Wecker. 13 Minuten waren vergangen. Er musste im Sitzen geschlafen haben – ein Schmerz jagte durch seinen Kopf, als er aufstand. Egal! Er durfte jetzt keine Zeit mehr verlieren. Der Zug in die Schule wartete nicht auf ihn. Taumelnd quälte er sich ins Bad. Zum Duschen war es bereits zu spät. Deo. Anziehen. In die Küche gehen. Irgendetwas essen. Brot mit Marmelade. Es tat im Magen weh. Egal. Er schnappte sich seine Schultasche und verließ die Wohnung Richtung Bahnhof. Er fühlte sich elend. Die anderen Jugendlichen im Zug sahen nicht besser aus. Alles verfinsterte Gestalten. Übermüdet. Übernächtigt. Lustlos. Nur die Fünftklässler waren hellwach. Krakeelten. Er schloss seine Augen. Sah Sterne. Wiegte sich im unruhigen Rollen des Zuges ... schließlich und unabwendbar aussteigen. Mit der ganzen Meute auf den Bahnhofsvorplatz und dann zu den Schulen, die einen hierhin, die anderen dahin, viele in seine Richtung. Bald verschwanden die ihm Vorangehenden in dem lieblosen Haupteingang. Als ob das Gebäude alle aufsaugen und verschlingen würde – schließlich war er an der Reihe. Im Inneren des Gebäudes verliefen sich die Schülerscharen. Er ging in den Oberstufenraum. Schlechte Musik schepperte. Kaffeegeruch lag in der muffigen Luft. Ein paar seiner Kumpels waren auch schon da. Lässige Begrüßung. Hand abklatschen hier. Kopfnicken da. Das Mädchen von gestern war nicht da. Da konnte er sich noch so oft umdrehen. Die Erlebnisse von gestern drängten sich trotzdem auf. Und Müdigkeit. Dann der Gong. Sie mussten los. Hinein ins Klassenzimmer. Englisch. Kurze Pause. Croissant am Kiosk. Seine Kumpels erzählten irgendetwas. Er hörte nicht hin. Er hatte schon lange nicht mehr so schlecht geschlafen. Er war hundemüde. Und gleichzeitig aufgekratzt. Was war das gestern nur alles gewesen?

Therese.

Zurück im Klassenzimmer gab es Mathematik. Einmal nickte er ein. Träumte von Mädchen in schönen Kleidern. Geraschel weckte ihn. Alle holten Schreibpapier und Geodreiecke heraus. Es musste etwas gezeichnet werden. Der Gong machte allem ein Ende. Nun stand Religion auf dem Plan. Dazu musste er mit den anderen in ein anderes Klassenzimmer ... Religion! Mit einem Mal raste sein Herz. Therese! Sie hatten doch gemeinsam Religion. Sein Herz schlug bis zum Hals. Aufgedreht betrat er den Religionsraum. Sie war noch nicht da. Wenn sie überhaupt kam. Wegen gestern.

Marcel setzte sich auf seinen Platz. Hinten rechts am Fenster. Der Kumpel neben ihm machte einen Witz. Marcel lachte halbherzig. Blickte zur Tür. Weitere kamen. Schließlich auch welche aus Thereses Klasse. Da war sie selbst. Mitten unter den anderen. Als sie das Zimmer betrat, sah sie zu ihm hin, und für den Bruchteil einer Sekunde trafen sich ihre Blicke. Sie sah aus wie eine Leiche, und ihr Gesichtsausdruck war ernst. Wortlos setzte sie sich danach auf ihren Platz, vorne links, zweite Reihe. Sie hatte die Haare hinter dem Kopf verknotet, sodass der Nacken freilag. Der Lehrer kam. Legte los. Vortrag. Bilder. Schulbuch. Arbeitsblatt. Marcel sah immer wieder zu Therese hin, er sah sie von schräg hinten und musste mehrmals tief durchatmen – wie aufregend so ein Nacken sein konnte ... Therese starrte dagegen vor sich hin und holte irgendwann ein Heft hervor, um darin zu schreiben, Seite um Seite, der Unterricht war ihr völlig egal. Leider blickte sie kein einziges Mal hinter sich, denn zu gerne hätte er ihr ganzes Antlitz gesehen.

Marcel atmete tief ein. Auf den Gedanken, Therese attraktiv zu finden, war er bisher noch nie gekommen. Im Moment war das jedoch anders, irgendwie ... seit gestern ... seit sie so zitternd neben ihm gesessen war. Unruhig rutschte Marcel auf seinem Stuhl hin und her – Therese war eigentlich ziemlich attraktiv ... weshalb war ihm das früher nicht aufgefallen? Der Gong beendete die Stunde. Große Pause. Alle rafften ihre Sachen zusammen. Strömten aus dem Raum. Vorbei an Therese. Die ließ sich Zeit beim Einpacken. Er ging an ihr vorbei. Sie aber blickte nicht auf. Aber er spürte ihre Blicke in seinem Rücken ... dann Hektik. Essen. Kumpels. Raumwechsel. Vertretungsplan – er hielt die ganze Zeit Ausschau nach ihr. Auch in der Mittagspause. Sie war wie vom Erdboden verschluckt. Auch nach der Schule – er sah sie nirgends. Auch nicht bei den Zügen und Bussen. Zuhause warf er die Tasche in die Ecke. Aß etwas in der Küche. Fuhr wieder los. Traf sich mit seinen Kumpels im Freibad. Er hatte versprochen zu kommen. Obwohl er jetzt keine Lust mehr dazu hatte. Er ließ sich aber nichts anmerken. Stattdessen Schwimmen. Rutschen. Vom Sprungturm springen. Vor den Mädels angeben. Aber keine von denen kam ihm so wundersam schön vor wie Therese ...

Zäh schleppten sich die Stunden dahin.

Ob sie es immer noch vorhatte?

Aber dann wäre sie nicht zur Schule gegangen. Oder? Ganz sicher war er sich nicht.

Es wurde Abend. Sie verließen das Schwimmbad. Fuhren nach Hause. Doch Marcel fuhr noch nicht nach Hause. Fuhr durch das Tal. Den Radweg entlang. Mal ganz nah an dem schmalen Fluss entlang. Mal weiter von ihm entfernt. Dann erreichte er die Stelle, an der er sie gestern – gerettet hatte. Die Dunkelheit verdrängte bereits den letzten Rest des Tages. Kaum traute er sich hinzusehen, hin zum Fluss. In das Wasser. Aber es war nichts und niemand zu sehen, weder am Ufer noch sonstwo ...

Therese war heute nicht hier gewesen. Das spürte er. Ganz deutlich. Irgendwie.

Müde setzte er sich auf einen Baumstumpf und rief sich die Erlebnisse und Bilder von gestern zurück. Sie hatte wirklich vorgehabt, sich ... er traute sich kaum, das Wort zu denken. Wenn er nicht da gewesen wäre, wenn er sie nicht da heraus geholt hätte, dann hätte sie es getan. Aber er hatte sie da heraus geholt, hatte sie gerettet, obwohl sie das gar nicht gewollt hatte, sie wollte nicht gerettet werden. Sie hatte es nicht gewollt ... War es falsch, was er gestern getan hatte? Wenn jemand sein Leben wirklich so – beenden wollte?

Es wurde kühl. Die Sterne funkelten am klaren Himmel. Nicht einmal Stechmücken sirrten heran. Er fror.

Nach einer Weile stand er schlotternd auf. Die Beine waren steif und schwer geworden. Nachdenklich machte er sich auf den Heimweg.

* * *

Wieder ein Morgen. Wieder aus dem Bett. Wieder zur

Schule.

Auf den Oberstufenraum hatte er heute keine Lust. Hatte keine Lust auf die anderen. Auf die Kumpels. Auf die Witze. Auf die großspurigen Erzählungen. Auf die zerschlissenen Sofas. Auf die schlechte Musik. Auf den Kaffeeduft in der muffigen Luft. Er wollte an seinen Platz. Im Klassenzimmer. Um den Kopf auf den Tisch zu legen. Um zu schlafen. Um alles zu vergessen.

Das Klassenzimmer lag verlassen dar. Er war der erste. An seinem Platz pfefferte er die Tasche auf den Boden. Ließ sich kraftlos auf seinen Stuhl sinken. Sah nach vorne. Erstarrte. Auf der Kreidetafel neben dem elektronischen Board hatte jemand etwas hingeschrieben.

»Muss man leben?«, stand dort.

In seinem Kopf begann das Blut zu rauschen.

Muss man leben?

Weitere Schüler kamen. Nahmen von dem Schriftzug keine Notiz. Auch die nächsten nicht. Gar niemand. Es war eben nur so ein Spruch. Den hatte eben irgendjemand da hingeschrieben. Irgendjemand schrieb eben immer irgendetwas an die Tafel. Aber in der Regel erst in den Pausen. Und meist Galgenmännchen. Oder saublöde Sprüche. In liederlicher Schrift. Meist kaum lesbar.

Dieser Schriftzug aber war in sauberen Buchstaben dort hingeschrieben. In großen Buchstaben.

Muss man leben?

Marcel begann innerlich zu zittern. Der Schriftzug galt ihm.

Therese.

Sie musste ihn dort hingeschrieben haben. Noch heute

morgen. Wer sollte es sonst gewesen sein? So einen Spruch.

Er war hellwach. Der Lehrer kam. Einer der alten Art. Ignorierte den Spruch an der Tafel. Erzählte irgendetwas. Schrieb bald selber die ganze Tafel mit Kreide voll. Schrieb über den Schriftzug von Therese hinweg. Teilweise konnte man dadurch seine Buchstaben kaum lesen. Als Strafe, weil die Tafel nicht geputzt war. Kümmerte sich weiterhin nicht um den Schriftzug. Der Spruch war dem Lehrer total egal. Und Marcel war der Anschrieb des Lehrers total egal. Er hatte nur Augen für die drei Worte dort vorne. »Muss man leben?« In seinem Kopf rasten die Gedanken. Ohne ein Ziel zu finden. Nur die Buchstaben der drei Worte fanden seine Augen immer wieder.

Schließlich war die Stunde zu Ende. Der Lehrer ging. Die Tafel wurde gewischt. Die drei Worte verschwanden. Zurück blieb eine leere Tafel.

Ausgelöscht. Vorbei. Tot.

Marcel lief es kalt über den Rücken. Er stand auf. Wollte hinaus. Aber schon trat die Lehrerin der nächsten Stunde ein. Er setzte sich wieder. Fühlte sich plötzlich unendlich müde. Nickte nach einer Weile aufrecht sitzend ein. Träumte von Mädchen, die in dunklem Wasser zum Grund sanken, mit Kleidern, deren Rockteile im Wasser wundervolle fließend-bauschende Bewegungen machten, bis sein Kopf nach vorne fiel. Er schrak auf. Versuchte, sich auf den Unterricht zu konzentrieren. Der Gong erlöste ihn. Pause. Aufgekratzt ging er mit seinen Kumpels in die Cafeteria. Hielt Ausschau nach ihr. Sah sie nirgends. Ob sie wieder gegangen war? Nachdem sie die drei Worte an die Tafel geschrieben hatte?

Der Rest des Vormittags rauschte an ihm vorbei. Auch in der Mittagspause sah er sie nirgends. Sie war wohl wirklich nicht da.

Hatte sie womöglich heute ...? Nach der Schule fuhr er wieder hinaus an die Stelle, an der er sie gerettet hatte. Legte sich heute aber ins Gras und blickte hinauf in den Himmel. Wartete. Und alles war wie vorgestern – die schwüle Luft, der Wolkenschleier am Himmel, die Libellen, die ab und zu vorbeikamen, der Verkehr auf der Bundesstraße, die Züge, die ab und zu vorbeiratterten ...

Seine Gedanken kehrten zurück zu den drei Worten an der Tafel.

Muss man leben?

Woher sollte er das wissen?

Pflanzen und Tiere lebten einfach, ohne sich eine solche Frage zu stellen. Ohne jemals daran zu denken, sich selbst zu – er konnte diesen Satz einfach nicht zu Ende denken. Es ging nicht. So saß er da und starrte ins Leere.

Muss man leben?

Allmählich wurde es wieder dämmrig, und der Himmel verfärbte sich erneut tiefrot. Es war warm, fast so warm wie vorgestern, und die ersten Stechmücken sirrten heran. Er fragte sich, wie er reagieren sollte, wenn Therese jetzt erneut am anderen Ufer erschiene ...

Was verdammt noch mal sollte er dann tun? Wenn sie es doch wirklich wollte!

Vielleicht lebte sie schon nicht mehr. Sie konnte es überall tun. Aber irgendetwas musste diese Stelle ja für sie bedeuten, sonst wäre sie nicht beim ersten Mal hierher gekommen, um sich hier ... Er würde warten. Einfach warten.

So blieb er da. Bis tief in die Nacht.

Therese aber erschien nicht mehr.

* * *

Er erwachte, als etwas über sein Gesicht krabbelte. Mit einem Ruck setzte er sich auf, wischte eine Spinne von seiner Wange und sah sich verwirrt um. Die Sonne schien und er befand sich immer noch neben dem Fluss. Er musste hier eingeschlafen sein. Sein Kopf war schwer und unausgeschlafen. Im Gesicht juckten unzählige Mückenstiche. Wieviel Uhr war es? Mit rasendem Herz blickte er auf seine Armbanduhr – so spät schon? Er musste sofort los, wenn er nicht zu spät zur Physikarbeit kommen wollte. Wie von Sinnen sprang er auf, nahm sein Fahrrad und raste los. Seine Lungen schmerzten bald, aber die Uhr tickte. Im Kopf wurde es schummrig. Sein Magen war leer. Aber für zu Hause reichte es nicht mehr. Auch nicht für den Zug. Der war weg. Er hatte keine Zeit mehr. Trat stattdessen weiter in die Pedale. Keuchte. Japste. Musste mit dem Fahrrad zur Schule. Das dauerte viel zu lang! Zwanzig Minuten zu spät. Hinein ins Klassenzimmer. Ohne Stifte und Papier. Es gab Unruhe. Die Lehrerin strafte ihn mit feindseligen Blicken und einem Eintrag ins Klassenbuch. Einbestellung zum Nachsitzen. Er konnte sie noch nie leiden. Kaum die Hälfte der Aufgaben schaffte er. Seine Kumpels amüsierten sich in der anschließenden Pause darüber. Gingen von einer Liebesnacht aus. Wegen dem rot geschwollenen Gesicht. Blödmänner! Wenigstens der Kaffee und der Croissant vom Kiosk schmeckten. Schließlich zurück in den Unterricht. Völlig gerädert. Immer wieder nickte er ein. Der Schulvormittag wurde eine

Katastrophe. Nur die Bilder in seinem Kopf waren schön – Bilder von Therese ...

Er spürte, wie Wärme durch seine Adern floss, wenn er an sie dachte. Und sein Herz polterte, als er sie plötzlich in der Mittagspause sah. Sie saß allein an einem Tisch in der Cafeteria und schrieb in ihr Hausaufgabenheft, Seite um Seite. Vor ihr, auf dem Tisch, stand ein Tablett mit leergegessenen Tellern und Schüsseln; Marcel saß schräg hinter ihr an einem anderen Tisch, zusammen mit vier Kumpels, die irgendetwas erzählten. Er hörte wieder nur halb zu, sah ständig zu ihr hin. Sie trug ein unauffälliges Sommerkleid und sah eigentlich toll aus, so unscheinbar, so lieblich.

Lieblich schön. Wie das Tal.

Wieder rutschte er unruhig auf seinem Stuhl hin und her. Sie sah wirklich toll aus, und überhaupt gar nicht wie jemand, der sich ... Vielleicht wollte sie es jetzt ja auch gar nicht mehr! Wer solche Portionen in der Cafeteria aß ... das ergab dann ja keinen Sinn. Der Gong ertönte, die Mittagspause war zu Ende, sie hatten sich verquatscht, sie würden zu spät kommen, wenn sie jetzt nicht Gas gaben. Auch Therese raffte hektisch ihre Sachen zusammen und eilte mit dem Tablett davon, Marcel, seine Kumpels und weitere Schüler hinterher. Ein gutes Zeichen, wenn sie sich beeilte, um nicht zu spät in den Unterricht zu kommen, fand er!

Als Marcel dann das Tablett als letzter in den Rückgabe-wagen geschoben hatte und zum Cafeteriaausgang hetzte, streifte sein Blick den Tisch, an dem Therese gesessen hat-te- Dort lag etwas auf dem Boden, neben dem Stuhl, ein

Heft – ihr Hausaufgabenheft!

»Ich komme gleich nach!«, rief er seinen Leuten hinterher, lief zum Tisch und hob das Heft auf, das dort auf dem schmutzigen Boden lag. Es war tatsächlich ihr Hausaufgabenheft, das Heft, in das sie vorhin hineingeschrieben hatte, sie musste es in der Hektik verloren haben. Marcel sah sich um. Die Cafeteria war wie leergefegt. Nur hinter den Tresen und in der Küche werkelten die Angestellten. Er sah auf das Heft. Hielt es in den Händen. Wagte nicht, es aufzuschlagen. Es war bestimmt ein Tagebuch. Und nicht dafür bestimmt, dass er hineinsah. Er musste es ihr zurückgeben. Aber wo sie jetzt war, wusste er nicht. Am besten war es, wenn er gleich nach der letzten Stunde hierher käme, denn wenn sie es suchte, dann bestimmt hier.

Damit trollte er sich und ging in den Unterricht. Erhielt den nächsten Eintrag ins Klassenbuch. Das würde einen Besuch beim Oberstufenleiter ergeben. Den konnte er noch nie leiden.

* * *

Sofort mit dem Gong sprang er auf. Schulsachen hatte er ja eh keine dabei. Sprintete in die Cafeteria. Stellte sich neben den Tisch. Wartete. Sah sich um. Fühlte das Heft in seinen Händen. Das billige Papier. Die kostbaren Seiten. Sie fühlten sich warm in seinen Händen an.

Therese aber kam nicht.

Zwanzig Minuten später ging er hinaus zu seinem Fahrrad. Der Schulhof lag verlassen da. Bestimmt gingen alle jetzt ins Freibad. Vielleicht sollte er Therese dort suchen? Das allerdings war Unsinn. Er war oft im Freibad. Hatte sie dort noch nie gesehen.

Er betrachtete das Heft.

Was sie wohl hineingeschrieben hatte?

Seine Hände zitterten. Es war ganz sicher ein Tagebuch. Er durfte es nicht lesen. Auf keinen Fall! Aber vielleicht hatte sie es mit Absicht fallen lassen. Damit es jemand findet und liest, damit er es findet und liest!

Er atmete tief ein.

Nein! Er würde es nicht lesen. Er wusste sowieso schon zuviel über Therese. Sie hatte es nicht gewollt, dass er von ihr wusste. Sie hatte es nicht gewollt, dass er sie rettete.

Er musste ihr das Heft zurückgeben, so schnell wie möglich, damit sie wusste, dass niemand Drittes es gelesen hatte.

Möglicherweise allerdings stand ihr Wohnort drin. Vorsichtig schlug er die Umschlagseite auf, verdeckte den Rest mit seiner Hand, da stand tatsächlich ihre Adresse.

Nach einer Viertelstunde bog er in die Straße ein. Am Himmel brannte die Sonne zwischen gewaltigen Wolkentürmen hindurch, die Hitze war ungeheuerlich. Er kettete sein Fahrrad an ein Straßenschild und wandte sich zu einem älteren Mehrfamilienhaus. Drei Treppenstufen führten zu der Haustür hinauf. Dort suchte er die Klingelschilder ab, fand aber den Namen nicht. Zahlreiche Klingelschilder waren auch gar nicht beschriftet oder das Schild war so verwittert, dass man es nicht lesen konnte. Aber die Haustür war nur angelehnt. Wild entschlossen ging er hinein und fand im ersten Stock eine Tür, an der ein kleines Messingschild mit ihrem Nachnamen befestigt war.

Er atmete tief durch und drückte dann den Klingelknopf. Eine fürchterlich laute und schrille Klingelglocke ertönte.

Kurz darauf vernahm er Schritte, die über knarrende Dielenbretter gingen, und nur einen Augenblick später wurde die Tür geöffnet – es war Therese selbst, die ihn überrascht ansah. Sie war barfuß und trug Sportkleidung, eine kurze, ultramarinblaue Gymnastikhose und ein knappes, engsitzendes, bauchfreies Sporttop in gelbleuchtender Farbe. So viel Farbe und so viel nackte Haut verwirrten Marcel, sodass er vergaß, was er wie sagen wollte, sondern Therese nur irritiert anblickte.

»Was willst du?«, fragte sie misstrauisch. Ihre Augen verengten sich zu schmalen Schlitzen. Es waren wundersame Augen, mit vielen verschiedenen Farben.

»Ich ... ich habe dein ... dein Heft in der Cafeteria gefunden«, stammelte er.

»Mein Heft?« Sie starrte ihn an.

»Keine Angst!«, rief er hastig. »Ich habe nichts gelesen. Nur die Adresse habe ich aufgeschlagen. Sonst nichts. Ich weiß nicht, was da drin steht ...« Er reichte ihr das Heft, sie riss es ihm aus der Hand und blätterte es kurz durch, als wolle sie nachsehen, ob es wirklich ihres war. »Ich bin noch sofort in der Stunde wieder runter«, murmelte sie, »aber da war es nicht mehr!« Sie hob den Kopf, sah über ihre Schulter hinter sich in die Wohnung, blickte danach wieder zu ihm. Auf ihrer Stirn lagen tiefe Falten.

»Ehrenwort, ich habe nicht darin gelesen«, beeilte er sich zu erklären. Sie war einen Kopf kleiner als er, und so wie sie da stand, war sie hübscher als alle anderen Mädchen, die er je gesehen hatte. »Ich lese nicht heimlich in Tagebüchern«, ergänzte er und versuchte, seiner Stimme einen festen Ton zu verpassen, was aber nicht richtig gelang, weil seine Kehle sich total trocken anfühlte.

Sie musterte ihn mit durchdringenden Augen. Mit ihren vielfarbigen Augen. »Woher willst du dann wissen, dass dies ein Tagebuch ist?«

Marcel schluckte. »Es heißt, du schreibst Tagebuch.«

»Wer sagt das?«

»Ich ... ich weiß nicht mehr, irgendjemand hatte das gesagt, und da habe ich gedacht, dass dies dein Tagebuch ist, weil du immer hineinschreibst. Ich habe es auf dem Boden gefunden, da wo du gesessen warst, kurz nach dem Gong. Ich wusste nicht, wie ich dich finden sollte, um es dir zu geben. Ich habe nur die Adresse gelesen.«

Sie blickte ihn an, schien etwas sagen zu wollen, strich sich mit der Hand über das Haar, biss von innen auf ihre Unterlippe, blickte erneut über ihre Schulter zurück in die Wohnung und dann wieder zu ihm.

»Und es tut mir leid wegen Montag!«, fügte Marcel unwillkürlich hinzu und knetete verlegen mit einer Hand seinen Nacken.

»Was?« Erneut starrte sie ihn an. Blickte wieder zurück in die Wohnung, trat danach in den Hausflur hinaus, zog die Tür hinter sich heran, aber nur so, dass sie nicht ins Schloss fiel. Sah wieder zu ihm hoch. »Wieso tut dir das leid?« Ihre Augen hatten sich erneut zu schmalen Schlitzen verengt.

»Ich ... ich ... naja ...« Marcel wusste nicht, was er sagen sollte.

»Hast du irgendjemand davon erzählt?« Ihr Blick war feindselig und aggressiv.

»Nein, niemandem. Es weiß niemand etwas davon. Niemand. Ehrenwort!«

Einen Moment lang besaß sie das Aussehen einer Statue, dann aber wurden ihre Gesichtszüge unvermittelt wieder weich. Sie taumelte, fasste sich an die Stirn, musste sich kurz am Treppengeländer festhalten, setzte sich zuletzt auf die Treppenstufen und senkte den Blick zwischen ihre Füße. Ihr Atem ging ruhig, aber sie zitterte leicht.

»Wie kann ich dir glauben?«, murmelte sie.

Marcel betrachtete sie und war ganz betört von ihr.

»Ich bin nicht so einer, der so etwas erzählt«, sagte er leise.

Sie blickte ihn wieder an. Sie sah müde aus.

»Und was willst du jetzt machen?« Ihre Stimme hallte in dem Treppenhaus etwas nach.

Er zog seine Augenbrauen zusammen. »Wie meinst du das?«

Sie starrte wieder zum Boden. Zuckte dann mit der Schulter.

Irgendwo im Haus waren schimpfende Wellensittiche zu hören.

»Ich bin dir wahrscheinlich eine Erklärung schuldig«, meinte sie nach einer Weile und erhob sich wieder. »Aber nicht heute. Ich muss jetzt zum Training.« Für einen kurzen Moment standen sie sich gegenüber, ihre Augen schienen in den seinen etwas zu suchen, nur für den Bruchteil eines Augenblicks, danach wandte sie sich ab. »Ich sag' dir Bescheid ... und danke für das Heft.«

Mit gesenktem Blick schlich sie in die Wohnung zurück. Hinter ihr fiel die Tür mit dem Messingschild leise klickend ins Schloss.

Regungslos blieb Marcel auf dem Treppenabsatz stehen. Betrachtete das Messingschild mit ihrem Nachnamen. Sein Kopf fühlte sich leer an. Vollkommen leer. So stand er da.

Als er aber hörte, wie ein Stockwerk höher eine Wohnungstür geöffnet wurde, gab er sich einen Ruck und eilte hinunter, nach draußen, wo ihn eine glühende Sommerhitze empfing. Er beschloss, ins Freibad zu fahren. Etwas anderes fiel ihm nicht ein. Begab sich zu seinem Fahrrad. Versteinerte. Sein Vorderrad fehlte. Jemand musste es abmontiert haben. Sein Puls schoss in die Höhe. Er wirbelte herum. Aber nichts und niemand mit einem Vorderrad in der Hand. Das war klar. Wieso auch? Verdammte Mistkerle! Wutschnaubend drehte er sich wieder zum Fahrrad. Trat gegen die Stange des Straßenschildes. Zweimal. Die Haustür von Thereses Haus wurde geöffnet. Es war Therese selbst. Immer noch in dem gleichen Outfit wie oben im Treppenhaus, nur steckten jetzt ihre bloßen Füße in leuchtend-orangefarbenen Turnschuhen. Und sie hatte einen Sportrucksack mit einem Riemen über die linke Schulter gehängt.

»Oh, du bist noch da?« Sie blieb oben auf dem Treppenabsatz stehen. Ihr Blick fiel auf sein Fahrrad.

Marcel holte tief Luft. »Ja, deswegen!« Voller Wut trat er jetzt gegen sein eigenes Fahrrad. Und dann noch einmal. »Die Penner haben mich beklaut!« Seine Nasenflügel bebten.

»Das tut mir leid«, hörte er sie sagen. Er schaute sie an. In ihrem Gesicht lag nichts Falsches. Sie meinte es offenbar ernst. Aber sein Zorn überwog.

»Das hilft mir jetzt auch nichts!«, fluchte es aus ihm heraus und schon im selben Moment bereute er die Worte; sie konnte ja wirklich nichts dafür. Sie sagte aber nichts. Ihre Augen wanderten nur zwischen ihm und dem Fahrrad hin und her.

Marcel fuhr sich mit der Hand durchs Haar. Er spürte, wie seine Wut verflog. »Tut mir leid«, sagte er dann.

Ihre Stirn zog sich ein wenig kraus.

»Was tut dir leid?«, fragte sie, und ihr war anzusehen, dass sie wirklich nicht wusste, was Marcel meinte. Sie stand dort oben auf dem Treppenabsatz und sah ihn an. Wenn sie atmete, dann bewegte sich ihr Bauch ... es war der schönste Bauch, den Marcel je gesehen hatte.

Er holte tief Luft und sah sie an. »Alles!« Ihre Blicke trafen sich, und ihr Blick hatte etwas Forschendes, sie versuchte, in ihn hineinzusehen, versuchte zu ergründen, was er für ein Junge war und was er für sie empfand. Das spürte Marcel, das konnte er ihr irgendwie ansehen, ohne zu verstehen, weshalb er das wusste. Und er spürte, dass sie erkannte, was er empfand, dass er drauf und dran war, sich total in sie zu verlieben. – Schnell schaute er wieder zu seinem Fahrrad hin.

»Ohne Vorderrad nützt mir der Rest auch nichts mehr.«

»Dein Fahrrad sieht teuer aus«, meinte sie.

»War es auch.« Er fuhr sich noch einmal mit der Hand durchs Haar. In diesem Moment grummelte es über ihnen, ein heftiger Windstoß erfasste sie beide, und beide sahen sie hoch in den Himmel.

»Da kommt wohl ein Gewitter, oder?«, meinte sie.

»Ja, sieht ganz danach aus«, sagte er und zuckte zusammen, als ein greller Blitz und sofortiger Donner die Luft erzittern ließ. Die Sonne verschwand hinter dunklen, sich vorwärts wälzenden Wolkenmassen.

»Magst du mit mir in den Park gehen?«, sagte sie unvermittelt.

»In den Park? Jetzt?«

»Ja, komm!« Und ehe er sich versah, packte sie seine Hand, rannte los und zog ihn hinter sich her. Auf den Straße eilten die Menschen über die Bürgersteige, ein warmer, böiger Wind wehte, Papier wirbelte durch die Luft und Marcel hatte Probleme, Luft zu bekommen, so warm und schwül war es, außerdem hatte Therese ein hohes Tempo drauf. Immer noch hielt sie seine Hand, erste Regentropfen fielen, schwere, warme Regentropfen, die einzeln auf dem sonnendurchglühten Asphalt aufschlugen.

»Herrlich ist das!«, rief Therese, »herrlich! Komm! Schneller!«

Sie liefen weiter, an einer alten, langen Steinmauer entlang, hinter der die mächtigen Kronen von Bäumen im Wind rauschten und schwankten. Die Regentropfen schlugen hart und laut auf ihre Blätter.

»Wir können erst da vorne in den Park!«, lachte Therese und Marcel konnte fast nicht mithalten, aber das war ihm gleich – sie hielt seine Hand! Sie hielt wirklich seine Hand! Er konnte es kaum fassen! Und während er das dachte, wurden die schweren, großen Regentropfen wieder weniger und endeten schließlich ganz. Für einen Moment schien es, als bliebe die Welt stehen, als endete die Zeit, und nur sie beide bewegten sich noch, liefen durch eine Traumwelt, in der es unglaublich heiß und still war

... Sekunden später fiel das Gewitter tosend und fauchend über sie her – Regen, Hagel, Wind, Blitz und Donner – alles zugleich, und schon nach wenigen Metern waren sie beide nass bis auf die Haut. Sie liefen aber weiter, und Thereses Lachen hatte etwas Ansteckendes, sodass sie nun beide lachten.

Schließlich erreichten sie den Park, drei Leute mit Hunden, die das Weite suchten, kamen ihnen noch entgegen, danach niemand mehr; Marcel schlug das Herz bis zum Hals, es ging über wasserüberströmte Wege, bis sie ihn mitten auf eine große Wiese zog. Dort blieb sie stehen und ließ ihn los – ein gewaltiger Donner ließ die Luft erzittern.

Sie sahen sich an, während der Regen über ihre Gesichter floss, und Therese lächelte, lächelte, bevor sie ein paar Schritte zurück machte und begann, sich auf der Wiese zu drehen, mit ausgebreiteten Armen, lachend, ausgelassen, und Marcel stand da, lachte auch, und sah, wie sie sich im Gewitterregen drehte, so als tanze sie, und in ihren Augen lag ein Glanz aus strahlendem Glück. Plötzlich jedoch hielt sie inne, taumelte, fasste sich an den Kopf, schwankte. Mit einem Satz war Marcel bei ihr und ergriff ohne zu überlegen ihre Schultern, um sie zu halten. Wie in einem kitschigen Video, dachte er, aber er hatte noch nie etwas gegen kitschige Videos gehabt ...

»Ui, da ist mir jetzt doch echt schwindelig geworden«, kicherte sie, sank an seine Brust und legte ihre Arme um ihn. Fast wie von selbst legten sich auch seine Arme um sie, und ganz warm und geschmeidig war ihr Körper. Was für ein Gefühl! Ungläubig blickte er zu ihr herunter und dann in den menschenleeren Park, als suche er jemanden, der ihm sagte, dass er nicht träumte. Sie im Arm zu halten, das war ... unglaublich! Sie schmiegte sich in diesem Moment eng an ihn und er legte seine Arme noch fester um sie, und während sie so standen, strömte der Regen unablässig weiter auf sie herab, und immer wieder zuckten Blitze und ließen die Luft ergrollen. Marcel war das aber ganz gleichgültig, auch wenn der Wind ziemlich kalt durch die nasse Kleidung fegte, er hielt sie im Arm und nur das zählte, das allein!

Abermals blickte er zu ihr herunter, spürte, wie sie atmete, tief und doch ruhig. Fast meinte er, ihren Herzschlag zu fühlen, wild und gelöst zugleich. Sacht legte er schließlich sein Gesicht in ihr nasses Haar, es duftete, wie nur regennasses Frauenhaar duften konnte – und gerade als er diesen Moment wirklich realisierte, wie sie hier standen, wurde ihr Körper plötzlich hart, hart wie ein Brett. Und ehe er sich versah, riss sie sich mit einem Ruck von ihm los, wand sich aus seinen Armen und lief weg. Über die Wiese. Und dann den Weg entlang. Sich im Regen schemenhaft auflösend. So wie ein Traum nach dem Aufwachen verschwand.

»Therese!«, rief er. Hastig machte er ein paar Schritte hinter ihr her, blieb aber gleich wieder stehen. Es hatte keinen Sinn, er konnte sie nicht einholen, sie war viel zu schnell für ihn. Und selbst wenn – was sollte er dann sagen? Sie war weggerannt. Ohne ihn. Hatte nicht mehr bei ihm sein wollen.

Minutenlang stand er da. Starrte in den Regen, der allmählich nachließ. Auch Blitz und Donner verstummten. Die Windböen legten sich. Zuletzt wurde es ruhig. Und

Regen fiel nur noch in ganz feinen haarförmigen Bahnen vom Himmel herab.

Endete ganz.

Am Horizont brachen sich nun Sonnenstrahlen einen Weg durch die Wolken. Neben dem Park fuhren wieder Autos vorbei. Er stapfte los. Durch den Park. Auf den nun pfützendurchsetzten Wegen. Zurück zu seinem Fahrrad. Sie war nicht zuhause. Das spürte er. Wusste er. Er brauchte nicht bei ihr zu klingeln.

Den Rest des Tages erlebte er wie entseelt. Alles war so unwirklich. Hatte er das alles wirklich erlebt? Warum war sie weggerannt? Warum hatte sie ihn davor überhaupt umarmt? Er wusste es nicht. Das ergab alles keinen Sinn.

Nachts kam zudem der Schlaf nicht. Er dämmerte nur ein. Sah Bilder von Therese. Fühlte ihren Körper in seiner Umarmung. Ihren wundervollen Körper ... und er litt dieses unsagbare Gefühl, das er gehabt hatte, als sie wegelaufen war – als wenn alles kaputt gegangen wäre.

*

Der Wecker riss ihn hoch. Der Kopf schmerzte. Aufstehen. Schule. Was für ein schlimmes Dasein. Der Unterricht zog an ihm vorbei. Totale Öde. Er konnte nur an Therese denken. Sah sie ständig in Gedanken vor sich – im Sommerkleid. Im Sportdress. Regenüberströmt. Unter Wasser, tot. Ein Blitz durchfuhr ihn. Er musste sie wiedersehen. Unbedingt. Mit ihr sprechen. Irgendwie! Doch sie war nicht da. Nirgends.

Hatte sie vielleicht ... ? Er verdrängte diesen Gedanken gleich wieder. Schleppte sich müde durch die Schulstunden. Am Ende einer kleinen Pause während des Nachmittagsunterrichts verließ er noch einmal das Klassenzimmer. Ging zum Getränkeautomaten. Zog sich einen Kaffee. Schlenderte mit diesem über den dunklen Gang zurück. Die Deckenbeleuchtung war ausgeschaltet. Aber die Klassenzimmertür stand offen. Er blieb drei bis vier Meter vor der Tür im Gang stehen. Sonnenlicht fiel durch das Klassenzimmer und durch die geöffnete Tür in den Gang. Es waren die Stimmen der anderen zu hören, der Geruch des Schulgebäudes mischte sich mit dem des Kaffees. Das hatte etwas Vertrautes, Angenehmes, und eigentlich war das Leben doch schön, dachte er, als er an dem Kaffee nippte. Wer wünschte sich da den Tod?

Der Lehrer erschien. Mit der Klinke in der Hand.

»Es geht weiter!«

Wieder Unterricht. Deutsch. Zog an ihm vorbei. Bis auf einen Satz in dem Drama, das sie behandelten. An diesem Satz blieb er hängen. Immer und immer wieder las er diesen. Dann war Schluss. Wie benebelt schlich er zum Fahrradunterstand.

Dort stand sie. Neben seinem Fahrrad und einem eigenen in der Hand. Blickte ihn an. In einem schönen, dunklen, blauen Kleid, in schwarzen, feinen Schnürstiefeln und mit geflochtenen Haaren – sie sah aus, als ginge sie zu einer Veranstaltung, einem Abschlussball oder so ... Sie sah herrlich aus! Aber auch übernächtigt. Gerädert. Ausgelaugt. Malträtiert. Wie gefoltert.

»Hast du Zeit?«, fragte sie leise. In ihren Augen lagen Trauer und Gelöstheit zugleich.

»Ja!«, antwortete er und schaute kurz zu ihrem zusammengerollten Tagebuch, das sie neben dem Fahrrad in der anderen Hand hielt.

Sie fuhr ihm voraus durch das Tal. Marcel war wie betäubt. Konnte keinen klaren Gedanken fassen. Er ahnte, was sie vorhatte. Das tat weh. Festhalten. Er müsste sie festhalten. Aber wenn sie das doch nicht wollte? Wenn sie es einfach nicht wollte?

Therese führte ihn zu der Stelle, an der er sie gerettet hatte.

Festhalten, festhalten, verdammt noch mal!

Sie ließ sich am Ufer nieder, indem sie den eher engen Rockteil des Kleides über ihre Knie hinaufzog, und auch er setzte sich, während sein Blick an ihren nackten Beinen hängen blieb.

Festhalten. Wie konnte er sie festhalten?

»Dein Lieblingsplatz ist auch meiner«, erklärte sie, legte ihr Tagebuch, das ziemlich ramponiert aussah, neben sich ins Gras und blickte auf das trübe vorbeigleitende Wasser. »Ich bin in dem Ort da hinten aufgewachsen, bis wir umgezogen sind. Hier habe ich manchmal Ruhe gefunden.« Sie atmete tief ein und zu gerne hätte er jetzt seinen Arm um ihre Schultern gelegt, jedoch war er sich nicht sicher, ob sie das wollte; überhaupt wusste er gar nichts mehr richtig, in seinem Kopf war nur noch so etwas wie eine große Leere. Aber irgendetwas musste er doch tun? Aber hatte sie nicht auch das Recht darauf, dass er nichts unternahm, sie machen ließ?

»Das waren Momente«, fuhr sie leise fort, »in denen ich gerne da war, nicht nur hier, sondern überhaupt. Dann war ich ich selbst.« Sie sah ihn nicht an, während sie das sagte. In ihren Augen schimmerte der sich langsam rot färbende Himmel. »Auch gestern war ich gerne da, habe einen Moment lang das Leben gekostet, im Park, aber ich habe schnell gespürt, dass es nicht so bleiben würde. In mir sind Stimmen, die nicht wollen, dass es mir gut geht ... ich bin in der Nacht dafür bestraft worden, dass ich kurz glücklich war ...« Sie nahm ihr Tagebuch in die Hände und blätterte darin, schloss es aber dann wieder und legte es zurück ins Gras. Auch ihre Haut färbte sich jetzt sonnenuntergangsrot.

»Ich gehe heute nicht mehr nach Hause«, sagte sie schließlich in die Stille hinein. Ihre Stimme bebte. »Es ist so warm, so schön ... und der Himmel leuchtet.« Ihre Augen blickten in die Ferne. Sie strich sich ein paar Haare aus dem Gesicht und Marcel betrachtete sie, denn Therese war schöner denn je.

»In mir dagegen ist es schrecklich«, fügte sie hinzu. »Diese Stimmen ... es sind hunderte ... manchmal höre ich sie gleichzeitig, alle auf einmal ...« Sie biss wieder auf ihrer Unterlippe herum. »Sie sind nicht immer da«, setzte sie ihre Worte nach einer Weile fort. »Dann geht es mir gut. Wie gestern zum Beispiel. Aber dann kommen sie wieder, mit Gewalt, alle, und das ist ... als wenn ... als wenn mein Kopf platzt, ich will dann nur noch schreien, und ich habe das Gefühl, den Verstand völlig zu verlieren ...«

Sie atmete mehrmals heftig ein und aus, zitternd. »Ich halt das nicht mehr aus!« Sie legte den Kopf in den Nacken und schloss die Augen. »Ich hab' alles versucht, sie zu vertreiben ... nichts hilft – es bleibt ... so fremd in mir ... dieser Lärm in meinem Kopf ... dieses Kreischen ... das tut so weh ... ... so unendlich weh ...« Ihre Stimme war leise geworden und sie schluckte mehrmals. »Ich will das nicht mehr ... ich kann nicht mehr ...«

Therese hatte die rechte Hand zu einer Faust geballt und biss hinein, mehrere Sekunden lang, dann nahm sie seine Hand mit beiden Händen und hielt sie fest; ganz warm und sanft waren ihre Hände.

»Nur in der Klinik gehen die Stimmen ganz weg«, erklärte sie, »wenn ich Medikamente bekomme ... aber wenn ich die genommen habe, dann bin ich ... wie ein Roboter ... dann bin ich nicht ich – dann bin ich irgendwie gar nichts ...« Sie legte abermals den Kopf in den Nacken und ihre Augen verloren sich im flammenden Rot des Himmels. »Gar nichts sein ist schlimmer als alles andere.« Ihre Augenlider flackerten. »Aber im Moment bin ich ich selbst ...« Sie lächelte müde. »Manchmal wäre ich gerne ein Sternbild, so wie da oben.«

Marcel hob seine Augen auf zum Firmament – tatsächlich schimmerten erste Sterne, schwach, aber sie waren da. Auch Therese sah hoch zu den ersten Sternen. Minutenlang saßen er und sie so da. Dann ließ sie seine Hand los und nahm wieder ihr Tagebuch in die Hand.

Festhalten. Festhalten. Marcels Puls raste. Er musste etwas tun. Verdammt ... In seinem Gehirn schwirrte und sirrte es. Etwas tun. Aber gegen ihren Willen? Sie meinte es wirklich ernst, verdammt noch mal ... Zeit gewinnen, irgendwie ... wie konnte er nur Zeit gewinnen? Der Unterricht vorhin kam ihm in den Sinn.

»Lest ihr in Deutsch auch gerade den Hauptmann von Köpenick?«

Sie machte große Augen und guckte ihn irritiert an. »Ja,

wieso? Wie kommst du jetzt darauf?«

»Ich ... da liest er dem armen Mädchen doch vor ...«

»Ja, ich kenne die Stelle – sie stirbt.«

»Aber du musst es nicht!« Er stand auf, sein Magen war flau, vielleicht war es dumm, was er vorhatte, töricht, unerhört töricht ... vielleicht aber auch nicht ...

Zitternd und bebend streckte er seine Hand aus. »Komm mit mir!«

Sie sah hoch zu ihm. »Wohin?«

»Ich weiß nicht. Aber etwas Besseres als den Tod werden wir überall finden!«

Ihr Blick traf den seinen, und er spürte, dass sie sah, dass er es ernst meinte, bereit war, alles in Kauf zu nehmen, auf Gedeih und Verderb ...

Ihre Nasenflügel bebten. »So einfach wie im Märchen ist es aber nicht. Außerdem kennst du mich gar nicht richtig.«

»Wir können es trotzdem versuchen. Zu zweit. Ich werde dich einfach nicht loslassen, einfach nicht gehen lassen. Was auch immer passiert.« Er atmete tief durch, es konnte gut möglich sein, dass sich sein Leben im nächsten Moment für immer verändern würde. »Damit du lebst.«

Ihre Mundwinkel zuckten leicht.

»Du weißt nicht, wie das ist, mit einer wie mir.«

»Mir egal.«

»Ich kann dir nichts versprechen.«

»Musst du auch nicht.«

»Ich weiß nicht einmal, ob ich lieben kann.«

»Was spielt das schon für eine Rolle. Und überhaupt: Wer weiß das schon?!«

Sie starrte den ungewöhnlichen Jungen an, zitterte,

atmete ... dann hob sie langsam den Arm – und nahm schließlich seine Hand fest in ihre ...

Matthias Ulrich

Der Zeuge

Das Gericht besaß hohe profunde Säulen und breite Treppen zum Haupteingang. Die bronzene Justitia auf dem Sockel hielt starr die Waage wie auf einem Brett. Sie müssen schon erscheinen, hatte der Staatsanwalt dem Zeugen Martinek gesagt. »In dieser Sache«.

Einer Schlägerei vor einem Tanzlokal. Er hatte gesehen, wie zwei bullige Typen, die nicht in das Tanzlokal durften, den Türhüter, einen kleinen, stämmigen Türken, zusammengeschlagen und mehrmals »Heil Hitler« gerufen hatten, dazu den Hitlergruß zeigend und den Türhüter mit Worten wie »Kanake, Türkenschwein und Abschaum« beleidigten. Martialische Jungmänner, hochrasiert bis in den Nacken und mit einer Art Siegeszeichen versehen, einer Rune im breiten Feld der Haut.

Durch Zufall war er dazu gekommen, weil er wie öfters in der Stadt an der Tauber unterwegs war; Spuren der Geschichte suchend und was er fand, sich notierend. Buchstabe für Buchstabe, Namen, abgeblätterte Ziffern, verwischte Zeichen der früheren Bewohner. Diese Spuren verglich er mit den Daten einer Chronik und schrieb von den Menschen, die dort gewohnt hatten. Jüdische Bürger, Geschäftsbesitzer, Händler und Advokaten oder Ärzte, die Opfer der Hitlerverfolgung geworden waren. Es war erstaunlich, wie viele Spuren trotz der langen Zeit noch da waren, ein übertünchter Name, eine abgeblätterte Tür, ein Schaufenster, das seine Form nicht verändert hatte. Über einer Tür hing noch eine alte Uhr, die um halb zwölf stehengeblieben war, obwohl im Geschäft daneben die elektronische Ziffernuhr exakt die Uhrzeit runterklappte, niemand hatte die alte Uhr abgehängt. Weil sie wie eingemauert über dem Türstock hing. Sie war verwittert und schien aus allen Zeiten gefallen zu sein. Nicht Vergangenheit, nicht Gegenwart, nicht Zukunft. Unvermittelt war er gar nicht weit davon auf die Schlägerei gestoßen.

Der Wirt des Tanzlokals hatte die Polizei gerufen. Einer der Polizisten trat zu Martinek hin und fragte ihn, wie er die Szene mitbekommen habe. Was er sagen könne. Von seiner Wut wollte er nicht reden, seiner Empörung auch nicht, eher so »ojektiv« wie möglich sein, weil das die Angst wegschob. Die Angst war das Gegenteil der Genauigkeit der Geschichte gegenüber.

Das Notizbüchlein des Polizisten lag auf der flachen Hand, und der Polizist notierte sich umständlich die Parolenwörter, Wort für Wort.

Das Gericht erwartete nun eine Aussage von ihm. Der Gedanke an das Gericht und seinen bühnenähnlichen Aufbau mit Richtertisch, Schranke, Staatsanwaltsstuhl und Verteidiger- und Angeklagtenbank war ihm unangenehm. Er überlegte, wie seine Antwort als Zeuge sein konnte, zunächst begründend, warum er nachts unterwegs war, wie er zu der Szene dazugekommen war, das Grölen hörend, die Nacken sehend und das verzweifelte Gesicht des Türhüters, der sich nach den ersten Schlägen wieder hochgerappelt hatte, taumelnd die Faust hebend, als habe er noch einmal seine Person durchsetzen wollen und den Männern seine Würde klarmachen. Nach dem zweiten Schlag und den pöbelnden Worten lag er am Boden, endgültig besiegt. Jedermann konnte über ihn hinwegsteigen, ihn nicht mehr beachten und seine silberne Jacke mit den Schmutzflecken sehen und die Tür ohne Türhüter oder Kontrolle. Die Melodien rauschten in der Luft, als hätten sich alle von der Kontrolle des Türhüters befreit und den Sieg mit Musik und Geschrei errungen.

Als Zeuge schilderte er dem Polizisten, wie der Türhüter sich erheben wollte, um an den goldenen Türgriffen Halt zu finden. Die Fäuste und das Gebrüll der Angreifer hatten ihn stumm gemacht.

Die Burschen mussten ihren Ausweis herzeigen und machten das von oben herab, so als seien sie die Herren, die das Fußvolk der Polizei kontrollierten. Und aus dem Dunkel der Nacht tauchten weitere Schwarzgewandete auf, um einen Sieg über die bestehende Ordnung zu feiern. Dem Türhüter nachlachend wie einem niedergeschlagenen Schwächling.

Die beiden Polizisten, der junge und sein älterer, leicht fülliger Kollege, waren dann wie Gardesoldaten weggezogen und hatten die Szenerie verlassen. Warum sollten sie für etwas geradestehen müssen, dessen unmittelbare Folge offenbar vorbei war. Oder – dass sie aus einer gewissen Resignation heraus selbst schon die Parolen und das Auftreten der anderen nicht als Straftatbestand bewerteten. Oder gar selbst Sympathien mit den Typen und ihrem Auftreten hatten.

Der Staatsanwalt hatte sich in einem Telefonat die Szene noch einmal beschreiben lassen. Martinek war durch die Wiederholung unsicher geworden und hätte die Geschichte am liebsten weggeschoben.

Doch das ging ja nicht. Seine Aufgabe waren die Gänge durch die Stadt, das Finden und Entdecken der übertünchten Spuren. Den ganzen Weg der Erinnerung nach.

Der Staatsanwalt erklärte, er setze das Ganze zu einem Bild zusammen, das den Richter überzeugen müsse, damit die andere Seite nicht zum Zuge komme. Er schreibe die Anklage und fühle doch, wie schwer es sei, die Ableugnung der Taten und Worte zu widerlegen, an die sich viele doch schon gewöhnt hätten. Und die Kleidung und das Auftreten der Burschen spreche ja gegen sie, aber das sei kein Straftatbestand, sonst müsste der Staat vorschreiben, was die Bürger zu tragen hätten. Ja, in der Verleugnung seien die Burschen sicher, als hätten sie das Selbstverständliche getan, sich Respekt verschafft und über einen Schwächeren gesiegt.

Er war Zeuge eigentlich von wie vielen – oder der einzige? Der Staatsanwalt ging auf diese Frage nicht ein.

Was die Verteidiger anbetraf, meinte der Staatsanwalt, da stehen immer gleich zwei, drei Herrschaften bereit, sauberer Haarschnitt, makellose Robe, gutes Herrenparfum, die könnten ihn, den Zeugen, in die Mangel nehmen von verschiedenen Seiten her. Martinek sah sich, wie er vor den holzvertäfelten Schranken des Gerichts stand und kühl sagen musste: die Uhrzeit, der Ort, der genaue Blickwinkel, die Worte selbst, die einzelnen Parolen, was er gehört hatte etc. Damit die Verteidiger ihn nicht wie einen Angeklagten behandelten und behaupteten, er sei vollkommen voreingenommen und würde das Geschehen »ideologisch« einfärben.

Der Staatsanwalt schob sich ein Bonbon in den Mund,

dessen Einwickelpapier im Telefon knisterte – die ganze Geschichte sei ja doch nichts Besonderes, das komme fast jede zweite Woche nun vor.

Martinek hatte Zweifel, ob seine Aussage genügen könnte, um dem niedergeschlagenen Türhüter Gerechtigkeit widerfahren zu lassen. Waren seine Aussagen brauchbar? Hatten die Polizisten den Ernst der Lage erkannt oder lieber gar nicht wahrnehmen wollen und was hatten die anderen Zeugen gesehen und gehört? Diese Parolen, die dazu gehörten wie gewisse Fahnen bei den Fußballspielen, gebrüllte Sätze, Parolen, die man ungeniert auf Smartphone, auf Twitter und sonstwo wie aus Gewohnheit weitergab.

Wer wollte zu denen gehören, die in ihrem silberfarbenen Jackett zu Boden gingen und hilflos zappelten, wenn »die« angriffen? Wer landete dafür vor den Schranken des Gerichts, saß auf den Stühlen mit dem roten Lederbezug und den Goldnägeln am Saum und versuchte als Zeuge das wirkliche Geschehen zu benennen?

Eher skeptisch beäugt als die Angeklagten? Die umarmten ihre Verteidiger und setzten sich breitbeinig auf die Stühle, als hätten sie nichts zu fürchten, assistiert von den makellos glatten Herren mit den schimmernden Roben. Da war Justitia schwach und die Gesetzesbücher ausgehöhlt, leer. Martinek erinnerte sich, in einem amerikanischen Schwarz-Weiß-Film einmal einen Richter gesehen zu haben, der in seiner schwarzen Robe und den weißen Haaren unerschütterlich war und wie ein Gott alle in seine Schranken wies, die da vor dem Gericht standen. Und wie die Zeugen den Hut abnahmen, wenn sie in den Zeugenstand traten, einen Borsalino mit einem hellen Stoffband. Die Zeugen waren vor der Kamera mit schweißnassen Gesichtern aufgetreten, dass die Bedeutung der Zeugenschaft mit einem Blick klar war. Der Richter hatte Statur, er rückte durch die Arbeit der Kamera über den Richtertisch, dass die Distanz des Rechts zu den Zeugen und Angeklagten deutlich sichtbar wurde.

Da fand das Recht etwas Selbstverständliches, Wahres, an dessen Wirkung im Film niemand zweifelte. In der Realität? Immerhin eine gutbürgerliche Stadt mit Honoratioren weit über die Stadt hinaus bekannt und dann der alte Nimbus als Olympia-Standort.

Einen weiteren Anruf des Statsanwalts bekam er nicht, er war Zeuge der Anklage. Das Gericht stellte ihm eine Postsache zu, in der er als Zeuge benannt und mit Termin aufgefordert wurde, vor Gericht zu erscheinen und seine Aussage in Bezug auf das Geschehen vor dem Tanzlokal zu machen. Die Unterschrift des Staatsanwalts war ein Vor- und Stempeldruck, so dass es wie bei einer Rechnung etwas Routiniertes hatte.

Martinek hatte am Morgen, weil er früh aufgewacht war, eine kleine Wanderung unternommen, um »Überblick« zu bekommen. So den Weg hinaufsteigend hatte er das Gefühl, dass die Bedrückung, die er von der ganzen Geschichte bekommen hatte, einer fast lächerlichen Sehnsucht gewichen war, hier nicht zu scheitern. Man musste die Sache klug sehen und wie alles zusammenhing. So oder so musste man sich entscheiden. Das, was zerbrechlich war, war zerbrechlich, musste aber nicht zerfallen. Konnte standhalten wie der Einzelne kaum standhalten konnte und doch standhalten musste. Vor den Schranken des Gerichts etwas stoppen, das vielleicht schon normal geworden war. Das Recht des Stärkeren. Wie man sich einredete, es gebe Zeit, es sei ein Vorübergehen, es seien Verirrte. Ein scharfes Urteil gegen den gewalttätigen Spuk wäre die Hoffnung. Die Zeugenschaft war dann brauchbar. Damit nicht der Zeuge die Argumente der Verteidiger fürchtete so wie die Maus die Krallen der Katze.

Das, was sich als Recht zersetzte, wenn die die Ledergewandeten und ihre Parolen das Gericht nicht mehr fürchteten und straffrei ausgingen.

So machte er sich auf zum Gericht. Er hörte, wie am äußeren Rand des Gerichtgebäudes, da wo die großen Treppen begannen, die Burschen sich sammelten. Der Prozess machte ihnen keine Angst; dass Prozesse Angst machten, war von gestern. Die Roben am Arm der Verteidiger sahen eindrucksvoll aus, die Falten an den Halskrausen schimmerten wie piekfein gebügelt.

Martinek betrat den Nebeneingang des Gerichts durch die schmale Holztür und stieg über die Treppe hinauf, griff an das metallene Geländer, an dem die Stangen kühl waren, und schlich eher, als dass er fest auftrat. Im Gang neben der Tür stand einer der Burschen und zog die Faust hoch. Nun, er war allein – und machte dem Zeugen Martinek Platz.

Brigitte Volz

Totenlied

Noch könnte ich
Nicht
Standhalten
Bleiben
Alleine
Den Tod umarmen
Ihn fragen
Was er braucht
Alleine
Bleiben
Im Dunkeln
Im wabernden Nebel
Da helfen auch sie nicht
Die Totenlichter
Die roten
Auf den Gräbern
Namenlos
Du hast es geschafft
Siezen mag ich nicht mehr
Eine Umarmung
Schnell und leicht
Wie das wohl gehen wird
Sagtest Du
Immer wieder
Neugierig
Bis zum Schluss

Kein weißer Sarg
Heute Morgen
An anderem Ort
Aber auch weiß
Würde zum Grau
Der Asche
Den Tod umarmen
Dich umarmen
In Gedanken
In großer Dankbarkeit
Ein Distelhäuser
Auf Dein Wohl
Und zuhause
Deine Kerze
Im Fenster
Und Rilke
In der Hand
Was wirst du tun Gott
wenn ich sterbe

Taubermond

Augen die pendeln
Hin und her zwischen zwei Scheiben
Unerwartet groß und leuchtend
Tieforange
Mond und Mond
In der Tauber
Und da, wo Himmel und Erde sich berühren, im Nachtblau
Das Steinkreuznest von Reicholzheim hinter mir
Fahrt flussaufwärts durch das Tal
Was, wenn der eine Mond herunterkäme
Und über die Straße rollte, zur Tauber hin
Auf der Hut
Darauf bedacht, nicht von ihm erwischt zu werden
Hinter der nächsten Kurve
Kilometer um Kilometer angespannt
Und dann ein Blitz
Und ein Knöllchen
Vier Wochen danach

Tauberbischofsheim

Der Name des Ortes
ist mir ein Rätsel
Ich kann es nicht finden
des Bischofs Heim
Wenn er es nicht war
der rote Palazzo
Und auch nicht das Schloss
im Mondenschein
Bleibt nur noch die Tauber
denke ich mir so
Aber die wird's wohl nicht
gewesen sein

Steinkreuze

Menschenkette
Aus Stein
Arme ausgestreckt
Links und rechts
Nach Nähe suchend
Und Berührung
Die Häupter zum Himmel erhoben
Nur Luft
Zwischen ihnen und Gott
Wer wollte
Könnte meinen
Es seien Kreuze

Marien

Klosterkirche Mariä Himmelfahrt, Bronnbach

Aufbrechen muss er
Der dunkle Schoß der Erde
Damit sein Wasser zum Bronn wird
Zur Quelle
Ewig göttlich Weibliches
Lange verdrängt
Sichtbar in manchen Altären
Immerhin
Maria Magdalena
Jetzt in der Nordkapelle
Immerhin
Weg aus der Leutekirche
Arme Leute
Die ihrer Heilkraft so dringend bedürfen
Und Maria die Mutter
Am Hochaltar
Immerhin
Himmelfahrt
Vögel im Kirchenschiff
Singen ihr Lied
Mittler
Zwischen Himmel und Erde
Und wo sind sie
Die Göttinnen
Des Südens und Westens

Laudate Lauda

Lauda. Wahrlich kein Ort, der aus dem Rahmen fällt.

Und täte er es, bliebe nichts als dieser Rahmen.

Leer und ungetröstet.

Auf der Suche nach Füllung und Erfüllung oder beidem.

Wie die Rahmen, die hoffen, in Bahnhofsnähe.

Sehnsucht danach, sich an ein Bild zu schmiegen, es zu umarmen.

Es muss nicht vom Bahnhof kommen.

Auch wenn er kündet von der Welt.

Von Orten, die aus dem Rahmen fallen und sich neu entwerfen.

Mit immer neuen Bildern.

Auch jenen von Edita Kadiric. Zu sehen in Barcelona oder in Belgrad.

Oder in Hohenlohe. Im Museum.

Cocoon. So der Titel einer Ausstellung. Von mir mehrfach besucht.

Begegnung mit Mädchenbildern, Totemtieren und der Künstlerin selbst.

Sie sagt, ich könne ein Bild kaufen. Und schickt eine Auswahl per Mail.

Ich muss es haben. Das eine Bild. Mädchen mit Pagenschnitt.

Mir ähnlich als Kind. Das Totemtier hätte ich mir gewünscht. Damals.

Es findet den Weg.

Das Bild.

Von Barcelona zu mir. Ist endlich da.

Auf der Suche nach einem Rahmen.

Einen Platz hat es schon - an der Wand.

Hohenlohe. Diaspora. Was sie betrifft. Die Bilderrahmen.

Nicht zu vergleichen mit Stuttgart. Aber Stuttgart ist weit.

Und dann im Netz: Lauda.

Einrahmungen in Bahnhofsnähe.

Die Erfüllung naht.

Laudate Lauda.

Fremdgehen

Fischen an fremden Gewässern
Nicht im Wasser
Nein
An den Ufern der Tauber und im Hinterland
Fischen
Mit Augen und Ohren und anderen Sinnen
Nach Eindrücken
Die in Worte fließen
Und das Sprachnetz füllen
Mit reichem Fang

Eulschirbenmühle

Eulen-, Schirben-, Mühlversteck
Hinterm Baum erscheint ein Eck
Hinterm andern auch ein Rund
Wer hat Angst vorm freien Hund
Er alleine hat die Chance
Für den Blick aufs Große Ganze

Wolf Wiechert

Der Besuch

in memoriam Gottlob Haag

Vierzehn Tage vor seinem Tod rief ich ihn an. Ich wollte ihn besuchen, mit dem Motorrad, schnell mal vorbeikommen, sehen, wie es ihm ginge nach der Krankheit, reden über unsere Arbeit, über Literatur und Literaten, über das Leben, über die Zeiten und überhaupt.

Es dauerte etwas, bis er sich meldete.

Er freute sich.

»Ach, du bischts!«

Aber als ich ihm meinen Besuch ankündigte, zögerte er. Kein Wunder, es war ja auch wieder einmal einer meiner spontanen, überfallartigen Heimsuchungen.

»Weischt«, sagte er dann mit dünner Stimme, »isch bin noch zu schwach, kommscht besser später mal.«

»Vielleicht in vierzehn Tagen oder so?«

»Ja«, sagte er, »kommscht dann.«

Viel mehr sagte er nicht. Ohnehin war er noch nie gesprächig gewesen, war immer schon sparsam umgegangen mit Worten, eher bedächtig, sorgsam.

Passt vielleicht auch zu dem Menschenschlag, dem er entstammte, zu den Hohenlohern, zu denen er sich uneingeschränkt bekannte, denen er mit seinen Werken eine markante Stimme gegeben hat, nicht selten in seiner hohenlohschen Mundart.

In meinem Dorf hat die Sprache / einen breiten Rücken.

Als ihm im April 2007 vom Herzog von Württemberg der Ludwig-Uhland-Preis verliehen wurde, war er besonders darauf stolz, dass endlich auch die Schwaben, die mit ihrem Schwäbisch das Hohenlohsche zu verdrängen drohen, sein Werk gewürdigt haben.

Vierzehn Tage nach diesem letzten Gespräch, gerade in den Tagen, als ich ihn hätte besuchen sollen, ist er gestorben.

Zur Trauerfeier, die erst einige Zeit später stattfand, konnte ich nicht fahren, weil wir bereits im Urlaub waren.

Also holte ich den Besuch nach, viel später, wieder spontan, bei schönem Wetter,

Septemberblau / über den Feldern. / Pflüge / entrinden den Sommer, / die Weiden am Fluss / werden schütter ..., wie Gottlob das beschrieben hat.

Hinter Mergentheim wurde es ruhiger auf der Straße, es geht bergauf, bergab, in lang gezogenen Kurven, manchmal auch schnurgerade, *ausgerollt das Land ...*

Wildentierbach, so heißt das Dorf, in dem er geboren wurde, in dem er gelebt hat bis zuletzt, bodenständig in einer Weise, wie es in unseren Tagen selten geworden ist. Sein Haus liegt am Rand, versteckt hinter Büschen und Bäumen, und ist doch nicht zu übersehen, denn neben dem Gartentor, das den Aufgang zu einer schmalen Treppe freigibt, steht auf einer Mauer aus Bruchstein sein Name, daneben *Lyriker* und die Hausnummer.

Als ich ihn das letzte Mal gesehen habe, stieg er gerade mühsam den steilen, schmalen Weg aus dem Dorf heraus hoch zu seinem Haus. Wir waren dann gleich in sein Haus eingetreten, er hatte neben dem großen offenen Kamin in seinem Sessel Platz genommen. Und schon waren wir mitten im Gespräch.

Und jetzt, als ich wieder vor dem Eingang stand, blickte ich unwillkürlich den Weg herunter, aber natürlich war da niemand zu sehen.

Bin ich nur Stimme – so der Titel seines letzten Buches – ja, er war mir jetzt nur noch Stimme.

Aus dem Staub dieser Erde gemacht / will ich weiter nichts sein / als Stimme, die dieses Land / der Sprache erschließt.

Ich ging die Stufen hoch. Neben der Haustür standen Müllbehälter. Alles wirkte verlassen, verwaist. Nur das große, helle Schild rechts vom Eingang unter der Lampe, das sie ihm früher einmal geschenkt hatten, machte ihn wieder ganz präsent:

Gottlob Haag
Dichter

Ja, das war er, *Dichter*, selbstverständlich, ohne Berührungsängste und für jedermann, der ihn kannte, ebenso selbstverständlich.

Und es kannten ihn viele, sehr viele, weit über seine Region hinaus, gerade auch von den Sendungen des Bayrischen Rundfunks her.

Bei der letzten Geburtstagsfeier, die ihm die Stadt Niederstetten ausgerichtet hatte, zum Achtzigsten, waren wieder einige hundert Gäste ihm zu Ehren gekommen.

Er war ihr *Dichter*, und kaum zu glauben, wie breit und tief verwurzelt in seiner Heimat – dass es so etwas überhaupt noch gibt in unseren umtriebigen Zeiten!

Auf dem Friedhof, der sich noch immer rings um die alte Kirche erstreckt, ist das Grab mit dem in der Mitte eines steinernen Rundkreuzes eingemeißelten Namen *HAAG* und den dahinter stehenden, die Friedhofsmauer weit überragenden Lebensbäumen nicht zu übersehen. Dort liegt seine früh verstorbene Frau Hilde beerdigt, um die er sehr getrauert hat, und dort ist auch seine Urne bestattet worden.

Über dem Rund, das das Kreuz breit einkreist, steht geschrieben:

MIT DEM MASS DER HOFFNUNG MESSEN WIR EINANDER DAS UNABWENDBARE ZU

Auf dem Grabstein lag eine verwelkte Rose.

Aus der Kirche drangen Baugeräusche. Sie wird gerade gründlich renoviert.

Jochen Wobser

Antisahara in St. Georgen

Es regnet in die Tannen links und rechts, die sind so nah und dicht,
dass von einer Landschaft nichts mehr übrig bleibt. Im Handschuhfach
knistern die Reste des Sommers, knittrige Straßenkarten, im Schlendern

aufgelesene Steine, Fußmattensand, Lieder, die eingesehen haben,
dass ihre Tage gezählt sind. Zum Meer reicht es nicht, aber es reicht noch
hinein in diesen Wald, den Röhlinwald, der Licht und Zeit verschluckt und

irgendwann sich selbst. Dunkel ins Dunkle, eine Umarmung, ein Sog, und mit
einem Mal taucht das Gefühl auf, erwartet zu werden, dort, wo einer Bilder
gegen Gespräche tauschte, 865 Meter über dem Meeresspiegel. Ich bin

völlig einverstanden, nicht zu wissen, wie es weitergeht. Beim ersten Gang
durch die Stadt ist es Nacht. Ich suche Kippenbergers Bilder unter den Laternen,
aber finde nur meinen Atem, der vor mir her wirbelt, und denke sofort an dich.

»Sichtbarer Atem«, denke ich. Das ist meine erste Spur und da ist der Geruch
von Holz, das irgendwo verbrannt wird und herüber weht, übergangslos von
einem ins andere. An der Tankstelle in der Unterstadt war vor Minuten ein Mann

in kurzen Hosen, jetzt reden oben am Bärenplatz zwei Frauen in Mänteln, rot
angestrahlt von der Textilmarktreklame, in einer anderen Sprache aufeinander
ein. Ihr Klang erzeugt ein Wintergefühl, die Tierhandlung wirbt mit dem Eintreffen

des Frostfutters. Am Hotel garni Berggasthof hat mich vorhin das Metallschild berührt,
Zimmer frei, und ich habe das Versprechen registriert, das von ihnen ausgeht: Ja,
alles ist möglich. Hier könntest du dich niederlassen, bis das Nötigste geregelt

ist, bleib doch hier. Aber ich weiß gerade nicht, ob diese Vorgänge noch aus mir
entstehen oder ob sie halt dazugehören zu so einem Ankommen, ein abgeschautes
Ritual aus Filmen oder angelesen in Texten, wo es einen wegtreibt, von irgendwoher,

irgendwohin. Genauso wie die erste Tat im Hotelzimmer: immer erst das Fenster
aufmachen, Luft hineinlassen und hinausschauen, wo man gelandet ist. Ein Handymast
ragt zwischen Birken in die Finsternis, hinter ihm liegen die Reste einer Innenstadt, die

man im Aufschauen überfliegt. Da leuchtet eine Neonbrille über dem Schaufenster des
Optikerladens und um den Zigarettenautomaten sammelt sich die Jugend von St. Georgen.
Zirkusplakate weisen mir den Weg zurück. Im Zimmer sehe ich mich als Einzelheit, wie ich

meine Ausrüstung überprüfe, mit der ich Spurensicherung betreibe, fünfmal pro Sekunde
schieße ich aus dem Fenster in die Stille der Seitenstraße oben am Hang. Und jetzt läuft
einer ins Bild, im gelben Schein sehe ich, wie die Sporttasche im Takt seiner Schulter wippt.

Im Nachtschrank liegt eine Ausgabe des Neuen Testaments, das ist eine erfolgreiche Wette
gegen mich selbst. An der Wand hängt ein laminierter Zettel mit den Fernsehprogrammen.
Ich geh noch mal runter zur Rezeption und kaufe Postkarten und Bier. Das bleiche Bild

des Berggasthofs für 50 Cent. Vor vier Wochen warst du hier und fülltest die Kurgastkarte aus
an dieser Theke mit Tonkrügen in Vitrinen und den Schlagzeilen im Lokalteil: »Der Schwarzwald
blutet aus« und das »Ärgernis der Woche« ist Hundescheiße. Über dem Spülkasten im Bad

klebt ein Schild: »Bitte absolut nichts einwerfen!« – keine Münzen, keine Pillen, keinen
Brief, an dessen Rand steht: »Das Licht existiert also nicht für den Maler.« Ein Kopfschütteln
in mich hinein, eine letzte Bewegung des Wirklichen, Wellen müden Lichts, und auch die zwei

Paare morgens im Frühstücksraum sind nur Flecken auf der Netzhaut, ihre Wanderkleidung, die
Krankheiten, mit denen sie ihr Gespräch in Gang halten, die unverhohlene Spannung zwischen
den Frauen und die Vermittlungsversuche der Männer: »Wurst mögt ihr doch beide.«

Die Wirtin bringt eine Serviette als Tropfenfänger, aber die Kanne ist schon leer. Ich sitze
da und schaue mich um in den Alben mit Eintragungen früherer Gäste im heißesten
Sommer 2003 oder im schneereichen Winter vor einundzwanzig Jahren. Alleinunterhalter

haben Autogrammkarten hinterlassen und waren »nach der Schrothkur wieder fit für die
Musik«. Ich lese die Liebeserklärung eines Ägypters an die »lovely Miss Ute«: »Never forget
that pleasant smile that shines and looks like the sun among clouds«. Von Kippenberger

oder von dir entdecke ich nichts. Also gehe ich ohne Wegweiser runter zum Klosterweiher,
zu den Tretbooten und Baggern im Schlamm, an einem Mülleimer vorbei, auf dem »I love you«
steht, ich gehe und rieche die Nudeln, die der Mann in der Minigolfbude in sich hinein füllt.

Am Süßen Eck stehen welche und schweigen. Ich rufe ihnen zu: »Natürlich kann man Blumen
kaufen« und »Warum ist Gott so hart zu mir?«, dann mache ich, dass ich weiterkomme. Im
Heimatmuseum ticken überall Uhren, am längsten stehe ich vor dem Bild »Dachdeckermeister

Fritz Breithaupt beim Schindelspalten«. Ich lese zunächst »Schädelspalten« und habe Kippi im Verdacht. Aber der Mann von der Aufsicht geht auf keine Frage ein und lacht stattdessen wie verrückt als ich sage: »Ich gehe jetzt noch in den Plenarsaal.« Also gehe ich, jetzt ist die Sonne

da und in den Pfützen am Festplatz spiegelt sich der Waldrand. Hier war ich gestern schon, im Dunkeln hatte ich das Schild »Brandschutzzone« zunächst übersehen und bin dann, einer plötzlichen Regung folgend, mitten in die Büsche rein. Da stand ich und hielt die Luft an,

kippelte innerlich, als sei ich betrunken und fiel fast hin, unbemerkt vom Spaziergänger und seinem Hund lauschte ich den Schnüren an den Fahnenmasten vorm Gymnasium, wie sie der Wind auf dem Aluminium tanzen ließ. Jetzt gehe ich um das Gebäude herum und frage mich,

was du hier gesehen hast. Die Stofftiere auf dem Fensterbrett vielleicht, das Licht in der Stadthalle nebenan, wo die Blaskapelle probt, vielleicht hast du den Dirigenten gesehen durchs Fenster, wie er sein Gesicht in den Händen vergräbt und dann aus einer Flasche

trinkt. Später, beim Wochenmarkt, spielt die Kapelle in die Glockenspielpausen hinein, vor dem Eiscafé Cristallo zählen Männer ihre Münzen, bei Martina's gibt es Sportkleidung zum halben Preis. Schilder vor dem Rathaus zeigen, wie weit es wäre, abzuhauen, nach Helsinki,

ans Kap der guten Hoffnung oder nach Berlin, in die Paris Bar, in den Dschungel oder ins SO36. Aber trinken geht auch im Stern-Imbiss von St. Georgen, wo ein Mann im weißen Kittel hinterm Tresen steht, als sei er Arzt, und ich hätte schwören können, dass ich ihn vorhin noch im Kippys

gesehen habe, im Rollstuhl vor der Toilettentüre. Aber wer weiß das schon, wer weiß schon, was bleiben wird von diesem Ort 865 Meter über dem Meeresspiegel, wo einer Bilder gegen Gespräche tauschte? Was bleibt von unserer Schnapsidee, ihn hier zu suchen und uns zu finden?

Bleibt das Schnäppchenparadies neben der Neuapostolischen Kirche? Bleibt das Zeitungspapier, das jemand in die Fenster der Plattenspielerfabrik gestopft hat? Bleiben die fleckigen Fische im Aquarium des Asiaten? Bleibt die Pferdekopfgeige, die deutsche Schlager spielt? Bleibt das

»Vorsicht Dachlawinen«? Bleibt die Sonnendusche im Vorraum der Hotelsauna? Bleibt der Fußballplatz im Nebel, oben am Roßbergstadion, wo meine Schuhspitzen in den Hochwald zeigen und der Kopf auf einem Baumstumpf liegt? »Belaste dich spürbar«, rät der Trimm-dich-Pfad.

Das tue ich seit Jahren, vielleicht bin ich auf dem richtigen Weg. In der Ferne rauscht die Bundesstraße und hinein mischt sich das Lied der Schülerin, die unten im Museum als Aufsicht jobbt, für fünf Euro die Stunde, und manchmal in die Ausstellung singt, wenn niemand da ist.

Heike Wolpert

Abserviert!

Der Korken schoss aus der Flasche und landete direkt neben der Krippe. Josef schwankte und kippte schließlich auf das größere der beiden Schafe. Natalie lachte unfroh auf und trank einen tiefen Schluck Champagner direkt aus der Flasche. Eigentlich bekam sie von dem Zeug Sodbrennen, aber das war jetzt auch schon egal. Als sie die Flasche im Kühlschrank entdeckt hatte, war ihr gleich klargewesen, dass er vorhatte, mit seiner Neuen zu feiern. Immerhin hatte sie ihm am Morgen mitgeteilt, sie würde diesen Abend nicht mehr da sein. Wenn das für ihn kein Grund zum Feiern wäre?

Es war Heiligabend, und zur Stunde besuchte Christian seine Mutter im Pflegeheim. Das war er ihr schuldig, einmal im Jahr. Immerhin gehörte ihr die schicke Villa, in der sie beide seit Jahren mietfrei wohnten. Als seine Ehefrau hatte Natalie ihn selbstverständlich bisher bei diesem Besuch immer begleitet, deswegen wusste sie jetzt auch genau, dass sie mindestens bis 18 Uhr Zeit haben würde, bevor Christian wieder zurück wäre. So lange dauerte das gesellige weihnachtliche Beisammensein im Seniorenstift, der Ablauf war stets der gleiche.

Noch drei Stunden also ...

Sie fuhr sich mit dem Handrücken über die Augen, seufzte tief und sah sich in dem prachtvoll gestalteten Eingangsbereich um. Eine riesige Nordmanntanne dominierte den Raum. In diesem Jahr hatte sie alles in warmen Naturfarben dekoriert. Dazu passte die handgefertigte

Krippe mit ihren Holzfiguren aus dem Erzgebirge ganz besonders gut. Ein Blickfang für die Besucher ihres Hauses. Liebevoll hatte Natalie Anfang Dezember begonnen, alles zu arrangieren.

Ja, gerade mal vier Wochen war das her. Da war ihr Leben noch in Ordnung gewesen. Sie hatte im Blumenladen einen prächtigen Adventskranz ausgesucht und auch das restliche Haus mit dem üblichen Schnickschnack geschmückt. Zwar war sie kein ausgesprochener Weihnachtsfan, doch das gehörte einfach dazu.

Und Christian? Der war eigentlich wie immer gewesen. Wie jedes Jahr hatte er sie machen lassen und sich diesmal sogar zu dem Kommentar »ganz nett« hinreißen lassen, als sie am Morgen des ersten Advent die erste Kerze auf dem Kranz entzündet hatte. Mehr Empathie konnte sie von ihrem Mann schon seit geraumer Zeit nicht mehr erwarten.

Das war nicht immer so gewesen. Noch vor ein paar Jahren hatte die Vorweihnachtszeit eine besondere Bedeutung für sie beide gehabt, immerhin hatten sie sich da kennengelernt; an einem Glühweinstand auf dem Weihnachtsmarkt. Natalie war mit zwei Freundinnen dort gewesen, nach einem Stadtbummel hatten sie sich einen Punsch genehmigt. Christian hatte ein paar Leute aus seiner Firma zu einem Feierabendumtrunk dort eingeladen. Und da waren sie sich begegnet: Im Gedränge rempelte sie jemand an und Natalies Getränk ergoss sich über seine Lammfelljacke. Ihm war sofort ganz heiß geworden, wie er hinterher gern augenzwinkernd erzählt hatte, und das lag nicht am verschütteten Heißgetränk. Es hatte sofort gefunkt zwischen ihnen. Schon am Folgetag lud er sie zu einem Nobelitaliener ein, bei dem man normalerweise Wochen auf eine Reservierung warten musste. Erst recht in der Vorweihnachtszeit. In den darauffolgenden Wochen sahen sie sich täglich.

Am ersten Weihnachtstag machte er ihr einen Heiratsantrag.

»Mein Rauschgoldengel«, nannte er sie immer, in Anspielung auf ihr Kennenlernen.

Natalie war so glücklich. Christian sah nicht nur hervorragend aus, er war auch ein angesehener Geschäftsmann und begehrter Junggeselle. Und sie war seine Auserwählte. Sie wähnte sich im siebten Himmel.

Ihre Hochzeit im Mai des darauffolgenden Jahres war ein rauschendes Fest. Über hundert Gäste gaben sich die Ehre. Natalie sah sich am Ziel ihrer Wünsche und ihr Leben glich fortan einem Traum. Christian las ihr jeden Wunsch von den Augen ab und überhäufte sie mit Geschenken. Arbeiten brauchte sie als seine Gattin selbstverständlich nicht.

Bereits vor der Heirat begleitete sie ihn regelmäßig auf seinen Geschäftsreisen oder nahm mit ihm zusammen an diversen Veranstaltungen teil. Sie erfreuten sich einer gewissen Berühmtheit, immerhin war er einer der größten Arbeitgeber in der Region und sie war die Frau an seiner Seite. Sehr wohl sah sie die neidischen Blicke der anderen und genoss auch die.

Irgendwann allerdings nahm sie statt des Neids in den Augen der anderen etwas Weiteres wahr: Mitleid.

Immer seltener nahm Christian sie auf seine dienstlichen Reisen mit, stattdessen begleitete ihn nun immer öfter seine Sekretärin. Es war nicht schwer herauszufinden und er leugnete es nicht einmal: er hatte eine Affäre mit ihr. Natalie war am Boden zerstört. Sie schnitt sich mit einem Messer die Pulsadern auf, doch der Versuch, sich umzubringen, misslang und bescherte ihr einen Aufenthalt in einer Klinik für psychisch Kranke.

Als sie ein halbes Jahr später von dort wieder nach Hause kam, hatte sie gelernt, mit der neuen Situation umzugehen. Christian war auch nach zahlreichen gemeinsamen Therapiegesprächen nicht bereit, sein Verhältnis zu beenden, doch er versprach, es künftig diskreter zu handhaben. Von einer Scheidung, wie die Therapeutin ihr geraten hatte, wollte Natalie nichts wissen und auch Christian hatte kein Interesse daran, sich von ihr zu trennen.

Natalie schöpfte Hoffnung, dass er doch eines Tages ganz zu ihr zurückkehren würde, riss sich zusammen und bedeutete ihrer Therapeutin, ihre Dienste würden nicht mehr benötigt. Die weitere Behandlung übernahm nun der gemeinsame Hausarzt. Aus dieser Zeit stammten auch die Schlaftabletten, die jetzt vor ihr lagen. Der Arzt hatte sie ihr gegen die schlaflosen Nächte gegeben, die sie seither plagten. Auch stimmungsaufhellende Pillen verschrieb ihr der Mediziner großzügig und ohne Fragen zu stellen.

Eine Zeitlang lebten sie und Christian so nebeneinander her. Nach außen hin schien alles wieder normal zu sein.

Dann, kurz vor ihrem 10-jährigen »Kennenlern-Tag«, am zweiten Advent, vor knapp drei Wochen, teilte ihr Christian mit, dass er eine Neue habe. Und er präsentierte ihr auch gleich die Scheidungspapiere.

»Glaub ja nicht, dass du einen müden Cent bekommst«,

fügte er gehässig hinzu, als er ihr die Dokumente persönlich überreichte, »die Firma schreibt schon lange rote Zahlen.«

Rote Zahlen? Wo kam dann das ganze Geld für ihr nicht eben bescheidenes Leben her? Natalie forschte mit Hilfe einer eigenen Anwältin nach. Leider hatte sie sich nie für Christians Geschäfte interessiert und so war das Ergebnis der Recherche niederschmetternd. Angeblich war ihr Noch-Ehemann tatsächlich pleite.

»Da ist nichts zu holen«, erklärte ihr ihre Rechtsberaterin.

»Aber wie kann das sein? Die Firma läuft doch gut?« Natalie war verzweifelt.

»Die Unterlagen behaupten etwas anderes. Sämtlicher erwirtschafteter Gewinn wurde wieder in den Betrieb gesteckt. Und natürlich in Ihren Lebensunterhalt. Mehr ist da angeblich nicht. Vermutlich hat er einen Großteil an der Steuer vorbei beiseite geschafft. Wir könnten ihn dafür beim Finanzamt anzeigen. Aber selbst wenn die ihm eine Straftat nachweisen können, für Sie bleibt am Ende nichts davon übrig. Im Gegenteil, er könnte sie der Mitwisserschaft bezichtigen.« Natalie sah das Mitleid in den Augen ihrer Anwältin und wusste, dass sie verloren hatte. Rechtsstreit, Existenzängste, ein Schrecken ohne Ende. Sie resignierte vollends. Dann lieber ein Ende mit Schrecken.

Langsam befreite sie die Schlaftabletten aus ihrer Plastikverpackung und reihte sie vor sich auf. Dann goss sie Champagner in ein Wasserglas. Außer dem leisen Prickeln des Schaumweins war es nun still. Totenstill.

Stille Nacht!

* * *

»Viel mehr als Gold und Silber wünsche ich mir dich zu Weihnachten!«

War es tatsächlich erst ein Jahr her, dass sie ihm das ins Ohr geflüstert hatte? Corinna schluchzte auf. Damals, am zweiten Weihnachtsfeiertag, hatte er sie heimlich besucht. Seiner Frau hatte er vorgelogen, ein wichtiges Meeting für den Folgetag vorbereiten zu müssen. Als er ihr sein Weihnachtsgeschenk, die hübsche Goldkette mit Herzanhänger, überreichte, kam ihr dieser Wunsch nur halb im Spaß über die Lippen. »Mit Haut und Haaren!«, ergänzte sie und küsste ihn zärtlich auf die Schläfe.

»Du weißt doch«, antwortete Christian daraufhin, »ich liebe nur dich, aber ich kann Natalie nicht verlassen, das würde sie nicht überleben.«

Selbstverständlich konnte er seine selbstmordgefährdete Frau nicht verlassen. Und sie selbst hatte ja schließlich gewusst, auf was sie sich einließ, als sie eine Affäre mit ihm begonnen hatte. Corinna schluckte. Sie musste sich wohl oder übel weiterhin mit der Rolle als Geliebte zufriedengeben.

Aber es ging ihr damit zusehends schlechter. Sie vernachlässigte ihren Freundeskreis und lebte bald nur noch für die Treffen mit ihm, immer in der Hoffnung, dass er sich eines Tages eben doch noch für sie und gegen seine Ehefrau entscheiden würde.

Dann traf er wirklich eine Entscheidung und die riss ihr den Boden unter den Füßen weg. Er wollte sich tatsächlich scheiden lassen. Aber nicht um für sie, Corinna, frei zu sein. Nein, er hatte eine Neue. Eine 25-jährige Schauspielerin des hiesigen Theaters, die mehr durch ihr aufreizendes Aussehen und weniger ihr darstellerisches Können von sich reden machte. Die Schar ihrer männlichen Verehrer war beachtlich, und für einen kleinen Skandal wegen einer kurzen Liebelei mit einem verheirateten und bis dato wesentlich prominenteren Kollegen hatte sie ebenfalls bereits gesorgt.

Und für so ein Flittchen wollte Christian sie also verlassen?

»Sie ist meine große Liebe!«, erklärte er pathetisch, und Corinna hasste ihn dafür.

Am Abend des zweiten Advent hatte er ihr das mitgeteilt. Und neben ihrer Affäre kündigte er auch gleich ihre Stelle als seine Sekretärin auf. »Du verstehst sicher, dass ich ihr das nicht antun kann. Du als meine Ex-Geliebte, das würde sie nicht verkraften.« Tränenblind schlug Corinna daraufhin auf ihn ein. Unsanft stieß er sie von sich, nannte sie hysterisch und verließ wutschnaubend ihre Wohnung und ihr Leben.

Den Rest der Vorweihnachtszeit verbrachte Corinna wie in einem Traum, einem Albtraum.

Hatte es ihr noch vor kurzem vor den einsamen Weihnachtsfeiertagen gegraut, graute es ihr nun vor ihrem weiteren Leben.

Sie verbarrikadierte sich in ihrer Wohnung. Vermied jeglichen Kontakt zur Außenwelt. Nach draußen ging sie nur, wenn es unumgänglich war. Ihr Fernseher blieb aus, das Radio stumm. Sie ertrug die fröhliche und erwartungsvolle Vorweihnachtsstimmung um sie herum einfach nicht.

Sie war ruiniert, emotional und auch finanziell.

An den meisten Tagen blieb sie gleich im Bett liegen und

grübelte vor sich hin.

Und dabei reifte ihr Plan. Sie erinnerte sich an den Schlüssel zu seinem Haus, den er ihr damals gegeben hatte, als seine Frau in der Klinik gelegen und den er nie zurückgefordert hatte. Und vor allem erinnerte sie sich an die geladene Pistole in seinem Safe, zu dem Christian ihr in einer heißen Liebesnacht außerdem den Code verraten hatte. Er selbst hatte das sicher längst vergessen und das würde sie sich jetzt zunutze machen.

Beim Verlassen ihrer Wohnung hatte er ihr noch entgegengeschleudert, sie solle endlich aus seinem Leben verschwinden. Das konnte er haben. Nachhaltig! Gleichzeitig würde sie ihm aber ein ganz besonderes Weihnachts- und Abschiedsgeschenk machen: sie wusste, dass er an Heiligabend, wie in jedem Jahr, seine Mutter im Pflegeheim besuchen würde.

Nun, in diesem Jahr würde er bei seiner Rückkehr seine tote Ex-Geliebte finden. Erschossen mit der Waffe aus seinem Safe. Dann hätte er seinen Willen bekommen, sie wäre aus seinem Leben verschwunden. Aber in seinen (Alb-)Träumen würde sie bleiben!

Zum ersten Mal seit langem verließ Corinna wieder ihre Wohnung.

Langsam ging sie durch die leeren Straßen. Ein paar Schneeflocken schwebten vom Himmel. Viele Häuser waren mit Lichterketten geschmückt, in manchen Vorgärten standen dekorierte Tannen. Alles wirkte so friedlich. Auch sein Haus lag still da. Eine Weile stand sie davor und starrte auf die Fassade. Nichts regte sich hinter den Fenstern. Corinna nickte zufrieden. Ihr Plan schien also aufzugehen.

Sie holte tief Luft und steckte den Schlüssel ins Schloss.

* * *

Natalie holte tief Luft und griff zum Glas. Gerade als sie mit der anderen Hand nach den Tabletten greifen wollte, hörte sie wie sich der Haustürschlüssel im Schloss drehte. Erschrocken schrie sie auf.

* * *

Was war das für ein Geräusch? Ein Schrei? Corinnas Herz machte einen Satz. War doch jemand im Haus? Die Tür schwang auf und gab den Blick auf den Eingangsbereich frei. An dem antiken Schreibtisch neben dem großen Weihnachtsbaum sah sie eine Frau sitzen. Seine Noch-Ehefrau. Die starrte sie mit weit aufgerissenen Augen an. Corinnas eigener Blick war vermutlich nicht weniger entsetzt. Sekundenlang musterten sie sich gegenseitig.

* * *

War die Gestalt im Gegenlicht der Tür ein Einbrecher? Natalies Puls rauschte in ihren Ohren. Ein weiterer Schrei blieb ihr in der Kehle stecken. Immerhin schien ihr Gegenüber ebenso aus der Fassung zu sein wie sie selbst.

* * *

War das eine Champagnerflasche auf dem Tisch? Und daneben, das waren Tabletten. Der Verpackung nach Schlaftabletten. Wollte die etwa ...?

»Du heilige Scheiße!«, entfuhr es Corinna.

* * *

Eine Frau! Der Eindringling war eine Frau und die Stimme kannte sie! »Du Schlampe!«, schrie Natalie ihre Wut auf die Widersacherin heraus. »Was suchst du hier?« Wie konnte dieses Weib es wagen?

»Ich ...« Corinna öffnete und schloss den Mund ein paar Mal ohne in weiteres Wort.

»Woher hast du überhaupt einen Schlüssel? Zu meinem Haus!«, setzte Natalie nach.

»Dein Haus? Dass ich nicht lache!«, gewann Corinna Oberwasser.

»Wenn du Christian überraschen wolltest: Der ist bei seiner Mutter und später bei seiner neuen Freundin!«, keifte Natalie.

»Ich weiß.« Corinna warf hinter sich die Haustür zu. »Ich weiß!«

* * *

Gleichmäßig verteilte Natalie den restlichen Champagner auf die beiden Gläser. Corinna kicherte: »Prost!« Die Frauen stießen an.

»Ich hätte nie gedacht, dass du so nett bist.« Corinnas Stimme klang champagnerbedingt schon etwas verwaschen. »Christian hat immer gesagt ...« Sie hielt inne.

»Phhh! Diesem Verräter kannst du doch kein Wort glauben!« Natalie rülpste leise.

»Naja, der Code für den Safe, der hat immerhin gestimmt«, konterte Corinna.

»Dass er ausgerechnet dir den verraten hat.« Ungläubig schüttelte Natalie den Kopf. »Ich hab alles versucht, aber ich hab ihn nicht rausgekriegt.«

»Tja, ich hatte da so meine Methoden.« Corinna versuchte sich an einem lasziven Blick. »Dafür hatte ich keine Ahnung davon.« Sie deutete auf die beiden Stofftaschen vor ihnen auf dem Tisch. Sie enthielten fast eineinhalb Millionen Euro in bar.

Natalie zuckte die Achseln und trank aus. »Ich hab es geahnt. Irgendwo musste das Geld ja sein. Von wegen pleite!«

»Schwarzgeld!«, jubelte Corinna und leerte ebenfalls ihr Glas. Dann straffte sie die Schultern »Steh auf, wir müssen los. Es ist schon fast fünf.« Sie erhob sich. »Du kannst erst einmal mit zu mir kommen. Ich bin eh allein ...«, beschied sie.

»Ich hol nur schnell meinen Mantel.«

Kurz darauf traten die beiden Frauen auf die schneebedeckte Straße. Jede von ihnen trug einen Stoffbeutel. »Schade, dass ich Christians Gesicht nicht sehen kann, wenn er zurückkommt«, bedauerte Natalie. Ihre neue Freundin zog sie weiter.

Das würde eine schöne Bescherung werden!

Anhang

Hartwig Behr

Kur und Literatur
Das Mergentheimer Karlsbad
gesehen von Schriftstellern

Es gab im 20. Jahrhundert erstaunlich viele Kurgäste in
Bad Mergentheim, die den Pegasus geritten haben. In der
Kurzeitung, die erstmals 1910 erschien, war zeitweise eine
Extraecke eingerichtet, in der das geflügelte Pferd, besser:
seine Reiter sich austoben konnten. Die Reimeschmiede
unterzeichneten ihre Dankeshymnen meist mit ihrem Namen und ihrem Kurhaus oder ihrem Herkunftsort. Wohl
höchst selten gab es Schmähungen. Wenn es sie gegeben
haben sollte, wurden sie dort nicht abgedruckt.

Die Kurgäste hingegen, die im 19. Jahrhundert dem Bad
und den Mitbadegästen ihren Dank poetisch zu Füßen legen wollten, sind zumeist anonym geblieben. Zum größe-
ren Teil waren es Poeme unbedeutender Verseschmiede.
Allerdings gibt es eine Ausnahme, ein Gedicht von Eduard
Mörike, der seinem Arzt dankt. Es passt gut in unsere Reihe von Texten, die ich Ihnen vortragen lassen möchte.

Wenn ich die »Pegasus-Texte« des 20. Jahrhunderts zitierte, würde es vielleicht manchen Hörer zu Tränen rüh-
ren – und es wären wahrscheinlich Tränen der Heiterkeit,
möglicherweise ein lustiges Kapitel. Wir wollen es trotzdem
nicht aufschlagen. Stattdessen beschäftigen wir uns vor allem mit Texten von Schriftstellern des 20. Jahrhunderts,
die in der literarischen Welt einen gewissen Bekanntheits-

grad gewonnen haben und die zum größten Teil aus gutem Grund heute noch geschätzt werden. Es können aber nicht nur Autoren mit den »höchsten Weihen« der Literatur oder von »größter Kunstfertigkeit« vorgestellt werden, wie sich denken lässt. Es sind mehrere Autoren dabei, die einem breiten Publikum amüsante Kost anboten.

Über die Entdeckung der Mineralquellen und die frühe Zeit des Bades hat ein geistlicher Herr eine große Anzahl von Strophen verfasst. Das Porträtfoto in einem seiner Werke zeigt ihn ordengeschmückt mit der Prinz-Luitpold-Medaille und dem König-Ludwig-Kreuz. Das lässt zwar auf einen Bayern schließen, aber damit trifft man nur seine »Staatsangehörigkeit«, nicht aber das Wesentliche. Er wird noch heute der »Sänger des Pfälzer Walds« genannt, der Pfarrer und Geistliche Rat Johann Martin Jäger, geboren 1853 in Martinshöhe bei Landstuhl in der Pfalz. Er veröffentlichte seine literarischen Werke – Erzählungen und Theaterstücke – unter dem Pseudonym Fritz Claus.

In einem Lexikon wichtiger Personen aus Rheinland-Pfalz erfuhr er eine umfassende Würdigung nicht nur als Geistlicher und als Autor, sondern geradezu als »Pro-motor« vieler Einrichtungen, die heimatliebenden Pfälzern wichtig sind wie z. B. Wanderwege. In der Liste seiner Werke in dem Nachschlagewerk fehlt allerdings das Buch, gerade jenes, das für den Kurort Mergentheim wichtig ist: »Bad Mergentheim. Ein Sang aus uralten, alten und neuen Zeiten. Sage, Legende und Geschichte«. Das Buch erschien 1926 im Münchener E. Huber-Verlag, offenbar zum 100jährigen Jubiläum der Quellenentdeckung vor den Toren der Stadt Mergentheim.

Jäger alias Fritz Claus kurte mehrere Male im Karlsbad. Der Stadtschultheiß Theodor Klotzbücher erlaubte ihm, auch die historischen Dokumente der Stadt Mergentheim zu studieren. Jäger vertiefte sich in deren Geschichte und produzierte ein umfangreiches Werk: 200.000 Verse auf 700 Seiten.

Der Text war schon 1919 fertiggestellt – und zwar mit dem Vorspruch »Der Stadt Mergentheim gewidmet in Dankbarkeit für die hier gefundene Heilung«. Er konnte aber erst nach Jägers Tod – er starb 1923 in seinem Pfarrort Edenkoben – von seinem Vetter Ferdinand Stegmann veröffentlicht werden. Mehrere Abschnitte – fast 40 Seiten – beziehen sich auf die Entdeckung der Mineralquelle, die Gründung des Bades und auf das frühe Kurleben. Der ausgewählte Text ist nicht gerade glänzend und wohl auch nicht ganz einfach zu verstehen. Trotzdem soll hier eine Passage zitiert werden, weil Jäger versuchte, den Beginn der Kurgeschichte darzustellen.

> Horch! Zur Mitte alles strebet!
> Still! Laut schmettert die Trompete.
> Schultheiß Kober sich erhebet
> Und beginnt die Weiherede:
>
> »Festgenossen! Werte Gäste!
> Stolz erfüllt mich, hohe Freude,
> Da ich jetzt bei unserem Feste
> Zu der Brunnenweihe schreite.
>
> Schafknecht Gehrig mit den Schafen
> Hat« – er zeigt – »an jener Stelle
> Das Dornröschen, das geschlafen,
> Aufgeweckt. Entdeckt die Quelle.

Ließ der Rat die Rinne schwellen,
Untersuchen, Brunnen bohren,
Doch durch tückische Tauberwellen
Ging die Heilkraft stets verloren.

Ließen – waren schwere Stunden –
Weitergraben, suchen, prüfen,
Bis die Quelle wir gefunden
In des Arkauberges Tiefen.

Professoren her wir riefen,
Ärzte, Chemiker seit Wochen,
Ließen sie das Wasser prüfen,
Hört, welch Urteil sie gesprochen.

Wird an Heilkraft der bekannten
Quellen, die als Kurquell offen
Stehen in den deutschen Landen,
Nicht dies Wasser übertroffen.

Wahr ist's! Haben es erfahren!
Seht dort Gehrig, den gesunden,
Nach ihm Kranke, ganze Scharen,
Haben Heilung hier gefunden.

Was schon künden Schrift und Lieder,
Wahr ist's. Ungezählte Kranken
Uns'rer Quelle Heilung wieder
Neue Lebenskraft verdanken.

Für uns heißt es d'rum beraten,
Alle Kraft zusammen raffen,
Um durch Wort und Schrift und Taten,
Einen Weltruf ihr zu schaffen.

Es kamen – wie angedeutet – zahlreiche Autoren im 20. Jahrhundert ins Mergentheimer Karlsbad. Manchen gelangen Bestseller wie einem Kurgast des Jahres 1959, dem Journalisten und Geheimdienstler, dem Zeitungsgründer und Antisozialisten, der unter dem Namen Hans Habe berühmt wurde – und durch das Schreiben reich. Dieser Vielschreiber ließ einige Romane sogar unter weiteren Pseudonymen herausgeben.

Noch mehr Bücher als Hans Habe, über 90, veröffentlichte der in Würzburg geborenen Journalist Curt Riess. Er kam in den fünfziger Jahren dreimal zur Kur. Neben Sachbüchern und Biographien verfasste er Romane, schrieb Drehbücher und Serien für Illustrierte. Beide Schriftsteller hatten jüdische Vorfahren und waren vor der Hitler-Diktatur nach Amerika geflohen. Sie kamen 1945 in amerikanischer Uniform zurück und spielten in der politischen Gestaltung der Nachkriegsgeschichte Deutschlands eine Rolle.

Ganz anders verlief das Leben von Ricarda Huch. Sie begleitete 1938 Schweizer Freunde zur Mergentheimer Kur. Thomas Mann sagte über sie, sie sei die »erste« Frau Deutschlands. Er meinte das nicht nur in Bezug auf ihr dichterisches und wissenschaftliches Werk, sondern mehr noch auf ihre Haltung im Jahr 1933, als sie den Nazis die Stirn bot und aus Protest die Akademie der Künste verließ.

Reiner Kunze, in erster Linie Lyriker, war leidend und kam 1983 hierher zur Kur, um die »Dysfunktion der Gallenblase« behandeln zu lassen. Er hatte jahrelang unter dem DDR-Regime gelitten, was ihn krank gemacht hatte.

Diese vier Autoren haben – soweit ich es sehe – ihre Zeit

in Bad Mergentheim nicht zum Thema eines ihre Werke gemacht.

Eine besondere Bewandtnis hat es mit einem Aufenthalt von Max Frisch in Bad Mergentheim. Sein Verleger Siegfried Unseld soll ihm eine Kur vermittelt haben. Frisch reiste an – und nach einer Stunde wieder ab. Es sei ihm nicht möglich gewesen, dort zu bleiben, schrieb er seinem Verleger, und sich unter solch kurenden Leuten aufzuhalten. Was er dort sah, hat er nicht näher ausgeführt. Seinen Niederschlag fand dieser Kurzbesuch jedoch in einem seiner Romane, in »Mein Name sei Gantenbein« (1963), denn dort fällt der Satz: »Mergentheim wäre auch nicht schlecht.«

Max Frisch hat offensichtlich gar nicht erst das Bitterwasser getrunken, um dessentwillen Kranke nach Bad Mergentheim kommen. Wahrscheinlich tat dies auch Ricarda Huch nicht, die ihre Freunde nur begleitete. Andere haben wohl die Karlsquelle »genossen«, zumindest in Form von Bädern, wie man es von Curt Riess weiß.

Übrigens: Man muss die Mergentheimer Hauptquelle, die Karlsquelle, auch nicht an Ort und Stelle, im »Karlsbad«, schlürfen, man kann sich das Mineralwasser auch in Flaschen oder das eingedampfte Karlsquellenwasser in Form von Salz oder Salztabletten zusenden lassen und zu Hause einnehmen.

Mit »zu Hause« ist ein Stichwort gegeben, das zum nächsten Autor führt: Hans Heinrich Ehrler. Er bevorzugte allerdings das Wort »Heimat« und nannte das Buch, das man ihn zu schreiben bat, »Die Reise in die Heimat«. Darin verglich er den Ort seiner Kindheit – er ist 1872 in

Mergentheim geboren – mit der aufstrebenden Badestadt der zwanziger Jahre. Lehrer erkannten früh das Talent des Wachsziehersohnes. Er besuchte das Gymnasium mit dem Ziel, Geistlicher zu werden. Er wurde aber Journalist und Redakteur in Köln und in Stuttgart, 1911 ließ er sich am Bodensee als freier Schriftsteller nieder. Das genannte Buch erschien ebenfalls zum Jubiläumsjahr 1926. Hier sollen Passagen zitiert werden, wie der junge Ehrler 1884 das Kurgebiet, den Kurpark und das Kurhaus, erlebte.

Die Nachtigallen im Hofgarten weckten dieses abgeschiedene Schlummerland wieder auf. Langsam nacheinander kamen die Kurgäste, nacheinander die gleichen wie im Vorjahr.

Man kannte sie im Städtlein, meist wohl beleibte Herren, wohl beliebte Herren und Ehegemahlinnen. Kamen neue hinzu, so regte das schon die Neugier auf. Aber in jener unfriedfertigen Zeit wurden es jedesmal weniger. Sie schmolzen schließlich etwa auf ein doppeltes Hundert zusammen für den ganzen Sommer.

Mit einem der Gäste erschien auch eine schöne Frau. Sie kaufte beim Vater manchmal Honig. Merkte ich ihre Ankunft, so drückte ich mich in den Laden hinter den Ladentisch und passte ab, dass ich ihr das gekaufte Honigglas zuschieben konnte. Damit war ich zufrieden, und wenn sie »Danke« sagte, wurde mir das Gesicht heiß.

Einmal frug man mich: »Was willst du werden?«

Ich antwortete: »Kurgast.«

An der Antwort war gewiss im unterbewussten Grund die Dame schuld. Später wollte ich Mönch werden.

Hans Heinrich Ehrler berichtet auch über Expeditionen in den Kurpark:

Die Phantasie, das wundersame Element, schaffte viel in mir. Das Schicksal des holden Zerfalls machte den Park und den darin versponnenen edlen langgestreckten Bau des Bades zu einer Stätte der empfindsamen Gefühlswelt.

Das Auserwählte und die anmutige Würde der klassizistischen Bauweise machte mich selber vornehm, wenn es den Füßen einmal gelang, von hinten herein die Vorhalle, die Halle oder gar den weißen goldgezierten Saal zu betreten.

Einmal vormittags gelangte ich allein in den feierlichen Raum. Ein Flügel wurde gespielt und daran stand der Kammersänger Sontheim und sang. Das geschah, als ob die Wände sängen. Ich war der einzige Zuhörer; aber keinem in überfüllten Theatern mag der tönende Mann so gewaltig in die erstaunte Seele gesungen haben.

Nachher zog ich immer den Hut tief vor dem jahrelang zur Kur kommenden alten Herrn. Es drängte mich oft, auf ihn zuzugehen und ihm von dem Erlebnis zu sprechen.

Dass es schwierig sein konnte, nach Bad Mergentheim zu gelangen, davon könnte auch ich Zeugnis ablegen, aber eine schwierige Anfahrt beschrieb schon Hans Fallada in seinem autobiographischen Roman »Heute bei uns zu Haus«, der mitten im Zweiten Weltkrieg erschien. Dass ich Hans Fallada als Kurgast des Jahres 1938 und diesen Text entdeckte, verdanke ich zwei Zufällen. Ich erinnerte mich, dass Fallada mit bürgerlichem Namen Rudolf Ditzen hieß. Unter diesem Namen hatte er sich und seine Frau in die Liste der Kurgäste eintragen lassen. Auf seinen Text stieß ich, als ich die Wörter »Fallada« und »Mergentheim« bei Google eingab. Der Computer spuckte eine Übersetzungsaufgabe für spanische Schüler oder Studenten aus, die eben Teile dieses Textes in ihre Muttersprache übersetzen sollten. Der im Netz gefundene Satz hieß: »Schön, ... Dann werden wir eben zusammen im eigenen Wagen nach Mergentheim fahren.«

Nicht Fallada machte die Kur in Mergentheim, sondern seine Frau Anna, die Gallenbeschwerden hatte. Der Autor hätte eine ganz andere Kur nötig gehabt. Der Schriftsteller Wilhelm Genazino glaubt, dass Fallada mit seiner Schreibsucht seine Trunk- und Morphiumsucht zu »übertreffen« suchte. Übrigens – während der Mergentheimer Zeit hat Hans Fallada an seinem 800-Seiten-Roman »Der eiserne Gustav« gefeilt, der zweimal verfilmt wurde – einmal mit Heinz Rühmann und später für das Fernsehen mit Gustav Knuth. Beide waren Kurgäste in Bad Mergentheim: Rühmann mit seiner Frau Hertha Feiler einmal im Jahre 1955 im »Hohenlohe« – Knuth über zehnmal, immer im »Viktoria«. Hier nun aber die gekürzte Passage des Fallada-Textes:

> Der nächste Tag war nur eine Kleinigkeit! Hundertzwanzig Kilometer Weg brachten uns auf schönen, aber schmalen Straßen, an Weinhängen entlang durch das Taubertal nach Mergentheim. Ich hatte Suse glänzend durchgefranzt, sogar eine Umgehungsstraße um das enge, winklige Rothenburg hatte ich entdeckt. Am Ziele angelangt verfuhren wir uns natürlich noch, ängstigten den Wagen auf steilen, kurvenreichen Wegen einen Berg hinauf, um zu entdecken, dass das, was wir für ein Sanatorium gehalten hatten, eine Kaserne war. Aber jetzt konnte uns selbst eine Talfahrt nicht mehr schrecken. Wir fanden das Sanatorium, und so ziemlich unser erstes war die Erkundigung nach der bestellten Garage. Sie lag fünf Minuten entfernt, auf einem Garagenhof.

Suse und ich, wir sahen uns an. Wir gedachten des Garagenhofes mit Biertonnen und Gartenstühlen in Schwabach. Wir gedachten des Höllenschlundes in Eisenberg. Wir gedachten unserer schiefen Garageneinfahrt in Mahlendorf – welche Prüfung stand uns nun in Mergentheim bevor?

Noch waren die Kotflügel in jenem schwarzglänzenden vollendeten Zustand, in dem wir Berlin verlassen hatten, bisher hatten wir nur ein bisschen mit der Stoßstange operiert!

Aber dann leuchteten unsere Augen, als wir auf dem Mergentheimer Garagenhof hielten. Das war ein Hof wie ein Exerzierplatz, flach wie die Hand, und die Garagen waren so geräumig, dass auch der größte Wagen spielend Platz hatte! Wir sahen uns zufrieden lächelnd an, Suse setzte sich ans Steuer, gab Gas, flitzte in die Garage und – schramm! kratz! schramm! – schlitterte sie an der rau geputzten Seitenwand entlang! Hinüber der rechte Kotflügel! Und wie hinüber!

Ich habe Suse selten so wütend gesehen! Wütend über sich selber. Den ganzen Rückweg zum Sanatorium beschimpfte sie sich mit den schmählichsten Ausdrücken! Ich hatte ernste Befürchtungen wegen einer Gallenkolik!

Schließlich beruhigte sie sich und konnte sogar über ihr Missgeschick lachen. Suse ist nicht die Spur nachtragend, auch nicht sich selbst gegenüber. Und dieser Frühsommer war so schön, und Mergentheim sah bezaubernd aus, und wir waren so glücklich dort, und die Kur schlug gleich gut an, und wir bekamen die besten Nachrichten von den Kindern, und selbst ich fand das Essen ausgezeichnet, trotzdem ich zur Gesellschaft auch Diät aß – nein, es war eine gute Zeit. Ich hatte keinerlei Sorgen, nicht einmal eingebildete.

Jeden schönen Tag zogen wir unser Auto aus der Garage, jeden Tag passierte Suse einwandfrei Aus- wie Einfahrt, und jeden Tag fuhren wir in das herrliche Land. Fünfmal sahen wir die Grünewaldsche Madonna in Stuppach, wir sahen den Riemenschneiderschen Altar in Creglingen, wir fuhren an der Tauber entlang, an der Jagst, wir sahen den Main ... Aber eines Tages fasste uns Norddeutsche Sehnsucht nach weiteren Wasserflächen, und ich suchte und fand auf der Karte einen Ort Rot am See, und wir fuhren nach Rot am See, um endlich wieder am Wasser zu sitzen. Wir kamen nach Rot und suchten den See, fanden ihn nicht und erfuhren schließlich, dass es hier vor vielen, vielen Jahren einen See gegeben hatte, dass jetzt aber Ackerboden gepflügt wurde, wo Wellen gelaufen waren.

Wir vergaßen unsere Sehnsucht nach Wasser wieder und fuhren nach herrlichen Orten, die Ochsenfurt hießen und Mulfingen und Schmerbach, und wir saßen in der Barockkirche von Bartenstein. Durch die offene Kirchentür fiel die Sonne herein, das Chorgestühl war herrlich geschnitzt, und wir fanden das Leben auch herrlich!

Und all das verschaffte uns unser Auto! Die Kur brauchte Suse kaum zwei Stunden Zeit zu lassen, und schon fuhren wir los und sahen etwas Schönes. Jeder Ort hatte etwas Schönes oder doch etwas, was für uns Wasserkantenmenschen ungewohnt und köstlich anzusehen war. Wir liebten unser Auto.

Fährnisse gab es für die Unerfahrenen noch immer. Wir fuhren auf einem Nebenweg über ein Hochland, und plötzlich fiel das Land steil ab, tief unten schäumte die Jagst ...

Sie können sich sicher vorstellen, dass es mit dem Weg und dem Wagen wieder Schwierigkeit gab. Ganz andere Schwierigkeiten hatte Oskar Loerke, Lyriker und Lektor im S. Fischer Verlag, dem bedeutendsten deutschen Verlag im ersten Drittel das 20. Jahrhunderts, der die Bücher der Nobelpreisträger Gerhard Hauptmann und Thomas Mann veröffentlichte.

Loerke war stressgeplagt, als er 1930 nach Bad Mergentheim fahren sollte. Er war – so wird aus seinem Tagebuch ersichtlich – von seinem Chef Samuel Fischer immer mehr mit Verlagsarbeit belastet worden. Da Loerke zugleich die Arbeit eines Sekretärs der Abteilung Literatur der Preußischen Akademie der Künste zu leisten hatte, stand er kurz vor einem Zusammenbruch. In sein Tagebuch trägt er am Dienstag, 5. August 1930, ein:

> Auf Pleschs Anraten muss ich nach Bad Mergentheim fahren. Ich war vergangenen Donnerstag da, weil ich die Schwindelerscheinungen und Gleichgewichtsstörungen wieder in niederträchtiger Weise hatte. Er beruhigte mich nach gründlicher Untersuchung: es sei nichts Ernstes. – Grässliche Schwächezustände. Hilflosigkeit. Das gehört zum Übelsten, was mir begegnet ist. Erwartung von Bewusstlosigkeit und Zusammenbruch. Sogar Gleichgültigkeit gegen das Leben in den schlimmsten Momenten. Gespielt: Mozart, Konzerte a-dur und c-moll. Große Erquickung.

Zehn Tage später heißt es im Tagebuch: »Die Reise nach Mergentheim angetreten« und »Eben im Hotel. Den freundlichen Dr. Reicher kennengelernt.« Und am folgenden Tag, am Sonnabend, den 16. August liest man:

> Um neun Uhr zu Dr. Reicher, Untersuchung. Verordnungen Quelle, Diät, Diathermie. Ich bin viel Geld losgeworden. Leise Sorge. Gänge durch die schöne Stadt und in der Nähe. Nachmittags erstes Brunnentrinken.

Auf den Tagebuchseiten zu den Bad Mergentheimer Tagen legte Loerke sich vor allem auch Rechenschaft darüber ab, welche Körperempfindungen und seelische Befindlichkeit er spürte. Davon sollen noch einige Passagen zitiert werden.

Sonntag, 17. August 1930. Wunderbarer Spaziergang. Über die Brücke mit der Kapelle und dem Christopherusbild den Weinberg hinan in den vollständig stillen Ketterwald. Ich freute mich, nichts mehr von der Hinfälligkeit zu merken, kein Schwanken und Ängste. Buchen. Kühl, am Rande Sonne. Der schöne Blick. Auf der Höhe gegen Löffelstelzen, Waldeck. Umweg. Schlosspark. Die alten Bäume. Das Schloss in allen Höfen und Winkeln angesehen. Durch die Altstadt zum Hotel. Nachmittagsbrunnen. Viel Betrieb. Andächtige Musikhörer. Viele Leidende und Hässliche. Durch die neuere Stadt zur Peripherie. Bauerngärtengeruch. Wohltuend. Ein wenig heimatlos. Ich weiß nicht, wo mich niederlassen. Mit niemand Unterhaltung. Fremdling unter Einheimischen.

Montag, 18. August 1930. Große Kühle. Wolkenloser Himmel. Schöne Natur. An Clärchen gedacht unter den schönen Bäumen des Kreuzrittergartens. Storm gelesen: Abseits im Heidedorf. Einsam – unglückliches Gefühl.

Montag, 25. August 1930. Früh auf. Ganz neblig. Erst am Brunnen lichtete es sich, hob sich auch die große Kälte gleichsam der Sonne zu – und es wurde ein überaus schöner, völlig wolkenloser Tag. Nachmittags wundervoller Weg über Erlenbachtal nach Marienruh am Hange des schönen düstern Buchenwaldes. Von dort Aufstieg. Der besonnte Friede im Tal von der Aussicht her überwältigend. Durch Hohlwege ziemlich steil abwärts auf die Straße kurz vor Igersheim herausgekommen. Rasch nach Mergentheim zurück. Es wurde nun dunkel und kalt.

Mittwoch, 27. August 1930. Traurig bis in den Tod. Ob ich wohl noch eine Weile richtige Gesundheit wiederfinde?

Für die Zigarettenmarke JUNO gibt es eine 78er Werbeschallplatte. Der Titel lautet wie in den Anzeigen bis in die fünfziger Jahre: »Aus gutem Grund ist Juno rund.« Text und Melodie stammen von Just Scheu, der seit 1944 mehrmals Gast in Bad Mergentheim war. Scheu war ein Multitalent: Schauspieler, Komponist, Werbetexter – und vor allem Radioquizmaster.

Sein Sohn Justus hat mir zahlreiche Bilder der Familie in Mergentheim aus dem Jahr 1956 überlassen, aus dem Jahr, als das Bändchen »Kleine Mergentheimer Kurfibel« erschien. Darin hat Just Scheu in 28 Kapiteln die Probleme behandelt, die einem Kurgast bei seiner Kur widerfahren können. Hier das neunte Kapitel, das sich mit der Trinkkur, besser: dem Trinken des Heilwassers befasst.

Nun erst, im Besitz des leise dampfenden Spül-Wassers, reihst du dich vollberechtigt in die Kette der Trinkspazierer ein, wie sie sich lustlos kopfhängerisch oder – in vorgeschrittenen Kurwochen – mit unbekümmertem Geplauder durch die Wandelhalle schieben, stets bemüht, den abgewinkelten Unterarm, der das gefüllte Glas balanciert, vor dem Zusammenprall mit bösartigen und rücksichtslosen Elementen zu retten: Es soll kein Tropfen des Köstlichen ungenossen zur Erde rinnen. Nach der Kurvorschrift müsstest du jetzt jeweils nach etwa zwanzig langsam hingetrotteten Schritten einen kleinen Schluck tun. Aber du schiebst den ersten, den »Versucherles-Schluck« zunächst noch eine gute Weile hinaus, denn: falls es dir die bitter verzogenen Mundwinkel der anderen Trinker nicht gezeigt haben, so konntest du es immerhin jener Dichtung entnehmen, die im Kurprospekt und auf der Wand der Trinkhalle verewigt ist, und in der die Quelle selber warnend spricht:

»In tiefer Erd ward ich gefunden.
Mein bitt'res Naß will zwar nicht munden ...«

Auf, auf, einmal muss es geschehen! Die Leber will's, die Galle fordert's! Das Eingeweide begehrt's! Komm, gutes Mädchen, los, alter Junge! Sei ein Mann! Wird's bald? – Na endlich! So, das war's. ... Der erste Schluck hat deinen Gaumen genetzt, er ist in den Keller deines Gehäuses hinabgestiegen, und gleichsam als Gegenleistung steigt der Schwur in dir empor: »Nie mehr im Leben!« Du nimmst dir vor, noch heute nachhaus zu telefonieren, dass du – vom Willen zur Heilung für immer genesen – spätestens morgen in die Arme deiner Lieben zurückkehren wirst, du bedauerst, eine Muttersprache zu haben, deren karge Wortarmut dir eine Steigerung der Begriffe »übel«, »widerwärtig«, »ekelhaft« gestattet, es sei denn, du wolltest dich des vulgärsten Schatzes unserer Sprache bedienen, du denkst, du beschließest, schwörst, fluchst, bejammerst und bezähneknirschst in diesem Augenblick so vielerlei nebeneinander, dass du dich hinterher nur wundern kannst, zu was allem ein Gehirn in einem einzigen Moment fähig ist. Dann aber – wenn die Lebensgeister allmählich zurückkehren – kämpfen deine beiden Ich's einen heroischen Zweikampf, und wenn es dem vernünftigeren von euch beiden auch nur einen Herzschlag lang gelingt, den Gedanken an lange Krankheit, anhaltendes Schmerzrumoren oder gar an die letzte Kolik gegen den anderen zu landen, geht der innere Schweinehund bis zehn zu Boden; und du wirst den nächsten Schluck stolz auf das Wohl eines geschichtsreifen Selbstüberwinders trinken. ... Drei Tage später übrigens – wollen wir wetten? – führst du den Becher bereits mit dem souveränen Lächeln eines

Menschen an die Lippen, der sich in perverser Lust dem mühseligen Kopfstand einer Yoghi-Übung unterwirft. Und nach längstens zwei Wochen wirst du dem erbärmlichen Neuling, der Dir beim Mittagstisch in der Pension gegenübersitzt, bereits auseinandersetzen, dass diese ausgezeichneten Quellen von einem – du willst nicht gerade sagen vorzüglichen Geschmack seien, aber dass man ihnen – eine gewisse Gewöhnung vorausgesetzt – eine immerhin aparte Geschmacksrichtung nicht absprechen könne.

Der Text ist humorvoll, aber auch ironisch, wenn nicht sogar sarkastisch. Der Verfasser nennt seine Kurfibel im Stile der Barockzeit im Untertitel mit einigem Recht: »Scherz / Ernst / Schimpf / und Spottbüchlein für Kurz/ und Langeweil zum Gebrauch für bresthafte Kuranten wohlmeinend herausgegeben von Just Scheu«. Dieser Unterhaltungskünstler war nicht nur Werbetexter im Kleinen – siehe Juno – sondern auch im Großen – siehe die Kurfibel. Die auffallendste und am meisten für ihn einnehmende Fähigkeit des gelernten Schauspielers war sein Plauderton, der in den Radiosendungen der fünfziger Jahre gut ankam. Er wurde zum Vorbild für Hans-Joachim Kuhlenkampf. Just Scheus 1948 gestartete »Funklotterie« ist die Mutter aller deutschen Quizsendungen mit karitativem Anspruch.

Der bekannteste der Autoren-Kurgäste dürfte heute Martin Walser sein. Er veröffentlicht seit mehr als fünf Jahrzehnten fast jährlich ein Buch, zumeist umfangreiche Erzählwerke. Als er 1956 hier zur Kur weilte, saß er gerade an seinem ersten großen Roman »Ehen in Philippsburg«. Es war die Galle wie bei vielen Kurgästen, die ihn allem

Anschein nach plagte. So liest man es jedenfalls in seinem 2005 veröffentlichten Tagebuch. Darin beschreibt er eine andere Art und Weise als Just Scheu, wie man in jenen Jahren in Bad Mergentheim einigen Leiden, und natürlich seinem Leiden, zu Leibe rückte, nämlich mit Unterwasserbehandlung und Kohlensäurebädern.

Fangopackungen: ein grüngrauer, dunkler, heißer Teig (aus Gesteinsmehl angerührt, Vulkangestein, aus dem Taunus), der einem um Rücken, Brust und Bauch geschmiert wird, danach wird man sauber verpackt und bleibt 30-35 oder 40 Min. liegen: ein rückwärtslaufender Wecker zählt die Zeit, läutet und hat dann seine Arbeit getan, d. h. er hört ganz auf zu gehen.

Kohlensäurebäder: 6 Minuten. Eine Maschine aus Kupfergedärm wird aus der Wand geklappt und füllt die Wanne mit CO_2, die dann den Körper in die Zange nimmt, ein gieriges Tuch von Bläschen, das einen aus dem Wasser hinausheben will, ein fast schmerzender Zugriff dieser Bläschenheere. Der Masseur, ein junger, ernster Mann, schürft mit einzelnen Fingern in Bauch und Brust, Schenkeln und Rücken-Hintern herum und zeichnet die Ergebnisse in eine Schablone, die einen menschlichen Körper darstellt. Er stellt fest, dass mein Bindegewebe verkrampft ist. Wenn er mit den Händen auf meiner Haut herumackert, sagt er, ob es schmerze. Er weiß es, weil er mich beobachtet. Und sagt: Es müsse schmerzen, wie wenn man ein Messer durch die Haut führe. Er weiß nach ein paar Minuten ganz genau, wo seine Furchen, die er durch mich zieht, schmerzlich werden, und sagt mir das auch, aber er darf offensichtlich an den Stellen, an denen es schmerzhaft wird, nicht einhalten. Später kniet er sich neben mich, zieht die Striche rund um mich, nicht mehr längs. Zeitweilig schaut er schräg nach oben, wenn seine Hand mein Gewebe auftrennt, es sieht aus, als höre er einem Ton nach, den seine Hand in meinem Fleisch erzeuge, auf jeden Fall ist er nicht der Masseur, den ich erwartet hatte nach dem Hörensagen. Er ist nicht der athletische Bäckermeistertyp, der sich mit nacktem Oberkörper auf mich stürzte, um mich zu kneten und zu walken, bis wir beide vor Schweiß und Atemnot ohnmächtig würden. Er ist ein schlanker, junger Mann, angezogen wie ein Tennisspieler, trägt eine helle Hornbrille. Und hat lediglich stark ausgebildete Arme, er trägt Hemden mit kurzen Ärmeln.

Damals, Ende der fünfziger und Anfang der sechziger Jahre, begann die dritte Blüte das Bades; die erste fing nach 1905 an, die zweite nach 1920. Die erste zerstörte der Erste Weltkrieg und die zweite die Weltwirtschaftskrise, die beide nicht nur den Anstieg der Kurgastzahlen bremsten, sondern sie stark fallen ließen. Um 1960 aber baute man im Osten der Stadt, im Erlenbachtal, und im Süden, im Weberdorf, viele Kur- und Gästehäuser.

Mit den Wirtschaftswunderjahren wuchs auch der Kurbetrieb – und zwar wie nie zuvor. Viele Mergentheimer glaubten, auf einer Goldader zu sitzen, wollten durch einen Kurbetrieb auch wohlhabend werden. Der Satiriker Thaddäus Troll ist 1954 unter seinem bürgerlichen Namen Dr. Hans Bayer in der Kurgastliste zu finden. Er hat den Versuch, mit der Gründung eines Bades reich zu werden, in dem Text »Wie man ein Bad gründet« aufs Korn genommen. Die Bad Mergentheimer Kurzeitung hat ihn – selbstironisch? – mehrmals abgedruckt, wie zum Beispiel im Februar 1966 und im August 1968.

Troll hat vorher, 1956, einen längeren Text über das Kurleben veröffentlicht, »Gallensteins Lager«. Damit hat er offensichtlich Bad Mergentheim gemeint. Es heißt darin:

Badekuren finden in Orten statt, die gleichsam als Doktortitel vor ihrem Namen das die Preise ermunternde Prädikat »Bad« führen. Ein Badeort besteht aus vielen Kurgästen; einem Kurdirektor; der Kurtaxe; einem Kurpark mit Kursaal und Kurbrunnen; vielen Kurärzten; dem Kurorchester und dem Kurteich mit dem Kurschwan. Alle diese Elemente vereinigen sich zum Kurbetrieb. Wenn die Kurtaxe höher, der Kurdirektor von Adel, das Kurorchester mit einer Harfe bestückt, der Kurteich umfangreicher und Kurgäste und Kurschwan verwöhnter sind, spricht man von einem anspruchsvollen Kurbetriebsklima. Kurfürsten und -tisanen gehören nicht zum normalen Kurbetrieb.

Da nicht alle Leiden aus einem Punkt zu kurieren sind, gibt es für verschiedene Krankheiten verschiedene Kurorte. Das Bad, das wir bei dieser Betrachtung im Auge haben, dient in erster Linie dem Abbau von Gallensteinen, wofür ihm der Beiname »Gallensteins Lager« verliehen sei. ...

Zweimal am Tage wallfahren die Kurgäste zum Brunnen und reichen den Brunnennixen ... das Glas, das mit der Nummer des Kurgastes etikettiert ist. »Bitte kalten Karl« – »200 Kubik lauen Sigismund« – »Halbvoll warmen Wenzel!« heischen die Leidenden. Die Quellen sind nach verblichenen Landesfürsten genannt und in Geschmack, Konsistenz und Wirkung so verschieden wie die Charaktere ihrer Taufpaten. Karl schmeckt fad und nichtssagend wie ein deutscher Heimatfilm und hat auch keine Tiefenwirkung. Sigismund ist bitter wie die Weltanschauung von Existenzialisten, die eine Gelbsucht hinter sich haben, und bringt auch größere Gallensteine zum Erbeben. Wenzel aber aber schmeckt, als sei damit in der Hölle Geschirr abgewaschen worden und riecht wie der Atem eines Schakals. ...

Die meisten Kurgäste müssen Diät leben. Sie sind hinter ihren Diäten her wie Parlamentarier. Aber zahllose Weinstuben und Kaffees sorgen mit Eis, Schlagsahne und Fürst-Pückler-Bombe, die auf Gallensteine nicht gerade atomspaltend wirkt, dass die Kurgäste auch im nächsten Jahr wiederkommen. In den Bars blüht am Abend gemäßigter, von Koliken bedrohter Flirt. »Darf ich um den nächsten Tango bitten«, fragt eine Gelbsucht, vom Neonlicht wirkungsvoll illuminiert, einen gereizten Blinddarm.

»Darf ich um den nächsten Fango bitten«, sagt die Gelbsucht am nächsten Morgen zum Bademeister. ...

Der Kurgast 12458 sei eine Hochstaplerin. So behaupten wenigstens die Herren, die im gleichen Sanatorium wohnen. Denn die adrette Dame macht eine Kur und hat noch keinem ihre Krankheitsgeschichte erzählt. Das ist allerdings verdächtig. Die Hochstaplerin ist ein biegsames Wesen mit gescheiten Augen, einem fröhlichen Gang und einer Garconfrisur. Am Morgen erscheint sie in engen schwarzen Hosen am Brunnen. Bluse, Nagel und Lippen leuchten im gleichen Diorrot. Wenn man sie anschaut, findet man die Brunnenkur gar nicht mehr so strapaziös.

Der Mittfünfziger, der seinen Hausarzt beschworen hat, ihm eine verhärtete Leber zu unterschieben, damit er einmal im Jahr den ehelichen Fesseln entrinnen kann, ist hier um die Kur zu schneiden, nicht um sie zu machen. ...

Er macht heute von seiner Brunnenfreiheit Gebrauch, indem er die Hochstaplerin anstarrt, wie nur Italiener Damen anzustarren pflegen. Während der Ouvertüre zu »Flotte Burschen« nähert er sich mit den Worten: »Gnädigste, hat Ihnen schon einmal ein Mann etwas über ihre Waden gesagt?«

Der attraktive Akkord von Schwarz und Diorrot tut etwas, was auf der Kurpromenade noch keiner getan hat. Er lacht laut. Lacht, dass der laue Sigismund aus dem Glase schwappt. Der Kreislauf der Promenierenden kommt ins Stocken. ... Denn gelacht auf der Kurpromenade, laut lachen – so was schockierend Gesundes hat sich in dieser Saison noch niemand erlaubt!

Thaddäus Troll ist nicht mit seinem ersten Büchlein »Fliegen am Florett« (1955) und auch nicht mit seinen nächsten satirischen Bändchen wohlhabend geworden; durchschlagenden Erfolg hatte er erst mit »Deutschland, deine Schwaben« (1967) und dem Nachfolgeband »Preisend mit viel schönen Reden« (1972). Er war damit Bestsellerautor geworden – und damit auch relativ unabhängig. Trotz seines Sinns für Humor und Komik, den Menschen Hans Bayer empörte vieles in der Wirklichkeit und der Satiriker Thaddäus Troll kämpfte dagegen. Deshalb engagierte er sich auch politisch, vor allem aber setzte er sich in zahlreichen Institutionen wie dem Rundfunkrat für seine Kollegen ein.

Über Trolls schwäbischen Landsmann, den 100 Jahre älteren Eduard Mörike, ist hierorts schon viel geschrieben worden. Und es gibt das Mörike-Kabinett im Deutschordenordensmuseum. Und dazu das Buch »Mörikes Mergentheimer Jahre«, das 2008 von Maike Trentin-Meyer herausgegeben wurde.

Der Pfarrer und Dichter war 1837 Kurgast und später Einwohner der Stadt. Die »Ausnahme« Mörike ist nach seinem 100. Geburtstag 1904 sozusagen zum Renommier-Mergentheimer geworden, vor allem in der Werbung seit den 1930er Jahren mit einem ihm untergeschobenen Vierzeiler (»Wer müd' vom Leben oder krank, ...«), also nicht so sehr, weil er ein früher, ganz früher Kurgast war, und wohl auch nicht, weil er sich als Pfarrer, als pensionierter Pfarrer – damals hieß es »resignierter«, was für ihn wohl im doppelten Sinne zutrifft – 1844 entschloss, nach Mergentheim zu ziehen, wo er sieben Jahre lebte. Man meinte im 20. Jahrhundert, mit ihm für die Mergentheimer Kur werben zu können – mittels einer Fälschung. Mörike allerdings hat die Badekur geschätzt – und auch seinen Arzt Dr. Krauß. Ihm hat Eduard Mörike folgendes Gedicht gewidmet, das es in leicht voneinander abweichenden Fassungen gibt:

Herrn Hofrat Dr. Krauss
Bad Mergentheim, Sommer 1847

Der jüngsten in dem weit gepries'nen Schwesternchor
Heilkräft'ger Nymphen unsres lieben Vaterlands,
Die wundertätig im bescheidnen Tempel wohnt,
Sich selber still weissagend einen herrlichern;
In deren schon verlorne Gunst du leise mich
An deiner priesterlichen Hand zurückgeführt:
Heut' in der frühsten Morgenstunde goß ich ihr
Die Opfermilch, die reine, an der Schwelle aus
Und schenkte dankbar ein kristallen Weihgefäß.
Sie aber, rauschend in der Tiefe, sprach dies Wort:
»Bring meinem Diener, deinem Freunde, den Pokal,
Mit jenes Gottes Feuergabe voll gefüllt,
Der meinen Berg mit seinen heiligen Ranken schmückt,
Obwohl er meine Lippen zu berühren scheut!«

Es gab also neben dem Pfui-Teufel-Wasser und der garstigen Unterwasserbehandlung auch Erfreuliches – Erfreuliches neben dem Gesundwerden – zu vermelden. Einer, der nicht in erster Linie Literat war, sondern vor allem Literaturwissenschaftler, aber sich auch als Literat versucht hat, ist Joseph A. Kruse, der von 1975 bis 2009 das Heinrich-Heine-Institut in Düsseldorf leitete. Er wollte im Frühjahr 1976 die Nachwirkungen einer Gelbsucht in Bad Mergentheim überwinden. Über seine Erfahrungen in Mergentheim hat er in der Reihe »Der literarische Nachwuchs« des Literarischen Verlags Braun den Text »Gelbe Saison« veröffentlicht. Aus diesem soll zunächst ein Text über Ins-Kino-Gehen zitiert werden, der einen besonderen Bezug zum Kurort – und zu mir – hat: Ich habe nämlich hier 19 Jahre lang Filmreihen gezeigt. In einer lief der Film »Lina Braake« ...

Die beiden Kinos unter einem Dach in der Nähe des Bahnhofs sind geschmackvoll ausgestattet. Das obere ist für mich unbequem, bringt aber die Filme, die mich am meisten interessieren. Ich komme sonst nicht oft ins Kino, nicht, weil ich dem Fernsehen den Vorzug gäbe, dort schaue ich mir nur selten Filme an, höchstens am Samstag. Aber es gibt so viele Gründe, abends dann doch nicht zu gehen. Wenn ich mich endlich aufraffen will, nachdem die Filme lange empfohlen waren und wochenlang das Publikum angezogen haben, ist gerade das Programm gewechselt worden. Jedenfalls war ich nicht nur durch die Krankenhauswochen ins Defizit geraten.
Der häufige Wechsel im Mergentheimer Kinoprogramm zielt auf die Kinofreunde, die angelockt werden sollen, alle paar Tage wieder zu kommen. Und ich falle darauf herein. Bedauern muss ich das in den wenigsten Fällen, selbst die

lächerlichen alten Streifen füllen den Abend besser als Langeweile.

Die interessanteren Filme werden im Wechsel von einigen Wochen für je ein paar Tage angeboten. Ich sehe mir die Programmvorschau an und merke vor. Auf jeden Fall, sage ich mir in der zweiten Woche, »Lina Braake«, die muss ich mir anschauen. Zu lachen solls da auch was geben, ich kann mir nicht nur die tragischen Schinken leisten. Bei »Lina Braake« gibts was zu lachen. Dass ich meine Beine in die vertracktesten Windungen bringen muss, damit sie überhaupt in das enge Gehäuse passen, stört mich bald nicht mehr. Die Interessen Linas sind stärker als meine Unannehmlichkeitsgefühle. Es sind etwa zwanzig bis drei-ßig Leute da, verstreut über die letzten Reihen. Die meisten sind Kurgäste, die Gesichter kennt man aus dem Kurpark. Etwas Jugend aus dem Ort, die ein wenig Unterhaltung und Dunkelheit braucht.

Plötzlich sind wir überrascht. Es ergeht uns, wie es mir bei »Katharina Blum« erging, meinem letzten Film vor vielen Monaten. Katharina sucht das Kloster auf, um ihren See-lenführer zu sprechen: Ich sehe die Auffahrt und erschre-cke, stoße Barbara an. Das Bild kenne ich doch. Dort habe ich vor einigen Jahren einen Freund besucht, der in je-nem Ordenshaus studierte, dessen Pforte langsam ins Bild kommt. Ich erinnere mich an die schwere Tür, die ich nur mühsam aufdrücken konnte, an die Pappeln, die das Wie-senstück vor der Pforte säumen, den Vorplatz, der zugleich als Parkmöglichkeit genutzt wird.

Im Altersheim Lina Braakes wird über frühere Preise ge-sprochen. Damals hätten die Liegestühle in Mergentheim so und so viel gekostet. Die Kinogänger lachen und sehen sich an, obwohl sie sich zum Teil gar nicht kennen. Man selbst ist doch gerade in Mergentheim. Unsere Stadt spielt im Film mit. Und besonders dann, als Lina sagt, dass sie ihren Mann in Bad Mergentheim kennengelernt hat, da geht uns der Film noch mehr an, da spielen wir alle in ihm eine Rolle, als Kurgäste, die ihre Erlebnisse in Mergentheim haben wie Lina, und sie vielleicht nie mehr vergessen.

Und dann gibt es ja noch die Frage aller Fragen beim Kuraufenthalt: Wie hältst du es mit dem Schatten, dem Kurschatten? Auch dazu hat Kruse einiges beobachtet und zu erzählen.

Die beiden Majore an meinem Tisch gehen ebenfalls gern ins Kino, wenn sie nicht in der »Tankstelle« tanzen gehen. Jener Major, der aus Dortmund stammt, hat schon eine Kur in Mergentheim gemacht, damals einen Kurschatten gehabt, ein liebes Mädchen, deren Freundin zufällig wieder da ist und ihm vom Tod der gemeinsamen Bekannten erzählt. Sie war verunglückt, mit fünfundzwanzig Jahren. Der Major ist bedrückt, einen halben Tag lang. Dann hält er sich an die Freundin. Die macht von der Anhänglichkeit an schöne Erinnerungen ausgiebig Gebrauch, wie ich im Kino gleich nach der flüchtigen Begrüßung bemerken kann. Ich bin genötigt, vor mich hin zu blicken, wenn es im Saal hell wird. Der Major hat erzählt, dass seine Frau in den nächsten Wochen ein Kind bekommt, und sieht es nicht gern, dass seine Flirts gesehen werden. Am Tisch dann wenige Sätze über die Filme, die abgesetzt sind und die, die noch kommen sollen. Darüber, was man gesehen haben muss, Erdbeben und Exorzisten, Lina Braake und, weil es mieser nicht geht, Curd Jürgens als Arzt von St. Pauli. Man muss ja abends was vorhaben. Die Abende sind doch schrecklich lang, klagt Frau Reizig.
Ich muss ihr beipflichten. Denn Tanzen darf ich noch nicht, das ist zu anstrengend. Ich bin froh, wenn ich meine

Spaziergänge ruhig und gut ohne Beschwerden und Ermü-
dungserscheinungen überstehe. ...
Der Major aus Dortmund sagt, Mensch, dafür fahr ich doch
nicht in Kur, dass ich abends schon um zehn im Bett liege.
Sein Schatten hat ebenfalls einen eigenen Hausschlüssel,
und wenn sie im Kino waren, gehen sie manchmal anschließend noch tanzen. Deshalb verschläft der dann morgens
das Frühstück. Für das laue Wasser im Brunnenhaus, sagt
er, will er nicht extra aufstehen. Ich sage, ich brauche das
Frühstück, sonst werd ich hier gar nicht satt.

Bevor wir zum Gedicht eines vielgelesenen Lyrikers kommen, der für eine erfolgreiche Kur dankte, müssen wir
noch auf eine Maßnahme eingehen, die die Wirkung der
Kur unterstützen sollte – und vielleicht auch konnte. Neben dem Schatten begleitete nämlich während der Blüte-
zeit der Mergentheimer Geschichte Live-Musik dreimal
am Tag diejenigen, die Erholung und Gesundheit suchten.
Auch darüber verrät uns die »Gelbe Saison« eine Menge.

So früh konnte ich sonst nie zum Brunnen. Ich bin dort,
bevor das Orchester zu spielen begonnen hat. So bekomme
ich wenigstens am letzten Tag den frommen Auftakt bei der
Kurmusik mit. Ich weiß gar nicht, was das soll, sagt einer
aus meinem Haus, der auch bei der Bundeswehr ist: die
stehen immer alle auf, wenn die morgens das erste Stück
spielen. Ich gebe zur Antwort, die spielen doch wohl einen
Choral oder etwas ähnliches. Na und, deshalb brauchen
die doch nicht alle still und stumm da rumzustehen mit
den Gläsern in der Hand. Ich weiß nicht, sage ich, warum
sollen sie es nicht tun. Sie müssen das doch kennen, Hut
ab zum Gebet. Na ob mit oder ohne Hut, ich weiß nicht,
was das soll, äußert der ungnädige Bundeswehrmensch ab-

schließend.

Ich halte das Glas in der Hand und nehme zum letzten Mal vorschriftsmäßig schön schlückchenweise das warme Wasser zu mir. Das Orchester ist in der üblichen halben Morgenbesetzung versammelt. Die Gemeinde erhebt sich. Heute morgen spielen sie Großer Gott wir loben dich. Ich höre die ländlichen Fronleichnamsprozessionen. Herr, wir preisen deine Stärke. Ich weiß gar nicht, warum ich gerührt bin neben dem ärgerlichen Staatsverteidiger, der giftig guckt und sein Glas fester umklammert. Dann von der schönen blauen Donau irgendwas. Ich will gehen. Der verbiesterte Soldat möchte jetzt noch ein wenig Musik hören, mir ist das ganz recht. Ich verabschiede mich. Mein Glas nehme ich mit. Die Trophäe meiner Gelbsucht. Schwester Margret hat erzählt, es gibt Patienten, die sich zum Andenken leere Infusionsflaschen mit nach Haus nehmen. So ein Andenken, dann lieber das Glas. Ich habe es mich etwas kosten lassen.

Wer unsolide lebt, trinkt, raucht und einem Schatten mit Haut und Haaren huldigt, der muss ja krank werden – könnte man behaupten – oder kann nicht gesund werden. Eugen Roth hat mindestens zwei der Laster gepflegt. Der Autor der »Ein-Mensch«-Gedichte war und fühlte sich wohl auch deswegen sehr krank, als er 1961 ins Hotel Hohenlohe kam. Er bat deshalb, nicht gestört und in Ruhe gelassen zu werden.

Eugen Roth war Teilnehmer des Ersten Weltkriegs gewesen und wurde schon früh verwundet. Er studierte in seiner Heimatstadt München, promovierte und wurde dort Lokalreporter, bis ihn die Nationalsozialisten 1933 von seinem Posten entfernten.

Es heißt, dass er erst danach seine Ader für den Humor

entdeckte, der ihn berühmt machte: 1935 veröffentlichte er den Lyrikband »Ein Mensch«, dessen Texte immer mit eben diesen beiden Worten beginnen. 1939 folgte »Der Wunderdoktor«. Diese beiden Bände waren bei den Soldaten des Zweiten Weltkriegs anscheinend als Schmunzellektüre beliebt. Man konnte sie den »Landsern« kostenlos und portofrei ins Feld schicken.

Und die schmalen Bändchen blieben auch nach 1945 beliebt. Die hohen Auflagen der Nachkriegszeit beweisen es. Roths »Heitere Kneipp-Fibel« und seine »Humorapotheke« scheinen eine Menge zum Thema »Kur« beizutragen. Aber der Pessimist Roth lässt auch manches Bedenkenswerte über Medizin und Mediziner verlauten.

> Versagen der Heilkunst
>
> Ein Mensch, der von der Welt Gestank
> Seit längrer Zeit schwer nasenkrank,
> Der weiterhin auf beiden Ohren
> Das innere Gehör verloren,
> Und dem zum Kotzen ebenfalls
> Der Schwindel raushängt schon zum Hals,
> Begibt sich höflich und bescheiden
> Zum Facharzt für dergleichen Leiden,
> Doch dieser meldet als Befund,
> Der Patient sei kerngesund,
> Die Störung sei nach seiner Meinung
> Nur subjektive Zwangserscheinung.
> Der Mensch verlor auf dieses hin
> Den Glauben an die Medizin.

Offenbar hat ihm aber eine Mergentheimer Kur doch geholfen, und Eugen Roth bedankt sich im Gästebuch seines

Hotels mit einer Kurzfassung eines Gelegenheitsgedichts, das er für einen Stuttgarter Verlag verfasst hatte. Leider scheint das Gästebuch verschwunden zu sein – oder ist es zur Zeit nur nicht zu finden?

Es taucht immer wieder etwas Verlorengeglaubtes aus der Mergentheimer Geschichte auf – hoffentlich auch dieses Buch. In einer Fotokopie seiner handschriftlichen Eintragung ist sein Gedicht aber überliefert:

> Ein Mensch – fast hätt' man ihn begraben –
> Erholte sich im schönen Schwaben
> (Vielmehr in Württembergisch-Franken!)
> Und zählt nun kaum mehr zu den Kranken.
> Zum Danke schreibt er diesen Reim
> Ins Gästebuch von Mergentheim.
> 12. 5. 61   Eugen Roth

Wenn man noch etwas mehr – Heiteres – über Kuren im Spiegel von Literaten erfahren möchten, dann empfehle ich neben den Texten von Fallada, Thaddäus Troll und Just Scheu einen Text von Manfred Kyber, der um 1930 hier mehrmals zur Kur weilte. Er hat vor allem Tiergeschichten geschrieben.

Eine dieser Geschichten heißt »Die Badekur« und handelt von einem alten und kranken Anführer der Affen, den die Marabudoktoren heilen sollen. Die Verwicklungen im Tierreich erfreuen den Leser sicherlich – wie auch zu hoffen ist, dass dieser Vortrag über die Kur in Bad Mergentheim im Spiegel von Literaten mehr Spaß als Leiden bereitet hat.

Nachwort

Dieser Vortrag wurde zum ersten Mal am 22. Juli 2008 in der Mergentheimer Wandelhalle unter dem Titel »Die Kur in Bad Mergentheim – in Spiegel von Literaten« gehalten, und zwar im Rahmen der von der Kurverwaltung veranstalteten Reihe »Geschichte & Gesundheit«. Ich habe meinen Text vorgetragen, meine Frau Christa hat die Zitate gelesen. Der Text von 2008 ist für den Druck sprachlich und inhaltlich leicht überarbeitet worden.

Die Zitate wurden folgenden Werken entnommen:

Fritz Claus (d. i. Martin Jäger), Bad Mergentheim. Ein Sang aus uralten, alten und neuen Zeiten. Sage, Legende und Geschichte von Fritz Claus, München (1926), S. 596-598

Hans Heinrich Ehrler, Die Reise in die Heimat, München 1926, S. 90-91

Hans Fallada, Heute bei und zu Haus, Stuttgart, Berlin 1943, S. 152-153

Oskar Loerke, Tagebücher 1903-1939, hrsg. von Hermann Kasack, Heidelberg, Darmstadt 1955, S. 209-210

Just Scheu, Kleine Mergentheimer Kurfibel. Scherz / Ernst / Schimpf / und Spottbüchlein für Kurz / und Langweil zum Gebrauch für bresthafte Kuranten wohlmeinend herausgegeen von Just Scheu, Darmstadt und Zürich 1955, S. 43-46

Martin Walser, Lesen und Schreiben, Tagebücher 1951-1962, Reinbek 2005, S. 120-121

Thaddäus Troll, Das Neueste von Thaddäus Troll, Zürich 1961, S. 7-13

Eduard Mörike, Sämtliche Werke, Band 1, Stuttgart 1961, S. 184

Joseph A. Kruse, Gelbe Saison, Köln 1977, S. 69-78

Eugen Roth, Ein Mensch, 23. Auflage, Weimar 1939, S. 78

Die Tauber-Zeitung hat weitere Berichte über Autoren im Mergentheimer Karlsbad abgedruckt, und zwar über Oskar Loerke am 7. Juni 2008, über Hans Habe am 8. Mai 2010, über Hans Fallada am 3. Juli 2010, über Thaddäus Troll am 4. September 2010, über Eugen Roth am 4. Dezember 2010, über Hans Heinrich Ehrler am 5. Februar 2011 und über Martin Jäger am 11. Februar 2012.

Über den Kuraufenthalt von Eduard Mörike, Ricarda Huch, Just Scheu, Curt Riess, Martin Walser und Reiner Kunze sind weitere Informationen in dem Band von Hartwig Behr und Ulrich Rüdenauer, »Wer müd' vom Leben oder krank ...« Prominente Mergentheimer Kurgäste von Eduard Mörike bis Gustav Knuth, Bad Mergentheim 2008 zu finden.

Für die freundlicherweise erteilten Abdruckgenehmigungen dankt der Verlag Dr. Manuela Bayer (Berlin), Prof. Dr. Joseph A. Kruse (Berlin) und Dr. Thomas Roth (München).

Günther Emig

Vorläufiges Taubertäler Autorenalphabet
(Geboren, gelebt, gewirkt, gestorben)

Goethe hat keine sichtbaren Spuren hinterlassen, Schillers Dramen spielen anderswo, Heines Matratzengruft muss man in Paris suchen. Doch es gibt manches, das wert ist, festgehalten zu werden. Es sei zumindest alphabetisch notiert, auch wenn mancher Name, falls er überhaupt je glänzte, längst verblasst ist – und dies gelegentlich auch nicht ohne Grund. Als literarische Lichtgestalt des Main-Tauber-Kreises mag Eduard Mörike gelten, als literarisches Objekt gestalterischer Begierden der Pfeifer von Niklashausen. Wohlan denn, Versuch und Irrtum!

* * *

Wilhelm August Berberich (1861-1929), Lehrer und Schriftsteller, geboren in Uissigheim. Unter dem Titel »Im Hochwald« erschien die »Gesamtausgabe der poetischen Werke«, Paderborn: Junfermann 1926.

Marie Friederike Bauer (1828-1910), Erzieherin und Schriftstellerin, in Mergentheim geboren, stand mit Mörike in Verbindung. Ihr Roman »Eine arme Seele« erschien 1891 bei Alt in Frankfurt.

Heinz Bischof (Pseudonym: Günther Imm, 1923-2020), Lehrer und Autor, geboren in Külsheim, u. a. in Reicholzheim aufgewachsen. Unter Pseudonym Herausgeber von

»Baden ... wie es lacht. 16 heitere Lektionen für jedermann«, Frankfurt a. M.: Weidlich 1969.

Wilhelm Blos (1849-1927), Journalist, Historiker, Schriftsteller und Politiker, geboren in Wertheim. Hier nur das Literarische: Das Ende vom Lied. Sozialer Roman. Dresden u. Leipzig: Minden 1892. – Die Geächteten. Sozialpolitischer Roman aus der Zeit des Sozialistengesetzes. Erster Band. Frankfurt a. M.: Buchhandlung Volksstimme 1907.

Ludwig Diehl (1866-1947), Schriftsteller. Veröffentlichte Kurzgeschichten und Skizzen unter dem Titel »Erlebtes und Erlauschtes aus Alt-Mergentheim«, Stuttgart: Belser 1925.

Josef Dürr (1877-1917), Lehrer und Mundartdichter, geboren in Tauberbischofsheim. Posthum von ihm erschienen: Schlehe un Hasselnüss'. G'schichtli un Gedichtli aus'm Taubergrund. Camburg (Saale): Peltz 1919.

Hans Heinrich Ehrler (1872-1951), Schriftsteller, Lyriker, Redakteur, geboren in Mergentheim. Seine Bücher mit Mergentheim-Bezug: Die Reise in die Heimat. München: Kösel & Pustet 1926, und: Der Spiegel des Hoch- und Deutschmeisters Maximilian Franz. Ein Spiel. Bad Mergentheim 1926: Thomm.

Felix Fechenbach (1894-1933), Journalist, Politiker, Schriftsteller und Dichter, geboren in Bad Mergentheim. »Im Haus der Freudlosen. Bilder aus dem Zuchthaus«, Berlin: Dietz 1925, »Der Puppenspieler. Ein Roman«, Zürich: Scheuch 1937.

Lion Feuchtwanger (1884-1958), Schriftsteller. Sein Roman »Die Geschwister Oppenheim« (zwischenzeitlich auch mal nach juristischen Einsprüchen: Die Geschwister Oppermann), Amsterdam: Querido Verlag 1933, schildert die Übergriffe auf Juden 1933 in der Hohenloher Gegend.

Ilse Freudenberger (1922-2007), Heimatdichterin, geboren in Wölchingen.

Gottlob Haag (1926-2008), Mundartdichter, geboren in Wildentierbach. Zahlreiche Buchveröffentlichungen. Autobiographisch: »Der Bankert« oder Ein zufriedenes Leben. Aulendorf/Bergatreute: Eppe 2004.

Willi Habermann (1922-2001), Lehrer und Mundartdichter, verbunden mit Bad Mergentheim. Mehrere Buchveröffentlichungen in schwäbischer Mundart.

Wilhelm Hartlaub (1804-1885), Pfarrer in Wermutshausen. Mörike lebte ab Herbst 1843 kurzzeitig bei seinem »Urfreund«. Später besuchte er ihn von Mergentheim aus immer wieder in Wermutshausen.

Eduard Kary (1934-2013), Kommunalpolitiker in Bad Mergentheim. Veröffentlichte zwei Lyrikbände (»Laßt uns Wege suchen«, 1993, und »Worte und Fenster sind Türen«, 2005).

Alexander Kaufmann (1817-1893), Schriftsteller, Sagenforscher und Archivar des Fürsten von Löwenstein in Wertheim. Dichtete auch. Verheiratet mit der Autorin Mathilde Kaufmann.

Mathilde Kaufmann, Pseudonym Amara George (1835-1907), lebte in Wertheim und veröffentlichte Erzählungen, Gedichte und »Lebensbilder«.

Justinus Kerner (1786-1862), schwäbischer Romantiker, besuchte seinen Freund Mörike in Mergentheim vom Weinsberger Kernerhaus aus.

Benedikt Knittel (geboren als Johannes Knittel, 1650-1732), Abt des Zisterzienser-Klosters Schöntal und Dichter, geboren in Lauda. Bedichtete in lateinischer Sprache sein Kloster und dessen Geschichte.

Wilhelm Kraft (1900-1987), Lehrer und Mundartdichter, geboren in Boxberg.

Wilhelm Löffel (Knöpfle, 1871-1935), Mundartdichter, eigentlich mit Stuttgart untrennbar verbunden, aber in Weikersheim gestorben. Warum nur!

Eduard Mörike (1804-1975) war 1837 zur Kur in Bad Mergentheim und lebte mit seiner Schwester Klara von 1844 bis 1851 hier, wo er schlußendlich auch 1851 Margarethe Speeth, die Tochter seiner Hauswirtin, heiratete. Hier entstanden »Idylle am Bodensee« (1846) und u. a. 97 Gedichte, darunter das allseits bekannte über die Laudenbacher Bergkirche.

Heinrich Mohr (1874-1951), Pfarrer und populärer Volksschriftsteller, geboren in Lauda. Ehrenbürger von Lauda. Die Titelnovelle seines Buchs »Die Rache des Herrn Ulrich und andere Geschichtlein«, Freiburg i. Br.: Herder 1908, spielt im Lauda des 18. Jahrhunderts.

Rosa Müller (1869-1944), Heimatdichterin. Geboren und gestorben in Wertheim. »Soondkörnli un Müscheli. Nebst einem Anhang: Herbstzeitlosen«, [Wertheim] 1937.

Hedwig von Redern (1866-1935), Erzählerin und Kirchen-liederdichterin. Arthur Luther, Deutsches Land in deutscher Erzählung (1936), verzeichnet, warum auch immer, unter »Bad Mergentheim« ihr Buch »Freiheit. Erzählung aus dem werdenden Herzogtum Preußen«, Wandsbeck: Bethel 1929.

Carl Reichert (1877-1966), Heimat- und Mundartdichter, Geboren in Königshofen. Lebte in Lauda, hier auch gestorben. Veröffentlichung: E' Dutz'nd Buwe=Gschichtli vum Dauwergruund in fränkischer Mundart (Lauda und Umgebung). Lauda: Stieber 1926.

Willibald Reichwein (1900-1967), Pfarrer und Schriftsteller, 1929 bis 1939 Pfarrer in Boxberg. Zu nennen u. a.: Boxberger Geschichten. Würzburg: Verlagsdruckerei 1930.

Wilhelm Heinrich Riehl (1823-1897), Journalist, Novellist und Kulturhistoriker. Veröffentlichte 1865 seine Studie »Ein Gang durchs Taubertal« in der in Augsburg erschienenen »Allgemeinen Zeitung«.

Hans Anton Sack (1889-1966), Mundartdichter und Kalendermann/-macher, geboren in Königshofen. Schrieb auch Hörspiele. Ehrenbürger von Königshofen.

Heinz Sausele (Heinz von der Tauber, 1862-1938), Heimatdichter, Lyriker, Lehrer und Volkstumsforscher, geboren in Weikersheim.

Hans Dieter Schmidt (1930-2005), Gymnasiallehrer und Schriftsteller, veröffentlichte u. a. Gedichte und Erzählungen, lebte und starb in Wertheim.

Anton Schnack (1892-1973), Schriftsteller. »Reise an die Tauber« (1946).

Ottmar Schönhuth (1806-1864), Schriftsteller, Heimatforscher, Pfarrer, um die 200 Veröffentlichungen. Orte, die sich aus unterschiedlichsten Gründen mit seinem Namen verbinden: Creglingen, Edelfingen, Mergentheim, Wachbach. Begraben ist er in Wachbach.

Hermann Siegmann (Pseudonym: Ipf, 1896-1974), Lehrer und Mundartdichter, geboren in Bad Mergentheim.

Ludwig Uhland (1787-1862), noch einer aus dem Tübinger Freundeskreis, Marke »Schwäbische Romantik«, besuchte ebenfalls Mörike in Bad Mergentheim.

Karl Julius Weber (1767-1832), Schriftsteller und Satiriker. Lebte zeitweise in Mergentheim und äußerte sich nicht sehr fein über die Stadt.

Wilhelm Weigand, geboren als Wilhelm Schnarrenberger (1862-1949), Dichter und Schriftsteller, geboren in Gissigheim. »Die Frankenthaler« (1889) und »Weg und Welt« (1940). Arthur Luther nennt noch: »Die Abwehr der Freifrau. Der Musikantenstreik« in: Von festlichen Tischen. Sieben Novellen. Berlin: Horen-Verlag 1928.

Hans Witzstat, auch Witzstatt, Witzstädt, Liederdichter, geboren um 1500 in Wertheim. Dichtete geistliche Lieder.

Konrad Wolfarth (1863-1957), Lehrer und lt. leo-bw.de »Mundartdichter« und »Dichter« (1937: 2. Reichssieger des WHW-Preisausschreibens). Geboren in Weikersheim, gestorben in Crailsheim.

Wilhelm Zimmermann (1807-1878), Theologe, Dichter, Historiker (u. a.: Allgemeine Geschichte des großen Bauernkrieges. 3 Bände, 1841-1843). Seine besondere, vielleicht einzige Beziehung zu Bad Mergentheim: hier, sich einer Brunnenkur unterziehend, gestorben zu sein.

Tobias Zinthäffner (Paul Wengert, 1868-1955), geboren in Bartenstein, gestorben in Weikersheim, Mundartdichter. Allerhand Leut (1918), Allerhand Leut, 2. Folge (1920).

* * *

Der Pfeifer von Niklashausen Hans Böhm oder Hans Behem, Pauker von Niklashausen (geb. um 1458-1476), Viehhirte, Musikant, Prediger und Initiator der Niklashäuser Wallfahrt von 1476, als Ketzer in Würzburg verbrannt – ein dankbares Objekt für allerlei dichterische Versuche. Was uns literarisch quer gekommen ist, sei hiermit weitererzählt:

Weitbrecht, Richard (1851-1911): Der Bauernpfeifer. Eine Wallfahrergeschichte aus dem 15. Jahrhundert. Barmen: H. Klein 1887.

Roniger, Emil (1883-1957): Die Wallfahrt nach Niklashausen. Erzählung. Zürich: Rotapfel-Verlag 1924.

Rüttenauer, Benno (1855-1940): Der Pfeifer von Niklashausen. Ein fast lustiges Vorspiel zum fränkischen Bauernkrieg. Würzburg: Pfeiffer 1924.

Vesper, Will (1882-1962): Der Pfeifer von Niclashausen. Historische Erzählung. Gütersloh: Bertelsmann 1924.

Weismantel, Leo (1888-1964): Rebellen in Herrgotts Namen. Berlin: Deutsche Buch-Gemeinschaft 1932.

Janson, Philipp (–): Der Pfeifer von Niklashausen. In: Fränkische Not, fränkischer Kampf. Würzburg: Memminger 1934.

Sautter, Emil (1864-1954): Hans Böhm, der Pauker von Niklashausen. Ein Vorspiel zum deutschen Bauernkrieg (Schauspiel in 3 Akten, 6 Bildern). Aarau: Sauerländer 1935.

Schaeff-Scheffen, Georg Harro (1903-1984): Trommler und Heiliger. Ein Vorspiel zur deutschen Bauernbefreiung. Würzburg: Triltsch 1936.

Wedding, Alex (Pseudonym für Grete Weiskopf, 1905-1966): Die Fahne des Pfeiferhänsleins. Berlin: Verlag Neues Leben 1948.

Flegler, Franz (1911-): Die Wahrheit wird den Pfeifer-Hans verklären und rücken in das rechte Licht. Wien, Bayreuth, London: Orga-Nova-Verlag 1988.

Schmidt, Hans-Dieter (1930-2005): Der kurze Sommer des Pfeiferhannes. Ein Stück in fünf Akten. Text und Materialien. Wertheim: Buchheim 1989.

Haug, Gunter (1955-): Rebell in Herrgotts Namen – Der kurze Sommer des Pfeiferhans von Niklashausen. Leinfelden-Echterdingen: DRW-Verlag 2004.

Klausner, Uwe (1956-): Hans der Pfeifer. Werbach-Niklashausen: Förderverein Niklashausen e.V. 2005.

Rausch, Roman (1961-): Der falsche Prophet. Reinbek bei Hamburg: Rowohlt Taschenbuch Verlag 2016.

(Quellen: Luther, Arthur: Deutsches Land in deutscher Erzählung. Ein literarisches Ortslexikon. Leipzig: Hiersemann 1936. – Literarischer Führer Deutschland. Von Fred Oberhauser u. Axel Kahrs. Unter Mitarb. von Detlef Ignasiak ... Mit einem Vorw. von Günter de Bruyn. Frankfurt a. M., Leipzig: Insel-Verlag 2008. – www. leo-bw.de – www.traumaland.de/html/autoren.html – ferner wertvolle Hinweise von Dr. Dieter Thoma, Alexander Ploebsch sowie von der unvermeidlichen Wikipedia)

Die Autoren

Martin Bartholme wurde 1986 in Bad Mergentheim geboren. Nach dem Abitur studierte er in Fulda Sozialpädagogik und arbeitet heute in der Kinder- und Jugendhilfe. Im Jahr 2020 veröffentlichte er seinen ersten Kurzgeschichtenband »Von Leidenschaften und Verlusten«, sein aktuelles Buch »Zwischen Hoffnung und Melancholie« erschien im April 2023. Der Autor lebt mit Frau und Kindern in seiner Heimatstadt Tauberbischofsheim.

Hartwig Behr, M. A., geboren 1943 in Uetersen (Schleswig-Holstein), studierte in Hamburg (1963-1966) und Tübingen (1966-1970) v. a. Geschichte und Germanistik. Von 1971 an bis 2006 unterrichtete er am Deutschorden-Gymnasium in Bad Mergentheim und zeigte Filme im Rahmen der VHS. Er beschäftigte sich zudem mit Themen der Regional- und Lokalgeschichte im Kreis Mergentheim nach 1800 und veröffentlichte Aufsätze in Lokalzeitungen und -geschichten, in Sammelbänden der Landeszentrale für politische Bildung sowie Bücher, z. T. mit Kollegen; er forschte insbesondere zum Jahr 1848, dem Leben der Juden, dem Nationalsozialismus und der Kur in Bad Mergentheim.

Marion Betz aus Külsheim-Uissigheim ist Sinologin M.A., Dipl.-Marketingreferentin und Coach für Biographiearbeit/ Kunsttherapie. Gemeinsam mit ihrer Autorengruppe Wortlese (heute Lyriksündikat) hat sie zahlreiche Literatursalons im Main-Tauber-Kreis veranstaltet. Veröffentlichungen in Zeitschriften und Anthologien, zwei Lyrikpreise. www.malweise.de

Bernd Marcel Gonner (*1966), Luxemburger von Vaterseite, Böhme von Mutterseite, studierte Germanistik, Philosophie und Kunstgeschichte sowie Deutsch als Fremdsprache in Bamberg. Er arbeitet als freier Schriftsteller (Lyrik, Prosa, Theater, Kinderliteratur und Nature Writing) und Landschaftspfleger auf eigenem kleinen Hof in Reinsbronn. Für seine Arbeiten wurde er bereits mit mehreren Preisen ausgezeichnet, zuletzt 2020 mit dem Gustav-Regler-Förderpreis des Saarländischen Rundfunks und 2021 mit dem Deutschen Preis für Nature Writing. Siehe auch: www.autorenlexikon.lu

Carlheinz Gräter kam 1937 in Bad Mergentheim zur Welt. Der Vater fiel 1943. Geschichte, Literatur, Steine, der Wald und die damals noch intakte Steppenheide fesselten den Buben. Dem Studium in Würzburg, Heidelberg, Göttingen folgten sieben Jahre als Redakteur. Davor, dazwischen, danach Rucksackfahrten durch Europa, Nordafrika, den Vorderen und Mittleren Orient. 1972 wagte er den Sprung in die Schriftstellerei. Standbein war der Rundfunk, Spielbein blieben all die Bücher. Gräters Themen: Die Landschaft als Legierung von Natur und Historie; Kulturgeschichte der Flora; das Wandern; der Wein.

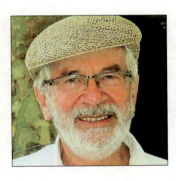

Walter Häberle, 1941 im Rheinland geboren und dort aufgewachsen, zog mit seinen schwäbischen Eltern nach Württemberg, wurde Lehrer in Aalen, Rosengarten, Schwäbisch Hall, Brüssel und Künzelsau, bereiste zahlreiche Länder per Fahrrad und verbringt seinen Lebensabend in Bad Mergentheim. Mehrere Buchveröffentlichungen: »Lana, das Mädchen aus Bosnien«, Geschichte einer Flucht. »Hilde, Sonntagskind«, das Leben einer Frau im 20. Jahrhundert. »Die weite Reise«, die Geschichte der Russlanddeutschen am Beispiel des Gottlieb Jekel. »Die Leute von Barzowa«, das Schicksal eines deutschen Dorfes in Sibirien. »Der Teufel von Jagstbach«, ein Jagsttal-Krimi.

Die Wortspur des Lebens von Armin
Hambrecht: Geboren am: 11. 11. 1961
in 97922 Lauda-Königshofen. Schwerpunkt der literarischen Tätigkeit: Lyrik und Prosa. »Mein Werk ist wie eine
Zwiebel, innen ein Kern aus Poesie, nur
erreichbar durch Häutungen unter Tränen. Ich habe mit 12 Jahren begonnen
zu schreiben.«

Ulrich Hefner lebt mit seiner Familie in
Lauda-Königshofen im Taubertal. Er ist
freier Autor und Journalist und Mitglied
im Journalistenverband DPV und den Po-
lizeipoeten. Seine Thriller, u. a. »Die Bru-
derschaft Christi« und »Die dritte Ebene« (Goldmann/RM) wurden in mehrere
Sprachen übersetzt. Außerdem schreibt
er Krimis, die an der Nordseeküste und
unter Pseudonym an der Ostsee und in
der Toskana handeln und u. a. bei Gmei-
ner, Weltbild und Heyne verlegt werden.
Mit seiner Kurzgeschichte »Der letzte Anruf« (Wilsberg-Serie) gewann er im Jahr
2002 den mit dem Grimme-Preis dotier-
ten Kurzgeschichtenwettbewerb escript
des ZDF in Mainz.

Tobias Herold, geb. 1983 in Bad Mergentheim, lebt in Berlin und Weikersheim. Er ist Autor, hat die Lyrikbände »Kruste« (2009) und »Ausfahrt« (2011), beide erschienen im Elfenbein Verlag, Berlin, veröffentlicht und war von 2010 bis 2022 Mitbetreiber des Berliner Veranstaltungsortes *ausland*. Aktuell arbeitet er an seinem dritten Lyrikband mit dem Arbeitstitel »April im Februar«. www.literaturport.de/lexikon/tobias-herold.

Uwe Klausner wurde in Heidelberg geboren und wuchs dort auf. Sein Studium der Geschichte und Anglistik absolvierte er in Mannheim und Heidelberg, die damit verbundenen Auslandsaufenthalte an der University of Kent in Canterbury und an der University of Minnesota in Minneapolis/USA. Heute lebt er mit seiner Familie in Bad Mergentheim. Neben seiner Tätigkeit als Autor hat er mehrere Theaterstücke verfasst, darunter »Figaro – oder die Revolution frisst ihre Kinder«, »Prophet der letzten Tage«, »Mensch, Martin!« und jüngst »Anonymus«, einen Zweiakter über die Autorenschaft der Shakespeare-Dramen, der 2019 am Martin-Schleyer-Gymnasium in Lauda uraufgeführt wurde.

Martin Köhler aus Wertheim-Reicholzheim, Jahrgang 1977, »schreibt so zum Spaß Kurzgeschichten, ohne damit erfolgreich zu sein, denn ganz wie in der Fabel vom Fuchs und den Trauben will er das gar nicht, weil ihm das seine Unabhängigkeit bewahrt (ihm allerdings auch keine müde Mark einbringt, womit das Ganze hinreichend als Hobby definiert wäre). Vielleicht ist das der Grund, warum in seinen Geschichten häufig Menschen ums Leben kommen.«

»the reverse ot the medal«

V. L.

»Lieber Emig, anbei zwei Texte von mir. Meinst Du, Du kriegst sie unter in Eurem Jahrbuch? [...] Erinnerst Du Dich eigentlich noch: der Ziegelbrenner, damals? Wenn ich wieder mal im Taubertal bin, trinken wir ein Bier zusammen. Bis dahin, mach's gut!« (Aus einer E-Mail vom 22. Juni 2023)

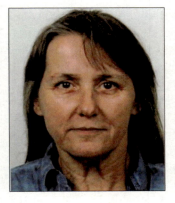

Beate Ludewig wurde 1963 in Nieder-stetten geboren, wo sie aufwuchs und zur Schule ging. Seit 1999 ist sie verheiratet, wohnt in Oberstetten und hat zwei er-wachsene Kinder. Sie erlernte den Beruf der Arzthelferin und arbeitete bis zur Geburt der ersten Tochter in diesem Be-ruf.

Ihr Hobby ist die Natur und schon in jungen Jahren begann sie, erste Gedichte und andere Texte zu schreiben. Zudem engagiert sie sich ehrenamtlich in hiesi-gen Vereinen und ist als Schriftführerin für Berichte und schriftliche Arbeiten zuständig. Auch findet sie hier Gelegen-heiten, Gedichte über Personen oder Lo-kales vorzutragen.

Willi Mönikheim, geb. 1944, verheiratet, zwei erwachsene Söhne. Aufgewachsen auf dem elterlichen Bauernhof in Eberts-bronn. Nach landwirtschaftlicher Ausbil-dung mit 25 Jahren Übernahme des elter-lichen Hofs. Ab 1973 Theologiestudium, anschließend Tätigkeit als evangelischer Pfarrer, »immer im Hohenloher Land«: in Pfedelbach, Gaggstatt und zuletzt als Landesbauernpfarrer der Evangelischen Kirche in Württemberg. Würdigungen bei seiner Verabschiedung: »Ein leiden-schaftlicher Pfarrer, der eindrückliche Spuren hinterlässt« (Prälat), »Werbeträ-ger für Kirche, Religion und Menschlich-keit«, »ein Hohenloher, wie man ihn sich nicht besser vorstellen kann« (Landrat).

Horst-Dieter Radke, Jahrgang 1953, lebt seit mehr als 40 Jahren im Taubertal. Er schreibt regionale Literatur (über Franken, Tauberfranken, Baden), Sachbücher (zum Beispiel über Räuber und Räuberbanden), veröffentlicht Sagen und Legenden (Franken, Mittelalter, Baden, Burgen), sowie Kurzgeschichten, Erzählungen, Novellen und Romane sowie Kriminalromane (auch im Team mit anderen Autoren, z. B. Monika Detering). Er ist Mitglied im Syndikat e.V. und bei der Schriftstellervereinigung 42er Autoren e.V., wo er im Vereinsvorstand mitarbeitet. Seit zwei Jahren arbeitet er an einem Roman über Eduard Mörikes Zeit in Bad Mergentheim.

Regina Rothengast. 65 Jahre alt, verheiratet, Mutter einer erwachsenen Tochter, eines erwachsenen Sohnes und Großmutter von zwei Enkeltöchtern. »Meine Heimat, der ich immer treu geblieben bin, ist der Main-Tauber-Kreis. Schon im Teenager-Alter startete ich erste Schreibversuche. Aber erst vor ca. 5 Jahren wurde ich richtig produktiv und vor allem mutig genug, einen Verlag für meine Kurzgeschichten zu suchen. Mittlerweile konnte ich zwei Bücher veröffentlichen. Seit einem Jahr bin ich in Rente und kann mich nun vermehrt meinem liebsten Hobby, dem Schreiben, widmen. Ich hoffe sehr, dass es mir vergönnt sein wird, weitere schriftstellerischen Pläne und Träume verwirklichen zu können.«

Foto: Anne Meinke

Eva Rottmann, geb. 1983 in Wertheim, lebt mit ihren Kindern in Zürich, schreibt Theaterstücke und Prosa, entwickelt eigene Performance- und Theaterprojekte, arbeitet als Literaturvermittlerin in Schulklassen und als Lehrbeauftragte an der Zürcher Hochschule der Künste. Für ihre Arbeit wurde sie mehrfach ausgezeichnet, zuletzt wurde sie mit ihrem Jugendroman Mats & Milad für den Paul-Maar-Preis KORBINIAN nominiert und für das Kranichsteiner Kinder- und Jugendliteratur-Stipendium 2022 ausgewählt.

Ulrich Rüdenauer, geboren 1971 in Bad Mergentheim, Literatur- und Musikjournalist (u.a. für SZ, Tagesspiegel, taz, FAZ, Philosophie Magazin, Jazzpodium, Zeit-Online, DLF, SWR, WDR, MDR), Herausgeber und Autor. Veröffentlichungen u. a. in Kursbuch, Sprache im technischen Zeitalter, Lettre International. Nebenbei kuratiert er eine Literaturreihe und arbeitet für ein Jazzfestival. Er lebt in Berlin und Bad Mergentheim und zeitweise in Edinburgh.

Gunter Schmidt, Maler und Kunsterzieher. 1949 geb. in Neukirchen (Nordhessen). Ausbildung: 1970-76 Akademie Karlsruhe; Gastsemester in Berlin. Kunsterzieher in Tauberbischofsheim, Europ. Schule Culham (GB) und Lauda. Mitgliedschaft in Kunstvereinigungen; Einführungsvorträge; Organisation von Kunstworkshops Kulturstätte Kloster Bronnbach. www.gunter-schmidt.de

Karl-Heinz Schmidt, geb. 1951 in Frankenthal/Pfalz. Studium in Esslingen und Stuttgart, Dipl. Ing. (Energie- und Umwelttechnik). Abt.-Leiter Umwelttechnik bei Knauf Iphofen und Babcock NOELL Würzburg, Bereichsleiter Kraftwerke bei Siemens AG Erlangen, Offenbach. Bereichsleiter Energieanlagen bei EVONIK in Essen. Obmann im Verein Deutscher Ingenieure im Main-Tauber-Kreis. Wohnt seit 1988 in Grünsfeld. Verheiratet, Vater und Großvater, Hobbyschreiber (Sachbücher, Belletristik, Reiseliteratur). Vorträge über aktuelle Fragen zur Energietechnik- und Klimaveränderung. Studium Politikwissenschaften an der Justus-Maximilians-Universität Würzburg.

Frank Schwartz, geb. 1948. Berufsoffizier der Bundeswehr 1967–2003. Verheiratet, 4 Kinder. Verfasst seit ca. 12 Jahren Texte und Gedichte, in denen er persönliche Erfahrungen, Empfindungen und Selbstreflexionen aus der Breite seines Lebens verarbeitet. Für seine Enkelkinder schreibt er ab deren 11. Geburtstag Abenteuergeschichten, in denen die Geburtstagskinder die Hauptrolle spielen. Die gesamte Familie wird in diese Geschichten mit einbezogen. Für Marius hat er bisher drei Geschichten geschrieben über eine Händlerreisen im Jahre 1520 von Nürnberg über Bischofsheim an der Tauber nach Frankfurt und zurück nach Hause in Thüringen.

»Maite Scott Backes kam 2008 als ›Maus‹ oder ›Leseratte‹ auf die Welt und begann sofort damit, sich mit Literatur zu beschäftigen. Da sie als Baby eine liegende, der eigenhändigen Lektüre abträgliche Position bevorzugte, bat sie zunächst ihre Eltern, ihr unzählige Kinderbücher vorzulesen. Weil aber ihre Eltern die Vorlesetätigkeit allzu oft für Erwerbsarbeit, zum Kochen oder wegen des gleichzeitigen Steuerns eines Fahrzeuges unterbrechen mussten, brachte Maite sich als Kleinkind das Lesen bei, so dass sie nur noch bei der Beschaffung der Bücher von ihren Eltern abhängig war. Getreu dem Motto ›Lesen und lesen lassen‹ verfasst Maite seit einigen Jahren auch eigene Texte.«

Detlef Scott Backes stammt aus dem Hunsrück, der ärmsten Region Deutschlands, in der man jahrhundertelang nicht wusste, dass es neben Kartoffeln auch noch andere Lebensmittel gibt. In seiner Kindheit und Jugend musste Scott Backes sich die wenigen Kleidungsstücke, die seine Familie besaß, mit seinen zahlreichen Geschwistern teilen, was aus Gründen der Scham und des Anstands einen regelmäßigen Schulbesuch unmöglich machte. Beinahe hätte er dadurch seinen Hochschulabschluss verpasst. 2003 verschlug es Scott Backes dank einer glücklichen Fügung ins Taubertal. Seither hält er Bad Mergentheim als Wohn- und neuerdings auch wieder als Arbeitsort die Treue.

Peter-Michael Sperlich, geboren am 26. 2. 1945 in Hirschberg/Schlesien. Stationen: Grünenplan, Opladen, Köln, Chile (Puerto Montt und Santiago), Seelscheid, Montevideo/Uruguay, Uissigheim, Bulgarien, Kroatien. www.begegnungen-in-poesie.de (auf Deutsch und Spanisch) und www.gelebtewelt.de. Veröffentlichungen: »Auf dieser Erde – En esta Tierra« (1995). »Fotogedichte und ihre Geschichte«, Edition 2014, 3. Auflage 2023 und in vielen Anthologien: z. B. »Verschenk-Calender«, éditions trèves, 2014, 2016, 2017, 2018, 2019, 2020, 2021, 2022, 2023,

M. Tauber, geboren 1970. Nach dem Abitur Zivildienst in Bereich der Altenbetreuung. Anschließend Lehramtsstudium in allgemeinbildenden Fächern. Referendariat an baden-württembergischen Gymnasien, danach Lehrertätigkeit an verschiedenen Schulen und Schularten. Seit 2004 Lehrer im Main-Tauber-Kreis. Verheiratet, zwei Kinder.

Matthias Ulrich, 1950 in Braunschweig als Sohn deutsch-österreichischer Eltern geboren. Studium in Stuttgart, Freiburg und Paris. Deutsch: Geographie und Kunstgeschichte. Seit 1983 Autor und Herausgeber literarischer Zeiutschriften (FLUGASCHE und NOXIANA). Kurzgeschichten, Romane und Essays. 1999 Wiener Werkstattpreis für »Triest Tango«. Zweimal ausgezeichnet in Kurzgeschichten-Anthologien der Akademie Ländlicher Raum in Baden-Württemberg. 1997 »Patagonien-Passage« (Roman), 2006 »Der Himmel über Chiloé« (Roman), 2021 »Der unsichtbare Pfad« (Roman). Veröffentlichungen in Eßlinger Zeitung, DIE ZEIT, ndl, Sinn und Form u. a.

Brigitte Volz, Jahrgang 1955. Lebt in Dörzbach, an der Jagst, und geht gerne mit der Tauber fremd. Von Kindheit an Freude am geschriebenen und gesprochenen Wort. Erste Texte und Entwürfe von Kulissen für das Kaspertheater. Bis heute eine Leidenschaft fürs Schreiben und die Bildende Kunst.

Wolf Wiechert
Karikatur: Valentina Harth

Wolf Wiechert, Dichter, geb. 1938 in Ostpreußen, Flucht von dort und aus der DDR, Studium der Germanistik und Geschichte in Heidelberg, lebt in Wertheim am Main. Zuletzt von ihm erschienen die Neuerzählung »Parzival« des Wolfram von Eschenbach, der Roman »ROSA«, die CD »Besser du redest nicht weiter darüber« sowie das Libretto zu der in Würzburg 2021 uraufgeführten Kammeroper »Mozart – ein Sommermärchen«.

Jochen Wobser, geboren 1974 in Bad Mergentheim, studierte Germanistik und Philosophie mit Schwerpunkt Gegenwartsliteratur. Gemeinsam mit dem Stuttgarter Autor und Lektor Oliver Kobold betreibt er seit 1998 das Performanceprojekt »Moosbrugger tanzt!« und veröffentlicht Radiofeatures zu Literatur, Musik und Kunst. Als Journalist arbeitet er vor allem für den Hörfunk, gelegentlich für Print und Online. Sein Talent als Musiker hat Jochen Wobser bisher in ebenso kurzlebige wie randständige Projekte investiert. Er lebt in Würzburg.

Heike Wolpert, geboren am 26. Februar 1966 in Bad Mergentheim. Nach dem Abitur am Deutschorden-Gymnasium Bad Mergentheim Ausbildung zur Softwareentwicklerin in Schwäbisch Hall, 1990 Umzug nach Hannover. Schreibt seit 2015. Seither sind mehrere Kriminalromane, Kurzkrimis und nonfiktionale Geschichten entstanden. Seit 2022 monatliche Kolumne für eine Katzenzeitschrift. Die Liebe zu ihrer Geburtsstadt Bad Mergentheim und der umliegenden Region ließ sie einen dort angesiedelten Kriminalroman und einen Kurzgeschichtenband verfassen.

Inhalt

ISBN 978-3-948371-96-8
Verlegt in Günther Emigs Literatur-Betrieb, Niederstetten
© 2023 für die einzelnen Texte bei den Autoren

Tobias Zinthäffner: Allerhand Leut. Vorsetze aus 'm Fränkische und Hohelohische. Bilder aus der Haamet. 70 Seiten. ISBN 978-3-948371-00-5. 8 Euro

Hartwig Behr: Zur Geschichte des Nationalsozialismus im Altkreis Mergentheim 1918-1949. 335 Seiten, 54 Abb. ISBN 978-3-948371-71-3. 18 Euro

Von Schatzgräbern, Geistermessen, Aufhockern und feurigen Männern. Sagen aus dem Main-Tauber-Kreis. 224 Seiten. ISBN 978-3-948371-81-4. 15 Euro

Max Schermann: Die Bergkirche bei Laudenbach. Ihre Geschichte und ihre Kunstschätze. Ein Gedenkblatt zur Fünfhundertjahrfeier der Gründung. Reprint der Ausgabe von 1912. 123 Seiten. ISBN 978-3-921249-41-3. 12 Euro

Ottmar F. H. Schönhuth: Die Letzten von Hohenlohe-Brauneck oder Das Nägelkreuz in der Herrgottskirche zu Creglingen. 74 Seiten. ISBN 978-3-948371-52-4. 8 Euro

Ottmar H. F. Schönhuth: Die Gründung der Theobaldskirche. 106 Seiten. ISBN 978-3-948371-62-3. 10 Euro

Karl Simrock: Die schwäbische Ilias. [Die sieben Schwaben]. Von Ludwig Aurbacher weiland erdacht, nun aber von mehrern von seinen Verehrern in holprige Verse gebracht. […] 104 Seiten. ISBN 978-3-921249-42-0. 10 Euro

Jahrbuch des Vermögens und Einkommens der Millionäre in Württemberg mit Hohenzollern. Reprint der Ausgabe von 1914 [Frakturschrift]. 135 Seiten. ISBN 978-3-948371-91-3. 10 Euro

Adolf Hantzsch: Hervorragende Persönlichkeiten in Dresden und ihre Wohnungen. Reprint der Ausgabe Dresden 1918. XVI,192 Seiten. ISBN 978-3-921249-97-0. 12 Euro

Günther Emigs Literatur-Betrieb, Niederstetten
www.Guenther-Emig.de

Die untergründigen Jahre. Die kollektive Autobiographie ›alternativer‹ Autoren aus den 1970ern und danach. Hrsg. von Peter Engel und Günther Emig. 484 Seiten. ISBN 978-3-948371-55-5. 20 Euro

Daniel Dubbe: Außerhalb. Das Leben und Schreiben des Hans Erich Nossack. Biographie. 390 Seiten. ISBN 978-3-948371-76-0. 20 Euro

Ludwig Pfau: Freiheit ist das schönste Fest. Zeit- und Sinngedichte. Hrsg. und mit Nachwort von Erhard Jöst. 198 Seiten. ISBN 978-3-948371-67-8. 12 Euro

Ulrich Maier: Ludwig Pfau. Der vorbestrafte Ehrenbürger. Eine Romanbiographie. 240 Seiten. ISBN 978-3-948371-75-3. 18 Euro

Gertrud Zelinsky: Pfirsichhaut und Herbstzeitlose. Roman einer späten Liebe. 244 Seiten. ISBN 978-3-921249-70-3. 12 Euro

Gertrud Zelinsky: Maralens Art zu lieben. Roman. 308 Seiten. ISBN 978-3-921249-74-1. 12 Euro

Daniel Dubbe: Jugendfreunde. Dieser Hauch von Freiheit. 150 Seiten. ISBN 978-3-948371-99-9. 18 Euro

Peter Staengle: Kleist. Sein Leben. 7. Auflage, Neuausgabe. 252 S. ISBN 978-3-948371-61-6. 12 Euro

Eberhard Siebert: Heinrich von Kleist. Bildbiographie. Überarb. u. erw. Neuausgabe. 400 Seiten, Großformat, 535 z.T. farb. Abb. ISBN 978-3-948371-79-1. 58 Euro

Lutz R. Ketscher: Penthesilea. Graphic Novel nach Kleists gleichnamigem Trauerspiel. [63] S., Großformat. ISBN 978-3-948371-74-6. 15 Euro

Oskar Panizza: Werke. Zu den bisher erschienenen Bänden siehe www.Oskar-Panizza.de

Günther Emigs Literatur-Betrieb, Niederstetten
www.Guenther-Emig.de